La Chevalerie

Léon GAUTIER

騎士道

レオン・ゴーティエ

武田秀太郎 編訳

Shutaro TAKEDA

Llibre de L'Orde de Cavalleria

Ramon LLULL

中央公論新社

本書を、中世盛期の騎士道の灯を今日まで絶やすことなく伝える十字軍騎士団、聖マウリッツィオ・ラザロ騎士団の総長たるヴィットーリオ・エマヌエーレ・ディ・サヴォイア王太子殿下と、その正統な後継者たるエマヌエーレ・フィリベルト・ディ・サヴォイア王子殿下に捧ぐ。

Questo libro e dedicato dall'autore a Sua Altezza Reale il Principe Vittorio Emanuele, Duca di Savoia e Principe di Napoli, Gran Maestro dell'Ordine Militare e Religioso dei Santi Maurizio e Lazzaro, e a Sua Altezza Reale il Principe Emanuele Filiberto, Principe di Piemonte e Principe di Venezia, suo diretto erede e successore dinastico.

編訳者序

「騎士道」という言葉を聞く時、皆様は何を想起されるだろうか？　それは往々にして優美に盛装した白馬の騎士であろうし、あるいは紳士的立ち居振る舞いや、人によっては貴婦人との宮廷愛かもしれない。しかしこうした要素は、全て騎士道に後から加えられた「不純物」に過ぎない。騎士たちが歴史上最も輝かしく活躍した中世盛期（一一～一三世紀頃）における古の騎士道は、我々が一般に思い描くより遥かにストイックで蛮骨な規律であった。

本書はあまり認知を得ていないこの最も純真な中世盛期の騎士道を、邦語未翻訳の二冊の名著を一冊に合本することで、初めて纏まった形で我が国に紹介することを趣旨としている。

第一部『騎士道――叙事詩から読み解く一一・一二世紀の騎士道』は一八八四年、第三共和制成立直後の激動のフランスにおいて出版された騎士道研究の名著『騎士道 La Chevalerie《ラ・シュヴァルリー》』の邦訳である。著者であるレオン・ゴーティエ教授は長年に亘る叙事詩研究に基づき、彼が最も憧憬した古の騎士道、即ち一一～一二世紀の雄々しい騎士道を鮮やかな筆致で描き出している。ゴーティエの訴えかけるような情熱的な文章からは、本書が単なる研究書に留まらず、心身を傾けた同時代のフランス人同胞への諫言であることが明らかである。

本書が騎士道研究書として脚光を浴びた理由はその叙述スタイルにある。元来騎士道とは上流階層の不文律であったところ、ゴーティエは騎士道のエッセンスを十の「戒律」の形で抽出することでこれを明文化した。この「騎士の十戒」はその後も随所で度々引用され、現在では騎士道の価値観を最も端的に表現するものの一つとして汎く認識されている。我が国でも「騎士の十戒」というフレーズ自体は一定の知名度を得ているように観察されるが、その内容については従前邦語で出版された例がなく、誤った理解が流布しているのが現状である。本書出版の背景には、この状況を正したいという編訳者の思いがある。

出版から一〇〇年以上が経った今なお本書が騎士道研究者たちの第一級の参考資料であり続けている理由、それは取りも直さずゴーティエが、長きに亘り欧米で信奉されてきた騎士道という価値観につき、その時代的変遷を追わず古の騎士道のみに限定して研究を行った点にある。騎士道という社会規範はその萌芽以来、常に時代に即し変化を続け、特に『アーサー王伝説』の流行以降は騎士という身分がロマンスの要素を色濃く纏うようになった。しかしながら筆者は、こうした価値観は騎士道にとって全て不純物に過ぎないと本書で鋭く切り捨てる。その上で騎士とは本来、神への献身を誓う武骨な戦士に過ぎないことを当時の武勲詩に立脚し明らかにするのである。編訳者の知る限り、本書は一一・一二世紀の騎士道のみに着眼して記された唯一の資料である。

第二部『騎士道の書――騎士による、騎士のための一三世紀騎士必携』は一二七五年頃、騎士にして神学者であるラモン・リュイが著した「騎士道の法典」とも言うべき『騎士道の書 Llibre de L'Orde de Cavalleria』の全訳である。選ばれし者たる騎士の責務、資格、備えるべき美徳などを見事なまでに端的に編纂した本書は、中世を通し騎士の必読書であったのみならず、聖職者にも教本として広く親しまれた。

本書が執筆されたのは、第八回十字軍がルイ九世の死去により不首尾に終わり、イベリア半島では異教徒を相手に日々果てることなくレコンキスタ〔国土回復運動〕が繰り広げられていた、騎士にとっては忍苦の時代であった。そんな時世下で殊更当時の公用語たるラテン語でなくカタルーニャ語を選び、理想を前面に押し出して著された本書は、単なる教本に留まらず騎士同胞たちに意識変革を促すリュイの檄文でもあった。自らも騎士として生きた理想主義者は、本書に中世盛期の騎士道のあるべき姿を最も無垢な形で結晶化したのである。

本書には、古の騎士たちと同時代を生きた詩人の手による武勲詩《シャンソン・ド・ジェスト》を直接読み解くことで、当時の騎士道を可能な限り純粋に抽出するという趣向が凝らされている。しかし『ローランの歌』に代表される武勲詩は欧州においては人口に膾炙《かいしゃ》した物語である一方、多くの日本人には馴染みが薄いのもまた事実である。そこで本書では付録として、本文中に登場する主要な武勲詩をまとめた要覧を作成し巻末に付した。読解の一助として頂ければ幸いである。

筆者略歴

レオン・ゴーティエは一八三二年、フランス北西部の港湾都市ル・アーヴルに生まれた。三歳で母を亡くしたゴーティエは、教師である父から読書愛を、祖母から敬虔な信仰心を教えられ幼少期を過ごした。

一八歳の時、ゴーティエは教師となるためパリの大学に進学するが、すぐに試験に落第してしまう。ゴーティエはすっぱり教師の夢を諦めるとフランス国立古文書学校に再入学し、そこで出会った中世文学の世界に魅了される。彼は取り憑かれたかのように残りの人生を中世文学研究に費やし、フランス国立中央文書館勤務などを経て、一八七四年にフランス国立古文書学校の教授に就任したのであった。取り分けゴーティエの武勲詩への愛は格別で、今日の『ローランの歌』を始めとした武勲詩の人気は、ひとえにゴーティエの寝食を忘れた普及活動の成果と言っても過言でない。

長年に亘る武勲詩研究の集大成として『騎士道』を出版した時、ゴーティエは既に六五歳であった。本書の流布を見届けた一八九七年、彼は満ち足りた顔で、妻と子供たちに看取られてその生涯を閉じた。

ラモン・リュイの生涯は、ゴーティエとは対極に波乱に満ちたものである。リュイは一二三二年頃、マヨルカ島で裕福な名門家系に生まれた。リュイは一四歳にしてアラゴン王ハイメ一世に出仕すると王子のセネシャル〔宮廷における高級役人であり、宮廷の数百人の従者の監督役〕に任じられ、騎士として順調に宮廷で出世した。ただし若きリュイは恋多き男でもあったようで、二五歳頃ブランカ・ピカニという名の女性と結婚しながらも、終始別の女性を追いかけていたという記録が残っている。

そんな彼に転機が訪れたのは一二六三年、三〇歳頃であった。普段通り自室で低俗な恋の歌を練っていたリュイの前に、突然十字架にかけられたキリストが姿を表したのである。この啓示に面食らい、自らの生き方を猛省したリュイは、財産を処分すると独習により神学者に転身した。彼はさらに「異教徒の誤謬を論駁するためのこの世で最高の書物を著す」ことを決意、一二七一年頃から猛烈な勢いで執筆活動を開始する。『騎士道の書』は、そんなリュイの最初期の著作の一つである。『騎士道の書』の中でリュイは騎士道を教える学校を設立すべきと提言しているが、その願いは意外なほどすぐ叶えられた。出版から一年も経たぬうちに、ラモンの説得に応じたハイメ二世が宣教学校を設立したのである。リュイ自身も教師として、この学校に奉職した。

教壇を降りた後、リュイは余生を宣教師として過ごした。パリ、ボローニャ、ローマ、モンペリエ、ジェノヴァなどを遍歴した後、一二九二年からは北アフリカに繰り返し足を運び、現地の異教徒を論破して回る生活を送る。カリフにより時に追放され、時に投獄されながらも宣教生活を愛したラモンであったが、とうとう八五歳頃、怒り狂った民衆から石を投げられ殉教した。

リュイはその人生を通し、神学から数学まで実に幅広い分野で二五〇を超える著作を残した。彼の神秘的な思想は各地に信奉者を生み、後にイグナチオ・デ・ロヨラなどが彼の影響を受けている。

用語解説

武勲詩〈シャンソン・ド・ジェスト〉

武勲詩《シャンソン・ド・ジェスト》は一一世紀後半から一二世紀のフランス文学黎明期に栄えた叙事詩の一ジャンルである。主として八・九世紀の歴史上の出来事に基づき、特定の家系に焦点を当て、彼等の戦場での武勲を詠うことを特徴としている。今日八〇篇強が現存するこうしたフランス中世の叙事詩群に「シャンソン・ド・ジェスト〔シャンソンとは楽器の伴奏を伴う歌謡を指す単語。ジェストとは戦場での功名手柄、または歴史記録、家系などを意味する多義語〕」という名辞を与えたのは一八三〇年頃、フランスの言語学者ガストン・パリスであった（但しシャンソン・ド・ジェストという一般表現自体は中世からしばしば見られる）。それ以前にはこれらの詩は単に「叙事詩《エポペ》」などと呼び習わされており、本書第一部においても武勲詩を指して単に「叙事詩」と表現している箇所が多いことからは、一九世紀後半には未だ「武勲詩」という名辞が浸透していなかったことが窺える。

武勲詩の最大の特徴の一つは、それがたとえ僅かであれ、史実の出来事に立脚して詠われた作品群である点にある。ジャン・ボデール（一一六五―一二一〇年頃、フランスの詩人）は『サキソン人の歌』において武勲詩こそ「まことを語る」ものと称賛し、レオン・ゴーティエもまた「正確さにおいて疑う余地のない当時の叙事詩（第一部・緒言）」とその真実性に信頼を置いている。無論、文学である以上、武勲詩もまた脚色や作り話の類で彩られているものの、詩人たちも聞き手たちも、武勲詩で詠われる物語が歴史に基づいているという認識の一線だけは互いに守ったのであった。中世史研究家アンドレア・ホプキンズはこう述べている。

> 中世では、文学における事実と虚構の違いは今日ほどはっきりと切り離されてはいなかった。歴史とロマンスは分かち難いほどにからみ合っており、ともに真実の器と見なされていた。この時代、「ほんの作り話」といったものはなかった。騎士についての真実を明かすためには、彼らが恋い焦がれていた理想をしっかりと見すえる必要がある。（『図説 西洋騎士道大全』より）

即ち武勲詩とは数世紀に亘り騎士の間で愛誦された物語であり、ゆえに騎士文化に関する過ちは排され、その理想的側面が凝縮された中世盛期騎士道に関する第一級の資料なのである。

武勲詩は吟遊詩人《ジョングルール》たちにより上演され、人気を博した武勲詩には、原作とは異なる作者の手で次々と前篇・続篇が生み出されていった。(「あたかもスター・ウォーズのように」と文学研究者キャサリン・M・ジョーンズ教授は例える。)こうして武勲詩には、いくつかの「シリーズもの」が自然発生的に誕生した。研究者はこれを詩群《サイクル》と呼び、「シャルルマーニュ詩群(別名・王の詩群)」「ギヨーム・ドランジュ詩群(別名・ガラン・ド・モングラーヌ詩群)」「ドーン・ド・マイヤンス詩群(別名・反抗する臣下の詩群)」「ロレーヌ詩群」「十字軍詩群」が知られる。

騎士道／騎士階級〈仏：シュヴァルリー／英：シヴァリー〉

ヨーロッパの多くの言語において騎士《シュヴァリエ》を表す単語は馬《シュヴァル》から派生している。これは騎士の本質が騎兵であるという単純な事実によるものだが、例外的に英語では、ナイトという単語は従者を意味するクニートという古語に由来している。これは、イングランドにおける騎士制度の形成過程について多くを示唆する。

騎士道《シュヴァルリー》という単語は騎士《シュヴァリエ》の派生語であるが、このシュヴァルリーという単語は騎士道、騎士階級、さらには騎士制度をも多面的に意味する言葉である。本書においても、この単語の訳出は文脈に依ったことにご留意頂きたい。

騎士身分／騎士団／勲章〈仏：オルドル・ド・シュヴァルリー／英：オーダー・オブ・シヴァリー〉

インド・ヨーロッパ語系の諸民族には古代から人を「祈る者」「戦う者」「働く者」の三身分に分類

する概念が存在した。欧州における三身分論の最も早い例は九世紀のイングランドに見られ、一〇世紀にはカトリック教会が戦士身分（騎士身分）について言及している。この「身分」をオルドルと言った。

時は下り一二世紀初頭、第一回十字軍により聖地奪還が為された後、ほとんどの貴族・王族は住み慣れた自国に速やかに引き返していった。しかしながら自発的に聖地に残り、キリスト教徒の守護と救護を誓った一握りの騎士たちが存在した。こうした有志で創設された集団こそ、騎士団《オルドル》である。騎士団はローマ教皇により認可された修道会《オルドル》であり、各騎士は修道誓願を立てた修道士でもあった。彼等は私有財産の保有を禁じられ、一生の独身を誓い、克己、犠牲、清貧、服従の美徳に生きた。中世盛期に設立された十字軍騎士団は聖墳墓騎士団、聖ラザロ騎士団、聖ヨハネ騎士団、テンプル騎士団、チュートン騎士団の五つを数えるが、その四つが今日に至るまで存続し、現代に中世盛期騎士道の残り香を伝えている。

さらに後の時代になると、各国の君主たちが世俗騎士団（実体のない飾りの騎士団）を作り始め、これに入ることが社会的名誉と見なされるようになる。騎士団員には団員章が与えられ、この徽章を見た日本人はこれに「勲章《オルドル》」という訳を充てた。

この経緯から、オルドル（・ド・シュヴァルリー）という用語は「騎士身分」「騎士団」「勲章」という三つの意味を併せ持っている。この変遷は、騎士という身分の社会的役割の変化を悲しくもよく体現していると言えよう。

底本

第一部：

レオン・ゴーティエ著、ヘンリー・フリス訳『騎士道〈Chivalry〉』George Routledge and Sons, Limited（一八九一）

『騎士道〈La Chevalerie〉』の原著（一八八四年）はゴーティエの友人であるヴィクトル・パルメの手により個人出版されており、誤記ならびに誤編集が目立つ。従って本書では丁寧な校正が為されたラウトレッジ社版（一八九一年）を底本として用い、必要に応じ適宜原著を参照する形を採った。

底本は全五〇〇ページを超える大作であるが、その後半部分は騎士の一生を物語調で追った内容であり、騎士道の精神の中核という本書の趣旨からは外れる。ゆえに今回は、騎士道を扱った底本第一、二、三、四、七、二〇章を抄訳した。底本と本書との対応は以下の通りである。

第一章　騎士道の起源　…　底本 第一章（一―二三ページ）
第二章　騎士の十戒　…　底本 第二、三、四章（二四―八五ページ、但し七五―八三ページを除く）
第三章　騎士道の退廃　…　底本 第四章（七五―八三ページ）

第四章　騎士の叙任　……　底本 第七章（二一三―二五九ページ）
結言　……　底本 第二〇章（四九七―四九九ページ）

第二部：

ラモン・リュイ著、ウィリアム・キャクストン訳、アルフレッド・T・P・バイルズ編『騎士道の書〈The Book of the Ordre of Chyualry〉』The Early English Text Society / Oxford University Press（一九二六）

『騎士道の書〈Llibre de L'Orde de Cavalleria〉』の原著であるカタルーニャ語版は既に一部が散佚しており、完全な原稿は残されていない。ゆえに本書では、現在最も広く流通しているウィリアム・キャクストン版（一四二八年）を翻訳した。底本としては初期英語テキスト協会版（一九二六年）を用い、必要に応じロバート・アダムス教授による現代英語版（一九九一年）を参照した。また本書は一般に日本語では『騎士団の書』と訳されているが、これは「Orde」の誤解釈と考えられる（用語解説参照）。

第二部は全訳であり、章構成についても底本の通りであるが、章番号のみ「第一章」でなく「序章」から始まるよう振り直した。

翻訳にあたっては、努めて平易な表現を用いることを心掛けた。また改行の位置を一部改めると共に、小見出しを新たに付している。底本には現代においては不適切である差別表現が一部に見られたが、時代的背景並びに作者の表現を尊重し原文のまま翻訳した。何卒ご容赦を頂きたい。

13世紀の騎士の武具
(『ウェストミンスター・ソルター〈MSRoyal2AXXII〉』(1200年頃)を一部改変、呼称は三浦権利著『図説西洋甲冑武器辞典』より引用)

邦語	仏語	加語	英語
①騎士	chevalier(シュヴァリエ)	cavaller(カバリェー)	knight(ナイト)
②大兜	heaume(オーム)	elm(エルム)	helm(ヘルム)
③鎖頭巾	coiffe(クワフ)	cofa(コファ)	coif(コイフ)
④顎当	vantaille(ヴァンターユ)	ventalla(ベンターリャ)	aventail(アヴァンテイル)
⑤鎖帷子	haubert(オベール)	ausberg(アウベルグ)	hauberk(ホーバーク)
⑥鎖手袋	moufle(ムゥフル)	manyople(マニョプラ)	muffler(マフラ)
⑦鎖股引	chausse(ショース)	calces(カルサス)	chausse(ショウス)
⑧鎖靴	同上	sabatódemalla(サバトー・ダ・マリャ)	同上
⑨上っ張り	surcot(シュルコ)	sobrevesta(ソブラベスタ)	surcoat(サーカウト)
⑩肩章	ailette(エレット)		ailette(エイレット)
⑪拍刺	éperon(エプロン)	esperó(アスパロー)	spur(スパー)
⑫剣	épée(エペ)	espasa(アスパーザ)	sword(ソード)
⑬槍	lance(ラーンス)	llansa(リャンサ)	lance(ランス)
⑭槍旗	pennon(ペノン)	pennon(ペノン)	pennon(ペナン)
盾	écu(エキュ)	escut(アスクッ)	shield(シールド)

騎士道

目次

第一部　騎士道

——武勲詩から読み解く一一・一二世紀騎士道

レオン・ゴーティエ著
『La Chevalerie』（一八八四）より

本書を、真の騎士でありながらも自身の著作で騎士道を嗤《わら》ったミゲル・デ・セルバンテス〔一五四七―一六一六年〕に捧げる。スペインで誰より優れた作家であり、『ドン・キホーテ』の著者であり、そしてレパントの海戦で名誉の負傷を負いし誰よりも勇敢なる戦士に！

LA
CHEVALERIE

PAR

LÉON GAUTIER

PROFESSEUR A L'ECOLE DES CHARTES

PARIS

VICTOR PALMÉ, ÉDITEUR

RUE DES SAINTS-PÈRES, 76

BRUXELLES — GENÈVE

1884

大天使ミカエルの下、史実と伝説の騎士たちが天国に集う。玉座にはシャルルマーニュと傍らに甥のローラン。その下に左から善良騎士バヤール、ルノー・ド・モントーバン、そしてジャンヌ・ダルクが跪く。　リュック＝オリヴィエ・メルソン作

緒言

我々は本書を著した時、初め表題を『叙事詩から読み解く騎士道』と名付けようと企図していた。しかしながら多くの人々に相談した結果、より短く一般的な題として単に『騎士道《ラ・シュヴァルリー》』と銘打つことに決めた。

叙事詩（武勲詩《シャンソン・ド・ジェスト》）は現在に至るまで、騎士道に関する第一かつ最善の情報源である。なぜなら少なくとも我々の見解では騎士道と、騎士たちが生きた日々の最も正確な描写を提供してくれる材料こそ同時代に詠《うた》われた叙事詩なのだから。正確さにおいて疑う余地のない当時の叙事詩こそ、史実に起こりし出来事を紡《つむ》いだ歴史の証人である。叙事詩は他の芸術には見られない精緻さをもって、騎士たちの纏《まと》った衣装や鎧《よろい》、彼らの住居、家具、生活や領地を描写している。そして優れた証人というのは、容易には欺かれないものである。一七世紀の歴史家デュカンジェ〔一六一〇―一六八八年〕による賞讃すべき騎士大全にも、一八世紀の歴史家サント・パレイ〔一六九七―一七八一年〕の手になる回想録にも、誠実な歴史の証人たるこの叙事詩に基づく記述が溢《あふ》れている。今を生きる考古学者ジュール・キシュラ〔一八一四―一八八二年〕もまたこれらの詩に大いに価値を見出しており、「叙事詩の登場人物は、史実の人物をモデルにしていると見なされる」と控え目ながらその信頼性を評している。同じく、古代建築研究家であるヴィオレ・ル・デュク〔一八一四―一八七九年〕もまた、デュカンジェによる騎士大全に劣らず中世の叙事詩を参考にしていると聞く。叙事詩こそ、史記や年代記を完成させる史料であり、その欠損部分を補間し、記録された歴史に色彩を加える存在である。叙事詩が詠う出来事が歴史家の記録する史実と一致することを確認するのは容易《たやす》い。例えば歴史家ランベール・ダルドル（一一六〇―一二三七年頃）が記録した年代記と、当時の叙事詩『デンマークのオジエの武勲』を読み比べて見れば良い。

善良な読者諸氏は、今まで騎士道に関しいかに多くの研究書が著されたかを考えた時、本書の研究は少し掘り下げが足らないと判断されるかもしれない。実際、本書ではフィリップ・オーギュスト二世（一一六五―一二二三年）の誕生前の時代まで遡ることもあまりなければ、その死後の時代を見ることも殆どしていない。しかしこれは、この極めて限られた年代こそが騎士道の黄金時代だからなのであり、この年代の制限こそが我々が本書で最も意図するところなのである。我々の考えでは、騎士道に関する他の書籍の最大の欠点こそ、その研究対象の時代が広すぎることにある。これにより、他の書籍は一二世紀の騎士道と一三世紀の騎士道を混同してしまっている。我々は本書でこの過ちを忌避したのである。

本書の執筆にあたり著者は長年誠実な準備を重ねた。私は何より記述が完全で公平となるよう細心の注意を払い、物語に脚色や粉飾が絶対にないよう心がけた。ただ私が一つ予め告白するのは、本書の隠れた目的として、フランスという国家の栄光を明らかにし、その愛国心を芽生えさせるという意図が存在することである。首相フランソワ・ギゾー（一七八七―一八七四年）の言を借りるならば、「フランスの歴史を記憶へと、そして知性へと、呼び覚まさん」という意図である。

しかし、我々が本書に抱いている今一つの意図の方が、より明白だろう。それは古代の騎士道を通じ、人々の精神を啓発することである。即ち人々の品位を落としている商業主義を叱責し、その精神を死に追いやる利己主義を正すことである。そして、失われかけている美意識への情熱を揺り起こすことである。そう、今や死に瀕している真実のために。

騎士道の本質は一つではなく、槍で打突を繰り出すことのみが騎士道ではない。剣がないなら、筆を執ろうではないか。そして筆が無駄なら、言説がある。そして言説が駄目ならば、我々の名誉と、そして命があるではないか！

本書により「騎士《シュヴァリエ》」を世の中に幾人でも生み出すことが出来たならば、それこそが私の幸せである。

レオン・ゴーティエ

アスプルモンでの激戦の最中、テュルパン大司教の掲げる聖十字が突如まばゆい光を放つ。
異教徒は恐れおののき、フランス軍に勝利がもたらされた――『アスプルモンの歌』より
エドゥワール・フランソワ・ツィエール作

第一章　騎士道の起源

まず初めに騎士とは、教皇や君主が歴史上のある時突然、正式に創設した身分ではないことを理解せねばならない。騎士なる社会制度は疑いなくキリスト教的である一方、その起源は修道会とはかけ離れているのである。あらゆる修道会は各々一人の偉人から生まれていると断言しても過言ではない。偉大なるベネディクト会は名の通り聖ベネディクトゥス〔四八〇—五四七年頃〕の知性から生まれ落ち、フランシスコ会は聖フランチェスコ〔一一八二—一二二六年〕の信仰心から誕生したものである。しかしながら騎士には、かような類型が見当たらない。いくら騎士制度の創設者の名前を探そうと、それを見つけることは叶わないのである。

ゆえに騎士とは、ロマネスク建築〔石造りの厚い壁を特徴とする一一〜一二世紀に盛えた教会建築様式〕のようなものであると言える。それはある時期にヨーロッパ各地で一斉に生まれ、そして一斉に栄えたのである——全く同じ願望と、全く同じ必要性を叶えるために。東方のキリスト教徒たちは、ある時その身を護るために火に耐える強固な教会を必要とした。こうして、ルドルフス・グラベル〔九八五—一〇四七年、フランスの修道僧にして年代記作家〕の優美な表現を借りるならば「キリストの地はどこも新築教会の白きローブで覆われた」のである。これが、ロマネスク建築の誕生である。別のある時、西ヨーロッパの人々は古のゲルマン民族の血の滾《たぎ》りを抑え、野放しであった野心に理想をもたらす必要性を一斉に感じた。そしてこれこそが、騎士道の誕生なのである！

騎士道とは、本書で示す通り、ゲルマン民族の習慣が教会により理想化されたものである。従って騎士自身もまた、それ自身が社会制度である以上に、一つの理想の体現なのである。

騎士という高貴なる主題については今まで多くの書籍が書かれてきた。これら先行文献で解明された騎士道と騎士を端的に集約するには次の一文で十分である——「騎士道とはキリスト教の軍事規律であり、騎士とはキリストの戦士である。」

ここで読者諸氏には、次の質問がすぐさま浮かんだことであろう。「キリスト教は戦いや争いを諫《いさ》めていたのではなかっただろうか？」と。これこそ騎士道を語る上で、最も重要かつ本質的な問いである。

キリスト教と戦争

教会の教義は汎《ひろ》く知られている。曰《いわ》く、神は争いを望まれない！　古より多くの学者たちが偉大なるキリストの次なる御《み》言葉の語調を和らげようと努めてきたが、全て徒労に終わっている。

剣《つるぎ》をさやに納めなさい。剣を取る者は皆、剣で滅びる。（マタイ二六・五二）

かなりの躊躇《ためらい》と長い模索の果て、戦争に対する教会の見解は聖アウグスティヌス〔三五四－四三〇年〕によって雄大に具現化された。彼は「戦争を深い悲しみなしに支持できる者は、人としての感情が死に絶えていると言えよう」と前置きした上で、実に不毛な次の原則を公示した。「だが止むない事情のもと戦うことは許容される――平和を切望している場合に限り。」

戦争に関する教会の次なる公理は八五八年のキエルシ教会会議において、まだ揺籃《ようらん》期にある封建制度に対し聖職者たちが投げかけた以下のものである。彼らはこう宣言した――「我々は、悪に対し戦いを挑み、同胞と共に平和を維持せんとする義務を有す」と。そのまま最後の公理に移ろう。それは一五一四年の第五ラテラノ公会議において教皇レオ一〇世〔一四七五―一五二一年〕が高らかに宣言した次の文である。「戦争に対する非人間的な渇望より、有害かつ悲惨なるものはキリスト教世界にあらず。」

ああ、キリスト教会は戦争を憎んでいるのだが、新世界にも旧世界にもそれが存在する事実を認めぬわけにはいかぬのだ！　という訳である。私は以上の教会の戦争に関する解釈について、弁明的にならぬよう心がけつつも、厳密に中立的かつ哲学的に考察を試みた。その結果、私は教会の目には戦争が次の三要素の重ね合わせとして映っていたと結論する――正義の天罰、意義深き贖罪《しょくざい》、そして神のお導きの三つに。

一．正義の天罰

国家が雄々しさと自己犠牲の精神を忘却した時、あるいは腐敗を始めた瞬間、その繁栄の只中に圧政に走った場合、さらには良心を抑圧しこの世の真実〔教会の教えのこと〕を脅かした時――そうした時に神は、別の人間をもってこの腐敗し高慢で、危険な国家を浄化される。これこそ、正義の天罰である。即ち戦争とは、畏敬すべき神の裁きなのである。

地上の騎士を助けんがため武器を携え降誕する「天の騎士」天使　リュック＝オリヴィエ・メルソン作

二　意義深き贖罪

しかしこの枠組みではあらゆる戦争の正当化にはほど遠い。歴史を紐解けば、純粋で高貴で、神とその真実に相応《ふさわ》しい国家が戦争により崩壊した例は数多《あまた》あるのだから。信心深き国家が、より劣る人々によって不幸にも征服され虐げられる事例は史実として起こってきた。しかし、カトリックの戦争観はこの現象にも説明を用意している。教会曰《いわ》く「かようなる国家は、他国のため自国の運命をもって贖罪を為したのである」と。この高貴なる教えは、国家だけでなく戦禍に巻き込まれた兵士個人にも適用された。戦争とは、実際のところ、素晴らしい贖罪の手段であったのだ。「残酷なる離別、涙ながらの逃避、死した者を気にかける余裕すらなくした家族、疫病、飢餓、喉の渇き、疲労、あと一歩と動けぬような傷、家と友から遠く離れし地での戦死、そして顧みられぬ死……」こうして兵士は自らのため、あるいは他者のために数多ある戦場の艱難《かんなん》辛苦の中から、自らが贖罪のため天に捧げ得るものを選択するという悲境を背負った。この行為により、兵士は贖罪者という尊い称号を獲得したのである。

三．神のお導き

最後に戦争は、やがて来たる神の王国へ向けた地上の準備であるとして、神のお導きとも捉えられていた。この思考についてはボシュエ〔一六二七―一七〇四年、フランスのカトリック司教であり神学者〕の説法を参照し、戦争によりいかに帝国が次々と倒れ、その上にキリスト教国家が築かれてきたかを考えれば理解できよう。ここにボシュエの例に付け加えるべき内容は考え付かない。

それこそが、戦争と兵士に対するカトリックの教義である。騎士道を論ずる本書においてこの議論を最初に概観することは極めて重要である。これ以降、この論点を振り返る機会はないであろうから。

戦争の正当性

教会は戦争を許容したが、公認を与えたのは正義の戦争のみであった。「ここで正義の戦争とは」と聖アウグスティヌスはこう定義した――「法〔ここで法とは神の律法を指す〕の侵害者を罰するため提議さるるもの。また過ちを正し、不法に略奪した所有物の返還を拒む者へ罰を下す目的のもの。」ここに、ラバヌス・マウルス・マグネンティウス〔七八〇―八五六年頃、マインツ大司教にして神学者〕の論じた「侵略へ対抗する戦争」を加えても良いだろう。当時嘆かわしいほどよく観察された憎悪すべき侵略行為に対しては、常に抵抗することに正当性があると見なされた。中世で最も優れた百科事典編纂者であるボーヴェのヴァンサン

〔一一八四—一二六四年頃〕は、本書がその多くを拠った武勲詩の数々にフランス中が魅了されていた時代である聖ルイ〔ルイ九世、一二一四—一二七〇年〕の治世中に次の教義を完成させた。「戦争が正しく合法であるためには、次の三条件が必要である。それは戦争を指揮する君主の正統性、正しき大義、そして法に則った目的である。」そしてこの一三世紀の高名な編纂者はこう続けた。「戦争における正しき大義とは、即ちキリスト教の同胞に対し進軍しないということなり——ただし義務違反により、彼らが罰を受けることが相応しい場合を除き。法に則った目的とは、悪を退け、善き生活を促す戦争を起こすことなり。」そしてこれに当てはまらない不法な戦争は、時代を問わず、偉大なる司教ヒッポナスが端的にまとめた通りなのである——「それは規模の大きな山賊行為に過ぎない。」

中世における戦役の多くは、後で見る通り、まさにこの表現が相応しいものであった。自らが厭忌《えんき》する戦争を容認せざるを得ない状況を繰り返し強いられた教会は、これを妨害する大掛かりな取り組みを幾度となくその歴史の中で実行した。中でも「神の平和〔婦人、子供、聖職者を侵害せぬことを教会が封建領主に誓わせた運動〕」並びに「神の休戦〔毎週二～四日間、教会により決められた日は戦闘を禁止するとした運動〕」と称された試みが最も有名であろう。こうした取り組みは美しき騎士道精神の発露であったが、総じて教会はその目的を達することが叶わなかった。現実には教会はしばしば戦争を裁可したのみならず、時にはそれを奨励したのだから！　ただし教会がこの低みまで堕ちた局面は次の二類型に限られていた。それは迫り来る悪の蛮行を粉砕し征する局面、そしてカトリック教徒が教会の教えに背かない範囲において世俗権力の命令に従わざるを得ない局面である。これが最も古の時代から続く教会の戦争に対する態度であり、これを立証する証拠を探すのは容易《たやす》い。

キリスト教徒と軍務の歴史（四世紀まで）

教会は信徒がローマ皇帝の下で従軍することを認めていた。初代教会の時代から軍務が許可されていたことは、ボーランディストたち〔一七〜一八世紀にかけ聖人に関する多くの論文を残した、神学者・歴史学者達の集団〕の良質の論文を読まれた方々には瞭然であろう。

ただしこの議論においてはキリスト教の迫害期と、それに続く数世紀のキリスト教公認期を分けて考えることが重要である。

迫害期においては、軍務に対する教会博士や殉教者たちの態度は必ずしも一致していなかった。偉大で高貴なる指導者たちでさえ、この議論についてはひとかたならぬ逡巡を示した。オリゲネス〔一八五—二五四年頃、古代キリスト教の神学者〕はその教えの断片しか残されていないが、軍務はキリスト教の信仰と共存し得ないと明確に宣言した記録がある。ラクタンティウス〔二四〇—三二〇年頃、古代キリスト教の著述家〕もそれに劣らない明確さをもって、次の福音〔イエスの御言葉〕には異論の余地がないと説いた——「汝《なんじ》、殺すべからず。」人間は神聖な存在であり、それを殺すことはいかなる場合においても罪なのである。そして軍務に最も強烈な反対の声を上げたのは、激情的で比類なきテルトゥリアヌス〔一五五—二四〇年頃、カルタゴの初代教会神学者〕であった。私自身、これほど雄弁に兵士という存在を否定する文章を記すことはできない。「さて」と彼は始めた。「救世主が〝剣を取る者は皆、剣で滅びる〟と言っておられるにも関わらず、信徒が兵士として生きることを認めようと言うのか。平和の子であり、剣を取ることが禁じられし者が、戦いを生業《なりわい》とするというのか。自らに対する暴力にさえ報復を禁じられし者が、他者を拘束し、監禁し、拷問し、殺すと言うのか」この長き訴えは、至高なる心の持ち主の心を動かすことと思われる。しかしながら、こうした雄弁家の言説に対しては常に警戒をせねばならない。このテルトゥリアヌスの議論の多くは、厳格な神学的精査には耐えないのであるから。従ってこうした弁論は、論理でなく心情に訴えるものであると言わねばならない。

にも関わらず、こうした訴えかけは若きキリスト教徒たちの胸に響き、テルトゥリアヌスの教義は死をも厭わない多くの支援者を獲得した。実際多くの殉教者たちが、軍務に服するより死を選んだのである。特に著名なのは聖マクシミリアヌス〔マクシミリアン〕であろう。彼はローマ軍団兵の息子として軍団に入団することを義務付けられていたにも関わらず、二九五年にヌミディアのテベッサにおいてこれを拒否した。「我はクリスチャンなり！」と彼は叫んだ。「故にこの悪行には加担せず。」聖テオゲネスも同様の抵抗をシジーにおいて示したが、ローマ軍団司令官はこれを次のようにはねつけた。「私の腹心の兵士もまた、クリスチャンである。」

ヴァルトブルク城礼拝堂（デッサン）

ただし、こうした入団拒否はあくまで例外であった。軍務を受け入れたキリスト教徒たちは、偶像崇拝を要求された場合のみ命令を拒否したと言われ、ローマ軍団に多数のキリスト教徒がいたことは紛うことなき事実である。テルトゥリアヌス本人でさえ、これを認めている。「しかし我々は過去に囚《とら》われることは出来ぬ。刮目《かつもく》して見よ！　今に我らキリスト教徒が貴方がたの砦《とりで》を、野営地を埋め尽くすであろう。」と。

加えて、ローマ帝国の政策ほど柔軟なものはないのである。ローマ皇帝は優良な兵士を軍団に留め置くため、キリスト教徒たちにはその良心に反することを何も課してはならぬと公式に布告していた。入団の宣誓文ですら、彼らの信仰心と相反する内容は取り除かれ、皇帝陛下の安全と命を守り、忠誠と勝利を誓うことのみが義務とされた。事実、二九八年に至って初めてローマ帝国の政策は悪化を始め、ガレリウス〔二五〇―三一一年、東ローマ帝国第二代正帝〕によるキリスト教徒の兵士への迫害へと繋がったのである。それ以前においてキリスト教徒たちが真剣に警戒されたことはなく、キリスト教徒たち当人も皇帝に仕えることで神と教会に仕えていると信じていた。「我々は蛮族と戦うことで、真実への道を切り開いているのだ」と。そして教会博士や神父たちの大多数がこの見方を支持していたのである。実直な信徒たちの心に生じた唯一の疑念は、先に触れた通り、非キリスト教徒である皇帝陛下に対する偶像崇拝に関するものだけであった。そしてこの疑念もキリスト教が公認されるに至り解消された。西方教会の全司教が参加した三一四年のアルル教会会議において、軍務を拒否または放棄した者はコミュニオンから外される〔信徒の交わりから外されることを意味し、破門に準ずる厳罰〕と定められたのである。こうして教会において軍務の理念は理解され、ようやく許可が為されたのである。

教会による兵士の賛美（一〇世紀まで）

テルトゥリアヌスやオリゲネスの心を乱した「戦争の中には正統なものが存在する」という考えとキリスト教徒の兵士たちに対する賛美は、西方世界で四世紀から一〇世紀にかけ着実に浸透した。この時代は侵略と蛮行、そして宗教間・人種間の凄惨な争いに満ちていた。使徒教父たちは平和と福音が響き渡る新たな地を思い描き、剣が鞘《さや》に納められ、兵士の暴力が聖職者の祈りに取って代わる日を夢見ていた。しかしこの空虚な理想は厳しい現実の前に敗れざるを得なかった。そして教会もまた戦争への反対の態度は崩さないまでも、その考えを許容したのみならず、場合によってはそれ以上の姿勢を示しさえした。ヴァンダル族と同時代の不幸な時代に生きた高尚なる天才聖アウグスティヌスは戦争と兵士に関するキリスト教の教義を形作った最初の指導者の一人である。

戦争の何が非難さるるべきか？　いずれ死の運命から逃れ得ぬ人間が死すことだろうか？　かような非難は臆病者の言に過ぎず、真に信心深い者が口にすべきことにあらず！　断じて否！　戦争において非難さるるべきは、他者を傷つけんとする意図そのものである。復讐への粗暴な渇望である。無慈悲な魂であり、平和の敵であり、残虐な謀略であり、そして征服と帝国への欲求である！　罪は罰せられねばならないのであり、神のお導きにより、正統な裁可を経て、善良な人々も時として戦争を選択することを強いられるのである。

この偉大なる神学者はこうも記している。

もしあらゆる戦争が非難さるるべきと言うならば、福音にてそう示されているはずではないか。全ての兵士に、〝汝《なんじ》らの武器を捨て、自らの職業を放棄せよ〟と呼びかけられているはずではないか。しかし主はそうは仰《おっしゃ》っておられない。主は、彼らに自制心と正義心を呼びかけるのみで、十分と見なしておられるのだ。

さらに別の箇所において、この雄弁な弁証者はより熱意を込めこう語っている。

教会の教えが公共の福利に繋がらないなどと世迷い言を言う異教徒の為政者たちに対しては、彼らの治める国に福音に従うキリスト教徒の軍隊を遣わせてやろうではないか。この素晴らしく真に信心深き兵士たちは、幾千の危機にあっても、無敵と詠《うた》われる敵に対しても、天の助けにより勝利し帝国に平和をもたらすであろう。そして彼らが勝利者となった暁には、その勝利とそれに続く最も望ましい平和について、彼ら正義の英雄たちを褒《ほ》め称えるのは正しい行いであると私は言おう。これこそ、神の恵みなのであるから。

これが、戦争を憎悪していた聖アウグスティヌスその人の言葉なのである。そして中世は、この理論がひたすら繰り返される時代となる。その教義と言葉が何世紀にも亘って唱え続けられることは、偉大なる思想家の運命なのであろう。

騎士道の萌芽

キリスト教思想における二人の巨人、聖アウグスティヌスと聖トマス〔トマス・アクィナス、一二二五—一二七四年頃〕の生きた時代を分かつ数世紀の間に、教会では客観的に奇妙にも思える出来事が起こっていた。教会は公会議における宣言で定期的に戦争の惨禍を説く一方、文書においては真のキリスト教徒たる兵士たちを鼓舞していたのである。これは実のところ、非常に理に適った一貫性のある言動であり、絶対的価値観と相対的価値観を融和させる最良の方法であった。「戦争は頂けない。しかし避けられはしないのであるから、正直に、そして正しき目的のために戦争をする者たちを正当化しよう」という訳である。

六〜七世紀を生きたトリノの聖マクシモス〔五八〇―六六二年頃〕は、以前の自説を翻し、戦争に非難さるるべき点は何一つないと躊躇《ちゅうちょ》なく表明している。また六世紀にカルタゴ教会に仕えていた助祭フルゲンティウス・フェランディスは、キリスト教徒の将軍のためこう説教している。「人々を自らと同様に愛しなさい。そして兵士たちが自らの義務を見る写し鏡として、人生を生きなさい。」七世紀の幕開けと共に帰天した教皇グレゴリウス一世〔五四〇―六〇四年頃〕は、ナポリに駐在する兵士に宛てて見事な書簡をしたため、服従こそが最も重要な美徳であると説いている。そして九世紀には、当時最も雄々しく軍事的であったフランク王国で敵に向かっていたキリスト教徒たちに、教皇レオ四世〔七九〇―八五五年頃〕は雄々しく軍事的な口調でこう語りかけている。「恐れることはない。教父たちを心に思うのだ。たとえ敵の数が幾ばくであろうと、汝らは必ずや勝利しよう。」そして教皇はこう加えた――「そして戦死した者たちに対し、神は必ずや天国への門を開いてくださる。」この言葉に『ローランの歌』の対句を見出すのは私だけであろうか？　さらに数十

シャルルマーニュに護られローマに帰還する教皇　『オジエ・ル・ダノワ』より　リュック＝オリヴィエ・メルソン作

年後、ブルガリア人が教皇ニコラウス一世〔八二〇―八六七年頃〕に対し「受難節に戦争を起こすことは法に適いますか？」と意見を仰いだ時、教皇はこう答えたのである。「戦争は根本的に非道な行いであり、我々は常にそれを自制せねばならぬ。しかしながらそれが避け得ない場合、我々は国を守るため、そして法を守るため、自衛のためそれを起こさねばならぬ。その備えを行うことは疑いなく許されるのであり、受難節においてもそれは同様である。」この警句は本書の標語としても良いほどである。ペトルス・ダミアニ〔一〇〇七―一〇七二年頃、イタリアの神学者であり、教会博士〕も、劣らぬ厳格さをもって戦争について記している。名もなき詩人がロンスヴォーの悲劇を高らかに詠い上げた詞〔『ローランの歌』〕を捧げていたちょうどその頃、彼は全ての避難民と逃亡兵を不名誉と断罪していたのである。

一一三九年の第二ラテラノ公会議において教会は、戦争に反対しそれを緩和する努力を続けると同時に、キリスト教徒同士が弓や石弓を必要以上に残忍に使用することを禁じた。教会は戦争そのものを絶やすことは叶わなかった。そこで代替として、戦闘員たちに高貴で正しい心構えを吹き込むことに注力したのである。ヒルデベルト〔一〇五五―一一三三年頃、フランスの聖職者であり神学者〕はこう述べた。「戦士にとって最も恐ろしいのは、死ではなく不名誉である！」と。

ここで読者諸氏は、キリスト教の戦争に関する教理が、時を経るにつれ具体性を増していることに気づかれるだろう。アルル会議から議論がいかに深められたかを見て欲しい。そしてここに騎士道の特徴が、次第に姿を表していることに気づかれることだろう。これは例えるなら下書きに輪郭が加えられた状態であり、今しばらく時を経ることで、豊かに色付けされた騎士道という名の絵画が完成する。そしてその時こそ、偉大なる騎士団と修道院の一群が突如設立されたその時なのである。

騎士道の確立

祝福されしこれら騎士団と修道院は、一体誰にその礎を拠ったのだろうか？　その人こそ、聖職者であり、修道者であり、時代にその名を刻みし聖ベルナール〔ベルナルドゥス、一〇九〇―一一五三年〕である！　偉大なるシトー会修道士であり、そして本書の主題に最も重要と言っても過言でないテンプル騎士団に宛てた著名な書簡の筆者その人である。

> （テンプル騎士団の騎士たちは）主の戦争を戦うことが許された、疑いようのないキリストの戦士なり。彼らに敵を殺すか戦場で死するかを許そうではないか。彼らに恐れなどないのであるから！　彼らがキリストの為に死を選ぶ行為も、敵に死を与える行為も、それは栄光以外の何物にもあらず、ましてや罪には断じてあらず！　キリストの戦士たちが携える剣は飾りではない。それは不道徳を浄化し、正義に栄光をもたらすものなり。悪人に死をもたらすは殺人にあらず、敢えてこの表現を用いらば、異教徒を征する誅殺なり！　そして我々は、彼等の内に存在するキリスト者としての、そしてキリスト者の解放者としての怒りを讃えようではないか。

これ以上の檄文《げきぶん》は誰に対しても望み得ないだろう。ジョゼフ・ド・メーストル〔一七五三―一八二一年、反啓蒙主義を貫いた思想家〕でさえ、第一回十字軍時代のこの聖職者には筆致の大胆さで遅れを取るほどである。ただジョン・オブ・ソールズベリー〔一一二〇—一一八〇年頃、『ポリクラティクス』を書いたイギリスの作家、聖職者〕は同時期、この教義を次の象徴的な一文に集約することに成功している。「戦いに生きるこの集団は、神により設立され、称賛に値すると同時に欠かせざる存在である。」この文は以降もよく引用されたと共に、時には誇張されて用いられた。

ここで我々の世紀を越えた旅は終わりを迎える。もっとも最後のジョン・オブ・ソールズベリーの一文で神が「設立」したとするのは、ともすると言い過ぎのきらいがあろう。畢竟《ひっきょう》戦争とは悪であり、教会はそれを許容することを強いられたに過ぎない。神が命ずるのは、善を広めることなのである。

神の御《み》心《こころ》を還元して示すという点では、聖アウグスティヌスの示した教義は真に思慮深いものであった。事実、迫害の終了から十字軍の時代まで、教会は「戦争を止めよ」と命ずる権利が自らにあるとは決して信じて来なかったのであるから。この鉄の時代を通し、教会は内紛や私戦を除き、戦争を直接非難することはなく、またその能力も持たなかった。クロヴィス〔在位四八一—五一一年〕がアラマン人とゴート族を相手に英雄的な戦いを繰り広げ、フランク人を統一しキリスト教国家の樹立を実現したあの戦争を、教会は止めることが出来たであろうか。そして止めるべきであっただろうか？　シャルル〔カール〕・マルテル〔在位七三七—七四一年〕がフランク王国のみならず西方キリスト教世界全体を東方の蛮族から守るためポワティエの戦いへと赴くのを、教会は止めることは出来たであろうか。そして止めるべきであっただろうか？　ピピン〔シャルル・マルテルの息子、カロリング朝を起こした〕が息子たちの戦争を熱心に支援したことを、そしてその戦果を元に彼がローマまで教皇への寄進に赴いたことを、止めることは出来たであろうか。そして止めるべきであっただろうか？　そしてシャルルマーニュ〔ピピンの息子、カール大帝、在位七六八—八一四年〕が片腕でエブ

黄金の玉座に座して異教徒の使節を待ち受けるシャルルマーニュ　『ローランの歌』より
リュック＝オリヴィエ・メルソン作

ロのムスリムたちをせき止め、もう片腕でドイツの異教主義を抑えていた時に、その力強い両腕を止めることは出来たであろうか。そして止めるべきであっただろうか？　絶え間ないイスラムの脅威に晒《さら》される中、十字軍に従軍した聖職者は皆殺人者であると説いたアルビ派の教義を、教会が認めることが出来たであろうか。そして認めるべきであったであろうか？

私は頑固なる平和の代弁者たちに訴えたい、そして正直にこれらの質問に答えて頂きたい。もし教会が戦争に賛意を示さなければ、我々は今頃全員ムスリムか、異教徒か、蛮族になっていたとは考えられないだろうか？　そしてもし戦争がなければ、今頃フランスという国家の建国の自由すらなかったのではないだろうか？

戦争を防ぐことが不可能と悟った教会は、代わりに兵士たちをキリスト教化することを選んだのである。ここに、我々は騎士道の起源を論理的に解明したと言えよう。

先において、騎士道とは、「ゲルマンの習慣が、教会により理想化されたもの」であると述べた。ここで現れるのが、高名な学者たちによって見出されたタキトゥス〔五五―一二〇年頃、帝政ローマの政治家、歴史家〕の次の文章である。それは名高き『ゲルマニア』の一節であり、ゲルマン民族の儀式を描写した箇所である。ここに、我々は未来の騎士階級の軍事的風習の全ての要素を見出すことができる。

場面は古の森の木陰、部族一同が集められ、今まさに神聖な儀式が始まろうとしている。集いの中央に、かなり若い男子が進み出る。読者諸氏は紺碧色の瞳を持ち、長髪で多少の入れ墨をした男子を想い描いて欲しい。その場には部族長が臨席しており、厳かに、そして手早くこの若者の手に槍《フラメア》と盾《たて》を握らせる。この瞬間、この若者は一人の男になったのである。もし絶対的統治者たる部族長が臨席できない場合、この武器の授与は父親か親族によって行われた。「これこそが、彼らにとっての〝成年男子のローブ〔トーガのこと。自由民が一七歳になると着用が許されたトーガは市民権の証とされる〕〟であった」とタキトゥスはまとめている。「これこそが、若者の第一の栄誉であった。この瞬間に至るまで、この男子は家族の一員でしかない。それがこの儀式を経て初めて、国家の一員となるのである。〈Ante hoc domus pars videtur: mox rei publica.〉この剣と盾を彼は一生捨てることがない。なぜならゲルマン人は公的な場でも私的な場でも、あらゆる行動において武装を解かないのだから。こうして儀式は終了し、部族はミーレス、即ち戦士を新たに一名認めるのである。以上！」

この若きゲルマン人に対する厳粛な武器授与式こそ、後にキリスト教が息を吹き込むことになる騎士階級の最初の萌芽なのである。「ここに古の騎士、ミーレスの兆候を認める。」サント・パレイが全く同様に『ゲルマニア』のこの箇所を引いているのも道理である。もっとも現代のある歴史家の言による次の文は、いささか科学的妥当性に欠けるように思われるが。「ミーレスの真の起源こそ、ゲルマン人が市民へと成人するこの武器授与式である。」

騎士階級の起源に関する他の説は、評論家たちの精査に耐えない。オノレ・ド・サンタマリー〔一六五一―一七二九年、カルメル会修道士〕の提唱するローマ起源説や、クリストフ・ド・ボーモン〔一七〇三―一七八一年、パリ大司教〕の提唱するアラブ起源説を支持する者は誰もいないであろう。

後はシュヴァリエ〈chevalier〉という単語の成り立ちを解説するのみであるが、この単語がカバラス〈caballus〉に由来することはよく知られている。これは元々荷馬を表す言葉であったものが、後に騎馬を意味するように転じた単語である。また騎士は、中世を通してラテン語ではミーレス〈miles〉と呼ばれ、騎士階級はミリティア〈militia〉〔封建義務はmilitareと呼ばれた。軍人・軍を意味するmilitaireの語源〕と呼ばれた。これほど起源が明快な単語もないであろう。

ここで一旦、ある程度の道理に基づく次の二つの異論に反駁《はんばく》することなく、本書の筆を進めることは止めよう。

騎士階級ローマ起源説への反駁

中世に書かれたラテン系書籍の一定数が、騎士道に見られるローマ起源とも取れるとある要素を得意気に指摘し、我々の説に反論していることを認めねばなるまい。彼ら「ロマン主義者」たちが論ずるのは、騎士の叙任を象徴的に表す「剣帯〈cingulum militare〉の授与」という慣用表現に関してである。ここで我々は、この「剣帯」という単語が、ローマ軍団に入隊する、退役する、そして軍団の名誉を汚すといった行為を表すラテン語の表現に登場することに気付かされる。ローマ軍団将校の剣を吊るした帯〈cingulum, zona あるいは cinctorium〉は一般の兵隊が剣を吊ったベルト〈balteus〉と同様、肩にかけ剣を支える目的で用いられた。例えば聖マルティヌス〔三一六―四〇〇年頃、軍人であったが、軍務中にこじきに身をやつしたイエス・キリストに出会い、除隊したとされる〕がローマ軍団を去った時、彼の行為は「解帯〈solutio cinguli〉」という懲罰に相当し、彼のような者は「帯を解かれし兵士〈militaribus zonis discincti〉」と嘲笑された。

「なかなかの観察眼をお持ちですね」と、この反論者は言うであろう。「すなわち騎士の剣帯とは、ローマ軍団が起源なのですよ」と。しかし、以下の単純な二点を指摘するだけで、この上辺だけの論点には反駁が可能である。一点目は、初期のゲルマン民族がローマ人を模倣し「金属で装飾を施した幅広のベルト」をかけ剣を吊るしていたという事実である。そして二点目は、ゲルマン民族を記録したラテン語の古の年代記の多くが帯〈cingulum〉という単語を随所に用い、そしてゲルマン民族の成人式もまた「剣帯の授与式〈cingulo militari decorare〉」と表現された点である。こうした年代記はその後の古典書籍に影響を与えた。こうしてこの明白にゲルマンの風習が、騎士の叙任における最も象徴的な儀式となったのである。

騎士階級がローマ起源であるという説は、従って、ローマとゲルマンの風習を同じ単語によって表現することによって生じた漠然とした言葉の類似以上の根拠を持たないのである。即ち、騎士叙任にまつわる単語がローマ起源であると論ずることは理に適うが、儀式そのものは疑いなくゲルマン起源と結論できる。

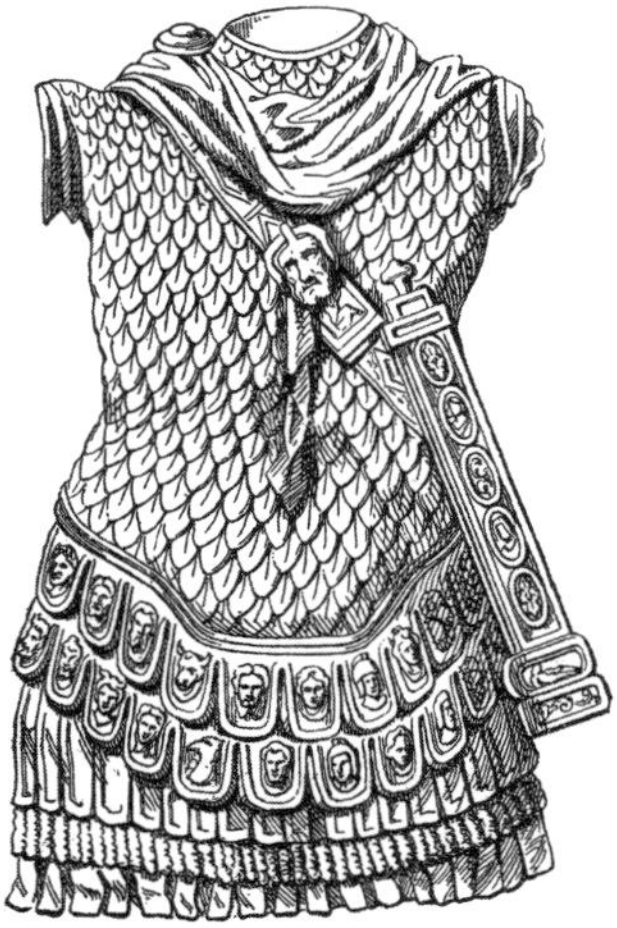

アレクサンデル・セウェルス帝時代における
ローマ軍団の剣帯
ゲルマン民族のベルト　一世紀頃（左下）／
二世紀頃（右下）

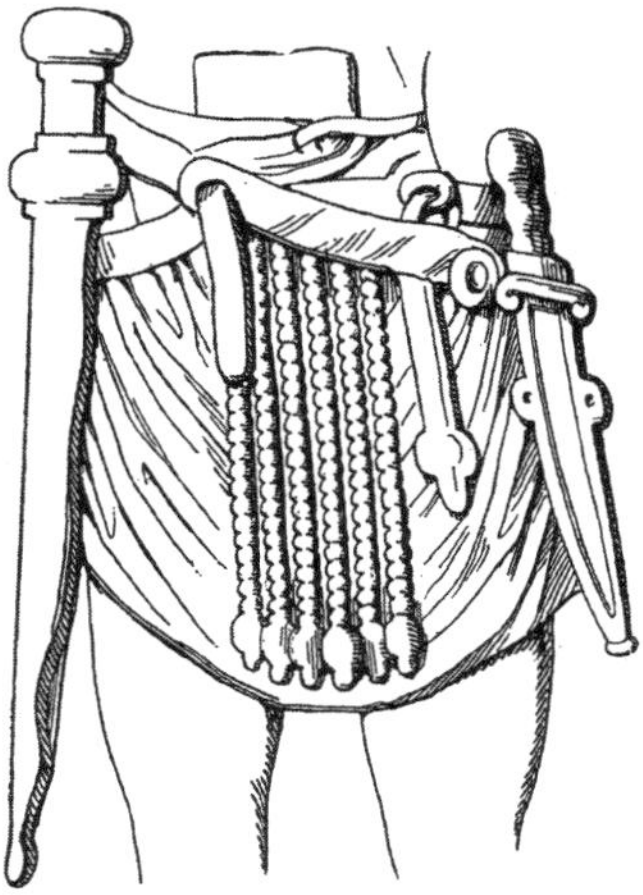

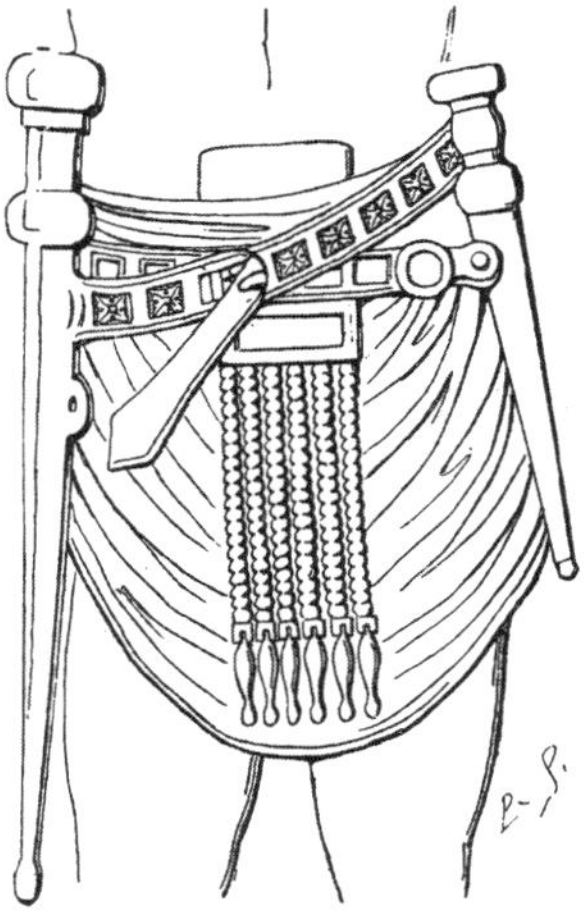

ローマ軍団と中世の騎士階級の間には、どちらも戦いを職業として捉えられていたということ以上の共通点は存在しない。ローマ軍団は非常に垂直的に組織されており、これは騎士が水平的な騎士階級に叙任されることと対照を為している。さらに研究を深めれば、一二世紀初頭の著しく原始的かつ野蛮であった騎士叙任式にはゲルマン色が色濃く残った詞が用いられていたことが確認でき、ローマ的な要素は全く介在しないことが観察できる。そして特に決定的な反論が次の点である。ローマ軍団兵は、規則により、除隊が許されていなかった。帯を自ら解くことは許されなかったのである。一方中世の若き騎士たちは、武器を取るか、それを置くかを自ら自由に選択できた。他の騎兵たちが、除隊と入隊が自由意思に任されていたのと同様に。ゆえに騎士の軍務と、ローマ軍団の軍務を最も決定的に分かつものは、服務の自由なのである。

騎士階級封建制起源説への反駁

今一つの表層的な異論は、封建制にまつわるものである。頭脳明晰な人々でさえ、時に封建制度と騎士階級とを頑なに同一視していることがある。これはシャルル・ド・モンタランベール（一八一〇―一八七〇年、フランスの歴史家）の好んだ説であり、彼が死に際に嬉々として我々にこれを解説してくれたことを覚えている。

読者諸氏はご存知だろうが、封建領地には二つの種類が存在する。それは古の封建主義者たちが端的に表現した通り、「頭職封土」と「単純封土」である。

九世紀中葉、宮廷の役人でもあった公爵や伯爵（現代のフランスでは知事《プレフェ》に相当するであろう）が中央権力からの独立を獲得した。彼らは自領内の住民に対し、国王へと同様の忠誠を彼らにも誓わねばならぬと宣言したのである。これは一八八四年に知事が内閣から独立し、「以降は税金は我々に払い、司法は我々の名の下に為され、軍役も我々に捧げるのである！」と宣言したことに似ている。かように中央権力からの独立性を担保された領地こそ、顕職封土である。この顕職封土の制度が騎士制度と共通点を何一つ持たないことは明らかであろう。

次に残るのが「単純封土」である。メロヴィング朝においては、封主〈vassi〉と呼ばれた小さな所領の所有者が、大封主〈senior〉と呼ばれたより豊かで力ある権力者にその身を委ねる例を多く見ることができる。ここでは有力者が封土を与える見返りに、封主が支援と忠誠を約束する関係が成立した。すでにシャルルマーニュの統治時代から、従者たちがこうして有力者に付き従って戦場に赴く例を見ることができる。しかしながら重要なのは、この時点においては従者たちが兵役を捧げていた対象は、皇帝陛下に対してであったという点である。これは何ら不自然なことではないが、この状況が変わる日が来る。九世紀の中頃になると、多くの者たちが、皇帝ならぬ他の者の前に「跪《ひざまず》く」光景が見られるようになるのである！　彼らは、形式的には自らを「推挙」しているに過ぎないが、その実態はずっと直截的に「我々を守って頂けるのなら、私の身は貴方様のものです！」といった関係であった。そして彼らはこうつけ加えた。「私が今も将来も軍役を捧げるのは、世界で貴方様に対してだけです。しかし見返りに、貴方様は我々の所有する土地をお守り下さい——そして貴方様が将来我々にお認め下さるであろうものを守り、そして我々自身をお守り下さい」と。この跪いた人々こそ「封臣」〈vassal〉と呼ばれる人々であり、それを見下ろす人間こそ「主君」なのである。そしてこの場合一般に封土〈fief〉とは、単純に軍役に対する見返りとして認められた土地なのである。

この種の封建制度もまた騎士制度との共通点を持たない。騎士階級というものは事実、人々が一定の条件を満たした際にのみ特定の儀式を経て加入が認められる名誉階級である。この儀式については後に詳説したいが、ここで重要であるのは、封臣たちが必ずしも騎兵ではなかった事実である。封臣の中には、主として騎兵となるための初期費用の負担を避けるため、一生を近習〈damoiseaux〉として過ごした者もいたのである。確かに大多数の封臣は、こうした選択をしなかったかもしれない。しかし、こうした選択の自由は存在し、そして事実非常に多くの封臣がそれを選択した。

その一方で、封土を持ったこともなく、誰にも忠誠を誓ったことも、誰にも恩義を持たぬような地位の低い人間が、騎士の栄誉を賜った事例を我々は多く見ている。我々が覚えておかねばならないのは、出兵による封建的奉公の義務〈ost〉と、宮廷〈curte〉における奉公の義務を主君に負ったのは、騎士《シュヴァリエ》ではなく封臣であったということである。「軍事的奉仕」と「宮廷勤務」を課されたのは、騎士でなく封臣なのである。主君に対して派兵と、奉仕と、臣従を求められたのは、騎士でなく封臣なのである！

さらに一言付け加えるのならば、この封建制度はこの後すぐにより階層性を増すことになる。翻《ひるがえ》って騎士制度は、決して階層的であった事はなく、そして特別な儀礼なく騎士になることは不可能であり続けた。他の議論がない場合でも、この点のみで封建制度と騎士制度の違いを示すに十分であろう。

さらに、もし騎士というものを社会階級でなく、一つの理想として捉えた場合においても違いは明白である。哲学的議論を好んだ歴史家たちの目には、騎士制度は封建制度と明確に区別され得るものとして映っていた。もし九世紀の西洋世界が封建化されていなかったとしても騎士階級は生まれていたであろう。そしていかなる場合でもキリスト教世界において脚光を浴びていたであろう。なぜなら騎士階級とは、先に述べた通り武器を持たぬ真実〔教会の教え〕を護る守護者であり、キリスト教化された軍務の形なのであるから。そしてユピテル〔ゼウス〕の頭からミネルヴァ〔アテナ〕が生まれ落ちたがごとく、歴史のいずれかの段階において、教会の頭脳から騎士階級というものが生まれ落ちることは避けられなかったのである。

一方の封建制度は、その起源にキリスト教が全く関与していない。それは統治機構と社会制度の一形態に過ぎず、この統治形態が他の形態より教会にとって有益であったという事実は存在しない。封建制度は教会と繰り返し衝突し、そしてその度に幾度となく騎士階級が教会を守護してきた。封建主義こそ暴力であり、騎士階層とは救済であった。

ゴドフロワ・ド・ブイヨン〔一〇六〇―一一〇〇年頃、第一回十字軍の指導者。「聖墳墓の守護者」の称号を持ちエルサレムを事実上支配〕を見るがよい。彼が宗主に臣従を誓った事実、そして彼が幾人もの従臣に軍役を強いた事実は、確かに騎士道とは何ら関係なく、純粋に封建制度に沿った行動であったかもしれない。しかし彼がエルサレムの城壁の下で戦う姿を思い起こす時、彼が聖都〔エルサレム〕へと入城する場面を思い起こす時、その情熱的で恐れを知らず、力強く純粋で、勇敢かつ寛大で、謙虚かつ誇り高く、イエス様がイバラの冠を被られたその聖都で黄金の冠を被ることを拒否した〔王の称号を辞退した〕事実を思い起こす時――彼が誰から封士を授かり、誰を従臣として従えていたかなどということは、もはや霧散するのである。私はこう叫ぼう、「彼こそ騎士なり」と！　そして思い起こそうではないか。封建制度が崩壊した後も、いかに多くの偉大なる美徳を備えた騎士たちが生まれてきたかを！

天使の手で戴冠されるルイ　『ルイの戴冠』より　リュック＝オリヴィエ・メルソン作

騎士叙任式の萌芽

以上の論考をまとめよう。ゲルマン民族の武器授与式こそ騎士階級の真の起源であり、それを比較的近代に至るまでフランク人が受け継いだのである。彼らの素朴で野蛮とさえ言える儀式はゲルマン人を祖先に持つ人々の生活の中に極めて際立った跡を残し、その痕跡はカロリング朝においてさえ無数に認めることができる。七九一年、シャルルマーニュの長子であるルイは未だ一三歳にも関わらず、その「幼きまつげ」の上にアキテーヌの冠を三年に亘って戴いた。フランクの王はこの子供に軍事的祝別を与えることで民衆からの尊敬を固めようと考えた。王はルイをまずインゲルハイムに、次にレーゲンスブルクへ呼び出すと息子に厳粛に剣を授与し「若者を一人の男とした」のである。ここで彼は息子に投げ槍や盾を授与するような面倒をしなかった。剣のみが、授与されたのである。そしてこの風習が、この後長きに亘って続くことになる。

八三八年のキエルシにおいても、我々は類似した光景を目撃する。今度は死に瀕した老いたルイが、悲しみと共に彼の最愛の息子シャルルに「男の武器」すなわち剣を授与したのである。そして直ちに、ネウストリアの冠を戴冠させた。シャルルはその時まだ一五歳に過ぎなかった。こうした事例は決して数の上では多くないが、その重要性は決定的であり、影響はその後教会がゲルマン民族のミーレスの教化に肯定的に介入するその時まで残ったのである。

中世暗黒時代と騎士道

それは苦難の時代であった。九世紀ならびに一〇世紀以上に、人類が五里霧中であった時代は想像が出来ない。民衆の望むフランク王国の方向性はローマ帝国による再統一という理想から既に外れ、言うなればよりゲルマン的な方向を目指しつつあった。新たな国々が形成され、人々はどの国につくのが良いかを口々に議論しあった。歴史なき独立国家が次々創設され、そしてことごとく短命に終わった。南フランスでは異教徒たちが最後の略奪行に励んでいた。ノルマンのヴァイキングたちはピカルディやノルマンディーの海岸を手を休めず荒らし回り、終いには彼等に土地の大部分を割譲せねばならなかった。人々は随所で争った。一族と一族で、人と人で。安全な道などなく、教会は焼かれ、地上を恐怖が覆い、人々は守護を求め彷徨《さまよ》った。王たちは既に抵抗する力を持たず、伯爵たちは自ら王に成り上がった。地方からは太陽が消え、誰も星を見上げようとしなかった。そして人々は、傲慢で毅然とし、武器を携え、枝で建設された柵や板で出来た防壁、そして垣根に守られた木の砦《とりで》に腰を落ち着けた男を見るや否や、「私は貴方様のものです」と口々に言った。かくして弱き者は強き者の周りに群がり、そして強き者は次の日には隣の地域に戦争に出向いた。惨《むご》たらしい私戦は絶えることなく、誰もが戦うか、次の戦いのことを考えていた。

かくのごとき状況にも関わらず、いかなる壮観なる威光に拠ってか、偉大なるシャルルマーニュと過去の帝国の色褪せぬ記憶を未だ大気中に感じることができた。人々の心は聖墳墓〔エルサレムにあるキリストの墓〕と、そこに居座る異教徒を考えるだけで締め付けられた。全キリスト教徒の恥辱と怒りに突き動かされ、十字軍はそれが起こるずっと前からその土壌が醸成されていた。全ての目はエルサレムを向き、何もが不安定なこの暗黒時代において、教会の統一のみがその偉大さを保ちつづけたのである！　何という時代だろうか！

そしてそれは、この暗澹《あんたん》たる時代に起こった。教会が、キリスト教の戦士たちの教化に乗り出すという時代の変革点が。木の砦に籠もった野蛮な封建領主達に対し、教会が決意を持って理想を説き始めるという変革が。そしてこの理想こそ、騎士道なのである！

騎士叙任——第八の秘蹟

騎士叙任とは第八の秘蹟〔洗礼や婚姻などカトリック教会の認める神聖なる特別な儀式。七つが存在する〕である。これこそが、この儀式を最も相《ふさ》応《わ》しく、また最も正確に表した表現である。なぜなら騎士叙任とは戦士の洗礼式なのだから。そして騎士階級は、聖職者団と同様全ての構成員が同様の権利を持つ一集団でもあるのだから。

この概念はその実古い起源を持つものではなく、誕生までに長き時間を要し、比較的近年に発展したものである。いずれにせよ、騎士叙任の際に一般的に観察される儀式において、この観点から重要であるのは次の文言である。「我、汝《なんじ》を我らの一員として迎え入れん。」

この騎士階級なる兄弟団は実に興味深い存在である。なぜならあまねく構成員が、互いに日々戦い、殺し合うことを前提とするのだから。そして彼らが殺し合う場合には、互いに対する真の敬意と、互いを対等と認める心が必要とされた。最も貧しくつつましい騎士であっても、騎士王、即ち皇帝陛下と対等であったのである。彼らは全て、同じ方法で、同じ洗礼を受けたのであるから。

騎士階級が軍事兄弟団でありその叙任が第八の秘蹟たることは文献をつぶさに見ることで読み解くことが可能である。しかし九世紀、一〇世紀、一一世紀の粗暴な騎士たちの精神は、この概念に馴染む前にまずその原則を修習するところから始めることを要した。騎士道の精神は決して初めから首尾一貫した形で生まれたものでなく、また継続的な努力なくして根付いたものでもなかったのである。教会は段階的に、ゆっくりと、動物的で粗暴であった我々の祖先たちの心に多くの美徳を植え付けていった。そう、即興で突然生ずるものなど何もないのである。これこそが歴史の理であり、これを理解出来ない者は盲目であると言ってよい。騎士道の美徳を生み出したこの教会は、別の時代には奴隷制度を完全に捨て去るのに八、九〇〇年を要したのと同じ教会なのである。ゆえに、こうした変化が徐々にしか起こり得なかった事は必定であろう。

叙事詩に見る封建領主の暴虐

自然に生じたあらゆる物事を重要視するのが、現代の流行である。現代の改革派たちは、投票や布告一つで二千年に亘って積み上げられたものが全て消しされると考えている。新たな軍隊の創設も、新たな法律の制定も、新たな社会への移行も、全て瞬間的に可能であると。そしてこうした思い込みの行き着く先が何であるかを我々は皆知っている。過去が直ちに消え去ることはなく、革新は瓦解の危機を迎える。改革派たちはこの障害に狼狽し、改革を法律で成し遂げることが出来ないことを悟ると軍隊の助けを呼ぶ。こうして最後には全てが無に帰する。物事の変革には、時間を思慮せねばならないのである！

教会が教化を試みた中世の封建領主という人種は、キリスト教による騎士への変革の流れに極めて強情に逆らった。彼等より暴力的で野蛮な者など存在しないと言って良く、九世紀と一〇世紀の伝承に立脚し紡がれた古のバラッドからは、これが誇張でないと示す描写が複数見つかる。中でも叙事詩『ラウール・ド・カンブレー』の一場面より不愉快な情景を私は知らない。この叙事詩の主人公たる封建領主ラウールは人の皮を被った獣である。入れ墨かヘアスタイルさえ揃えば、スー族やアメリカ先住民と見紛うほどである。いや、ラウールが神そのものを否定していることを考えれば、アメリカ先住民の方がまだラウールより敬虔で信心深いとさえ言えるかもしれない。この獣も自らの母親に対してのみはある程度の敬意を払っていたが、それでも母親から譴責された時、彼はそれを鼻で嗤《わら》った。彼が正統な後継者たちの権利を無視し、ヴェルマンドワを侵略した様を見るが良い。彼はありとあらゆる場所で略奪し、火を放ち、虐殺した。彼は常に無慈悲で、残酷で、下劣であった。しかし彼の獰猛さが本当に示されたのは女子修道院においてである。女子修道院に付属した教会に押し入った彼は、「俺の陣幕は教会の中に張れ。寝台は祭壇の前に置き、俺のタカは金の十字架に止まらせろ」と命じた。それが彼にとって何を象徴していたと想像されるだろうか？　彼はなんとその後に女子修道院に火を放ち、修道院と、教会と、修道女たちを全て焼き尽くしたのである！　その中には、彼の最も忠実な部下であり、最も献身的な幕僚であり友であり、もはや兄弟とさえ言えるベルニエールの母が含まれていたのにも関わらず！　彼は無慈悲にも、全員を焼き殺した。その上、未だ火が燻る中を彼はその場に腰を下ろすと、大斎〔イエスの受難を思い食事制限をすべき日〕であることにもお構いなく、血なまぐさい惨劇を目前に平然と食事を始めたのである。神と人間を共に否定し、手を真紅に染めた男が、傲慢に天を仰ぎ見ながら。これこそが、一〇世紀の教会が教化せねばならなかった戦士であり、獣なのである！

　残念ながらこの『ラウール・ド・カンブレー』の逸話が特殊なのではない。「貴様の心臓を抉り出してこの目で見るまで俺は満足せぬ」という獰猛な台詞《せりふ》を吐いた人間は、ラウールだけではなかったのである。別なる封建領主オーベリ・ル・ブルゴアンも残酷さでは引けを取らず、そしてその欲求を押さえつける努力もしていない。彼に人々を虐殺する権利などあるだろうか？　彼はそんな問いを気にかける様子もなく、殺し続けた。「ハッ」と彼は吐き捨ててこう言った。「弱い人間は全て敵なだけさ」と。別の場面で彼は自らの四人の従兄弟《いとこ》を切り捨てている。そして彼は残酷であるのに劣らず好色でもあった。この面の皮の厚い男には、恥や後悔という概念が無かった。彼は屈強で腕力があった。そして、それだけで彼には十分であったのだ。

　騎士オジエ〔武勲詩『オジエ・ル・ダノワ』の主人公〕にしても、彼は人々の敬意を集める英雄であったにせよ、残虐さの点ではそこまでましとも言えないだろう。このパリ・ド・ラムベールの手で書かれた粗野な叙事詩の最後の逸話ほど悲しいものはないだろう。オジエは息子ボードゥアンをシャルルマーニュの息子シャルロに殺されると、その頭が復讐心に占められた。彼はこの哀れなシャルロが自らの手元に引き渡されるまで、異教徒たちからキリスト教世界を守ることを拒否すると宣言した。彼はシャルロを手段を

天使が降臨しオジエの腕を止め、すんでのところでシャルロの命を助けた　『オジエ・ル・ダノワ』より　リュック＝オリヴィエ・メルソン作

選ばず殺すつもりであり、そしてようやくその機会が来たことに喜びを抑えきれなかった。止むなく引き渡されたシャルロはこの暴力的な男に対し下手《したで》に接し、その誠実さと後悔をもって和解を試みたが、無駄であった。老いた皇帝も神に熱心に祈りを捧げたが、無駄であった。武勲詩に名の詠われる騎士ネームやネスターが自らの終身の奉公を誓い、「ベツレヘムで処女から生まれ落ちた救世主のことを思い起こされんことを」懇願したが、無駄であった。彼ら全ての祈りと努力が徒労に終わった。オジエは無慈悲にも力強い片腕をこの若者の頭に置くと、もう片腕で剣を、かの悪名高き名剣コルタンを抜き放った。もしこの瞬間に天から天使が降臨し制止しなければ、彼は事を為していたであろう。この場面こそ、古のゲルマンの森に由来する血の残虐さをよく伝えるものである。

　こうした古の英雄たちの大多数は、「貴様の頭を胴体から切り離してやる！」以外の言葉を知らなかったようだ。これこそ、彼らに共通する鬨《とき》の声であったのだから。しかし読者諸氏がこれで満足できないのならば、もっと恐ろしく「野蛮な言葉」を聞きたいのならば、是非とも『ガラン・ル・ロレーヌ』を開かれると良い。「勇敢なる行い」を詠った数節をお読みになれば、自分はリヴィングストンが憤慨し記した中央アフリカ部族に関する書籍でも読んでいるのだろうか、という気分になること請け合いである。この節をお読みになるが良い。「ベイグはイソーレの漆黒の兜《かぶと》を両断し、金の飾り輪を断ち顎《あご》まで切断した。そして彼は黄金の柄のついた剣フランベルジュを上半身まで押し込むと、両手で心臓を引き千切り、まだ温かいそれをギヨームに放り投げこう言ってのけた。〝ほら、貴様のいとこの心臓だ、塩でも振って焼くが良い。〟」全く言葉も出ない。ゴーデックの以下の評論は控えめ過ぎるとさえ言えるだろう。「こうした主人公たちはまるで天災であるかのように、情けを知らぬハリケーンであるかのように振る舞った。」この文字通りの同族殺しを前にしては、さらに憤慨して批評しても適当とさえいうものだろう。今一度思い返そうではないか、この時代には教会が啓蒙し教化せねばならない戦士が、獣が存在したということを！

これこそ我々が、喜ばしいことにこの後向上を目撃することになる道徳観の出発点なのである。これこそが、後に騎士と騎士道が生れ出づる原点なのである。

暴力的戦士から騎士へ

この旅の始点は封建領主ラウールが女子修道院を燃やした瞬間であり、そして終点は騎士ジラール・ド・ルシヨンが老修道士の足元に跪《ひざまず》き自身の尊大さを二二年間に亘り悔恨することで贖罪《しょくざい》したその日である。この二つの逸話の間には多くの世紀が横たわっている。

この「先住民」から騎士への緩やかな変化の過程は非常に興味深い研究の題材となるに違いない。我々の祖先たる未開の野蛮なる戦士たちの心に、歴史のいかなる時期において、騎士道の美徳が一つまた一つと成功裏に植え付けられたかを示すことができるはずであるから。そして歴史のいかなる時期において、教会が我らが騎士たちにその守護と互いを愛することを命じられるほどその影響力が強大になったかを。

この教会の勝利のうち一定数は一一世紀の末期にかけて起こった。そして騎士は、西暦一〇六六年から一〇九五年の間に詠われたと推測される最も古の版の叙事詩『ローランの歌』において、仕上がり完成した形で光り輝く存在となり我々の前に姿を表したのである。教皇ウルバヌス二世がその力強い手で西方キリスト教全世界を異教徒の占める東方の聖墳墓へと指し示した時、既に騎士道の形成は終わっていた。伝説における騎士の体現こそローランであり、史実における騎士の体現こそゴドフロワ・ド・ブイヨンである。これ以上に敬服すべき名前など存在しない。

アッシジの聖フランチェスコの手による最も美しい賛歌において救い主は、「愛を自制なさい〈Ordena questo amore〉」と高らかに歌う。そして教会は九世紀の野蛮な戦士たちにも同様に叫んだのである――「勇猛さを自制なさい」と。そして彼らは従い、残酷さは次第に武勇へと置き換わった。この武勇という言葉こそ騎士を象徴するものであり、次のことわざにもそれが現れている。「職人は作品に、騎士は武勇に真価を表す。」「武勇なくして騎士なし。」

残りの騎士の美徳は、フラ・アンジェリコが絵画「天国」において描写した通り、薔薇《ばら》の冠を戴いた天使が天から舞い降り、この選ばれし者に手を触れた時にもたらされた。初めに忠誠心が、次に寛

敗軍の将ギヨームはパリで誰からも冷たくあしらわれる。王ルイの妹からまでも邪険に扱いわれたギヨームは、とうとう激昂して剣を抜き放つ。しかし剣を振り下ろそうとしたその時、姪のアエリスが身を挺して慈悲を請い、ギヨームをなんとか思い留まらせた――『アリスカン』より　エドゥワール・フランソワ・ツィエール作

大さ、自制心が、最後に洗練された騎士道の極致たる礼節が。そしてそれらの頂上に輝いた美徳こそが、名誉であった。「不名誉より死を。」この一言こそ騎士道の全てを凝縮したものであり、神の恩《おん》寵《ちょう》により今日ではこの言葉は我々全員の心に息づいている。アンティオキアを前にしたフランス王の弟メーヌ伯ユーは次の偉大な言葉を残した。「不名誉より死を選ばぬ人間に、主君たる資格なし。」そして中世を通して、この標語は守られたのである。

教会がいかなる順序でこれらの美徳を戦士に植え付けていったかに関わらず、教会は彼らに明確な目的と目標を与えた。即ち、明瞭な律法を。この律法こそ、十戒である。次章において我々が見る、騎士の十の戒律である。

その目的は、神の王国を地上で広めることである。我らが騎士たちがミサに参列する時、第二朗誦の前に騎士が剣を抜き、抜き身のままぴたりと朗誦中剣を保持する光景を目にされた読者もおられることだろう。この挑戦的な態度こそ、彼らが福音を守護する覚悟を象徴するものだ。「御言葉に脅威が降りかかりし時の備えは万端なり」と。

これこそが、騎士道の精神の全てである。

ロンスヴォーの激戦の果てに力尽きたローランは、最期に今一度フランスの方角を眺め、母国を想うと、天に手を伸ばして眠るように死んだ。その魂は、天使と聖人により天国に引き上げられた——『ローランの歌』より　リュック＝オリヴィエ・メルソン作

第二章　騎士の十戒

サント・パレイは自著『古代騎士道覚書』において、「騎士道の精神は全ての時代を通じ、世界中の賢明なる政治家や徳の高き思想家たちに息づいてきた」と述べている。この観察は少々一八世紀的な誇張が見られるものの、基本的にほぼ正しいと言って良い。

しかしながらこの名高き騎士道の規範は残念ながら今まで明確に明文化されたことがなく、純金とも称えるべき古《いにしえ》の騎士道の純粋なる精神は、今では混ぜものとしてしか残っていない。一二世紀以降のいつ頃からか、『アーサー王と円卓の騎士』という中世騎士物語《ロマンス》を通じ、より野性味の少なく洗練された騎士道のイメージが我々の間に広まった。戦争の暴力の代わりにエレガントな愛の物語が、そして十字軍の精神の代わりに冒険譚《たん》が人々の心を占めたのである。この「円卓の騎士」という社会現象の影響がどれだけ大きかったかは、今ではもはや計り知れない。この現象を通じ騎士道がより文明的になったこと自体は疑いようがない。だが同時に、騎士道は軟弱にもなってしまった。騎士道が、キリストの聖墳墓を血と戦いで守るという本来の目的から離れたのである。中世騎士物語を通じ、超自然的な厳格さは、派手な奇跡に置き換えられた。この危なくも魅惑的な文学作品によって、劇場的で、見掛け倒しで、軽はずみな騎士道が生まれてしまった。そしてこれが、後の三十年戦争での悲劇を生んだのである。セルバンテスが批判の筆先を向けた〔セルバンテスは著書『ドン・キホーテ』において、騎士道を時代遅れの概念として痛烈に風刺し批判した〕のはまさにこの点であり、必ずしも古の騎士道ではない。そして、残念なことに、セルバンテスの批判もあながち的を外したものではないのである。一連の嘆かわしい侵食により、我々は今や真の騎士道というものをある種の優美さと過度の女性への求愛行為と混同するようになってしまった。そして今、その誤りを正す時が来た。

本書で私が示すのは、一一世紀ならびに一二世紀の騎士道である。即ち十字軍で発露され、叙事詩に詠われたそれである。読者諸氏の中には、ここで示される騎士道を無礼で野蛮と感じ取る方もおられるかもしれない。しかしここで示す騎士道こそが、力強くかつ剛健で、騎士という生き様の名誉を世界に知らしめたものなのである。一二世紀には既にブレトン・レー〔フランス詩文学のジャンル〕による騎士道の侵害の兆しが見られるものの、歴史家ジュール・キシュラが述べた通り、それでも一二世紀は偉大なる中世の世紀であり、本書の内容はその世紀に最も厳格に記録された作品の数々に負うところが大きい。

セルバンテス（中央）が風刺した形骸化した騎士道（ドン・キホーテ、左）と古の雄々しい騎士道（ローラン、右）　エドゥワール・フランソワ・ツィエール作

古の騎士道は、十の「戒律」に凝縮できる。その十の戒律を、理解が容易な形で次の通り示す。これは創造主が、その戒律を人々が完全に理解するよう十戒としてシナイ山でモーセに告げられた言葉に倣《なら》うものである。

以下が、騎士の十戒である。

I．汝《なんじ》、須《すべか》らく教会の教えを信じ、その命令に服従すべし。
II．汝、教会を護るべし。
III．汝、須らく弱き者を尊び、かの者たちの守護者たるべし。
IV．汝、その生まれし国家を愛すべし。
V．汝、敵を前にして退くことなかれ。
VI．汝、異教徒に対し手を休めず、容赦をせず戦うべし。
VII．汝、神の律法に反しない限りにおいて、臣従の義務を厳格に果たすべし。
VIII．汝、嘘偽りを述べるなかれ、汝の誓言に忠実たるべし。
IX．汝、寛大たれ、そして誰に対しても施しを為すべし。
X．汝、いついかなる時も正義と善の味方となりて、不正と悪に立ち向かうべし。

第一の戒律　汝、須らく教会の教えを信じ、その命令に服従すべし

この知られざる十戒において、第一の戒律こそが最も神聖かつ重要なものである。何人《なんぴと》も、洗礼を受けクリスチャンになることなくして騎士になることは出来なかった。これは必須条件であり、正式な要件として規定されていた。* 遠い先祖たちの目には、洗礼という信仰の表現こそがある人間が純真であることと絶対的に同価であり、揺るがない法として映っていたのである。洗礼を受けて初めて神の御心《みこころ》が我々に霊的活力を与えるのだと、敬虔な当時の人々はまるで呼吸することのように自然に信じていた。彼らは神が物理的に彼らと共にいると信じ、あたかも幕の向こう側に在《いま》すかのようにそ

の存在を感じていた。

＊叙事詩『騎士団』に基く。

神に対するこうした捉え方は極めて明確なものであり、これはイエスの神性を認めることに結実した。「イエス様は我々を心から愛され、自らの名前を分け与えられた。クリスチャン（キリスト者）と。」キリスト教の存続を賭けたアリスカンにおける祝福されし戦いにあたり、直後に死を迎える運命の若きヴィヴィアンは配下の騎士たちをこう激励した。「彼ら異教徒共は、粗末で惨めな異教の神しか信じぬ！　されど、我々は死してすぐ復活された天の主を信じます。」そして天を仰ぎこう続けた――「おお神よ、我らの魂はすぐに御許《みもと》で再び見《まみ》えます。そして諸君、我らの身体は異教徒らと共に地上で朽ち果てようではないか。」

そして彼は突撃した。全ての騎士たちと共に、死へと向かって。そう、殉教へと向かって！　こうした粗暴な騎士たちの信仰心は、極めて直球的で、女々しさの欠片《かけら》もない。半端さも、弱々しさも存在しない。砂糖玉のように甘い現代人の献身などとは比べものにもならない、言うなれば天然の蜂蜜のように純なものであった。これこそ粗野でありながら忠実なるカトリック精神の発露なのである。彼ら騎士たちが、徹底して理を貫いたのも驚くにあたらない。彼らは神学の高みから世の中を俯瞰《ふかん》するには、あまりにも多くを見過ぎた。ゆえに彼らは、神の御言葉の実践のみを信じたのである。後の世の詩人はこう語っている。「我の詩に耳を傾けたまえ、そして聞くがよい、彼等が神の律法を満たさんと苦しむ様を。全ての善き人間がそうするように、法に従わんとする様を。ああ、我ら神の教えに従わん。」この句に全てが表現されている。

叙事詩に見られる無神論

時代を経るに従いキリスト教の騎士へと教化されていた封建領主たちの心に、無神論の精神が入り込む隙間は存在しなかった。数々の叙事詩を見渡せど、無神論者の登場人物は決して多くないのである。例外の一人はかの残忍なラウール・ド・カンブレー、あのキリスト教徒の皮を被った獣であり、彼が激烈な無神論を吠える作品が存在する。一〇世紀の伝統が色濃く残る彼に捧げられた荒削りな叙事詩において、次の極めて厳粛な場面が描かれている。それはラウールがドゥエ伯エルノーと戦場で相見《あいまみ》えた時である。ラウールは既にドゥエ伯の二人の息子を死に追いやっており、今まさに彼の甥をもまた、殺戮《さつりく》したところであった。このドゥエ伯という正義と、ラウールという暴力の一騎打ちの描写に叙事詩は多くのページを躊躇《ためら》わずに割いている。哀れなドゥエ伯はこの強力な敵に長期戦を挑める状態にはなかった。彼は片手を切り落とされ、流血し瀕死になりながら戦場を逃げた。彼の自尊心は粉々になり、敗北感に満たされながら、ラウールに慈悲を懇願した。シェニエ〔一七六二―一七九四、フランスの詩人〕は後世、この若き敗者をこう心打つ言葉で唄っている。「死を望むには彼はあまりに若すぎた！」と。そしてエルノーは、もし命を助けて貰えるのなら、修道士となり自らの領地をこの侵略者に譲ると約束した。

しかしラウールの心を動かすことなど何物もなく、神への冒瀆《ぼうとく》と共に彼は激昂した。

彼は叫んだ。「俺は神を信じず、その存在を認めず！」

「ならば」とエルノーは返した。「貴殿は狂犬以上の存在にあらず。ゆえにこの大地は我に力を与えよう、そして神に慈悲あらば、神の栄光さえも我が力となろう！」

この時、死する運命はエルノーからラウールへと移ったのである。そしてこの至上の瞬間、今際の際に、カンブレー伯は幼少期の信仰心を取り戻したのであった。

「父なる神よ、万物の審判者よ、そして芳しき天の女王よ、我を助け給え。」

これが彼の最期の言葉となった。そう、ラウールは無神論者を取り繕っていただけだったことが明らかにされたのである。

一方の『ガラン・ド・モングラーヌ』に登場するゴーマドラこそ、真の無神論者であった。彼は自らの魂を見失いし者であった。彼は一度は神の息吹を感じながらも誘惑に負け、没落の道を辿った。そしてガランに対抗するため悪魔と契約を交わしたのである。彼の身は悪魔の所有物となり、この主従関係を彼は賛美していた。そして最期に死の運命が訪れし時、彼はサタンの下で叛逆者として死ぬことを選んだのである。彼は誰の手にも掛からず、自らで自らを殺《あや》めた。そしてそのために彼は劇場的で、一大スペクタクルの死に様を選んだのである！

彼は親族と共に船を漕ぎ出すと、岩に向かって舵《かじ》を切った。船は見る見る破滅へと突き進み、不運な乗客たちは危機に気づくと恐怖に飲み込まれ神に助けを求めた。

「駄目だ、駄目だ。神でなく悪魔を呼び覚ますのだ！」とゴーマドラは叫ぶと、乗客を皆殺しにした。そしてこの悪魔に取り憑かれし男は、今まさに岩に衝突せんとする船の上で一人直立し、逆十字を切り、天を挑発的に、おぞましく無慈悲に見上げた。船が岩に叩きつけられ、破壊される音を聞きながらも彼は動じなかった。

「来い、降誕せよ悪魔、我は汝の配下に就こう。我は汝のものなり、我は――――！」

ここまで発したところで彼の冒瀆《ぼうとく》的な口は波に飲み込まれ、彼は事切れた。彼こそ、あらゆる叙事詩の中で最も無慈悲で嘲笑的な無神論者であろう。しかし、こうした無神論者は彼だけではなかった！

もっとも、我々はこうした例外的な冒瀆的人物の活躍を重視し過ぎる必要はないであろう。彼等の多くに待ち受けた運命を表現するには、ラマルティーヌ〔一七九〇―一八六九年、フランスの詩人、政治家〕による次の美しい言葉に勝るものはない。「こうした冒瀆的発言が唇から漏れた途端、それが神の御耳に入る前に彼ら自身の魂が天に昇った。」

敵が自らの封土に手を掛けようとしていると気づいた時、フロモンダンはこう発言した。「仕方ない。我は既に天使と共に天国にあるが、己が封土を放棄するくらいなら地獄に堕ちようではないか。」もっとも詰まる所、この程度の発言ならば単なる愚見に過ぎず、『ドーン・ド・マイヤンス』の作者が描く身の毛もよだつ叛逆者オーチャンバルトの悪魔的反抗精神には遠く及ばない。ゴーマドラの原型ともなったこの人物は神を繰り返し否定し、天に唾棄した。

「そうとも、俺は貴様を否定する！」と彼は天に叫んだ。「俺は貴様と、貴様の約束するあらゆる助けを否定する。そして貴様と、貴様の下らぬ所有物の全てを。」これはフロモンダンとは次元の違う無神論であり、千倍忌まわしい発言であると言える。

しかし叙事詩にはさらなる一層の低みが記録されている。ある種の無神論者の秘密結社という形で。著名な「叛逆者の言動」は無神論の凝縮と言え、『アミとアミル』に登場するアルドレこそこの結社の信条を明確に表現するものである。「神に仕えようなどとゆめ思うな」と彼は代子のアロリーに言っている。「そして間違っても真実を口にするな。誠実な男に出会いし時は、その名誉を貶《おとし》めてやるのだ。町を、村を、家を焼き払え。祭壇を打ち倒し、聖十字架を破壊するのだ。」我々は今やこうした表現に慣れてしまったが、一体誰が一二世紀にニヒリズムが存在したと予測しただろうか？

「神の男」騎士

こうした例外により、逆に次の原則が証明される。それは大多数の英雄たちが、創造主を熱心に信奉していたという事実である。騎士は、一度ならず「神の男」と呼ばれてきた。「汝こそ、神のために艱難辛苦を耐える者なり。然り、汝はまさに神の男なり、その報いは天国なり。」こう述べたのは若きヴィヴィアン、アリスカンの地においてであった。そして彼自身、遠からず、ローランやオリヴィエにも劣らぬ名誉に満ちた死を迎えることになるのである。年代記さながらの正確性を誇る『アンティオキアの歌』において、我らが主君たちは「イエスの騎士〈Li Jhesu chevalier〉」と詠われ、古の詩人は「全能の神にその心臓を捧げた者たち」と付け加えることでこの表現を完成した。人生のあらゆる局面において、彼らは喜ばしい時も苦難の時も、「天と地を創造し、世界と秩序を確立し、地上のあらゆる善を栄えさせ、自らを象って我々をお作りになられた創造主であり、常に正しく、処女受胎により生まれ、我々のために苦しみを受けられ、我々の罪を贖《あがな》われ、そして何よりその名の下に、全ての騎士を生み出された」神に対し常にその心臓を捧げたのである。城の大広間にありて子供が愛らしく歌う様を愛でし時も、戦場にありて騎馬の胸繫《むながい》まで血に染まりし時も。

騎士よりも深遠に神という概念に染まった者は、地上には何者も存在しないのである。そして我らが騎士たちは、神への単なる信仰のみに満足することはなかった。彼等は自らの全てを神に捧げ、その信仰を絶対的なものとすることを義務と考えていた。この信仰、または信頼こそ、騎士の戒律と不可分の要素である。「神を信ずる者、惑うことなかれ」こうエルサレムの作家は何度も記している。

十字軍に出立する騎士たち 『アンティオキアの歌』より リュック＝オリヴィエ・メルソン作

十字軍遠征中にギリシアの火〔当時の戦いで用いられた焼夷兵器〕がキリスト教徒の野営地に投げ入れられた時、最も誇り高き騎士たちでさえ冷静さを失い、「かような敵とは戦うこと能わぬこと明白なり！」と泣き叫び始めたという。しかし司教モートランが彼らの信仰心を呼び起こした。「これこそ神が与えたる火の試練なり。而《しか》して、神は汝らをエルサレムの地へと導くものなり！」この単純な言葉で十字軍戦士たちは失っていた勇敢さを取り戻した。彼らの魂は再び力強く燃え、彼らの顔は再び上を向いたのである。

旧約聖書続編に登場するユダ・マカバイはある時、たった一〇〇人の味方に対し、二万の敵を前にしたにもかかわらず、信仰心を少しも揺るがせなかった。そして、天が彼を助けたのである〔マカバイ記二〕。

しかし、騎士たちが神の摂理に従ったのは、何も戦場においてのみではなかった。「貴兄はその清貧さに負けず誇り高いな」とシャルルマーニュがエメリ・ド・ナルボンヌに対し声を掛ける場面がある。「然り、真実なり」とこの家臣は応じ、こう言った。「神は天にこそ在《いま》すのでは？」

貧しさをからかう者に対して、エヨールは胸を張って同様にこう応じている。「私は貧者だからゆえ、神こそが私の全てなり！」と。この返答の中には、彼の父親の言葉を見出すことができる。父エリーは、息子が出立する日に硬貨一枚のみを手渡すと、この少なすぎる贈り物に次の高貴な言葉を加えたのであった。「金銭が尽きし時も、神が天に在す」と。

こうした逸話にも増して私が個人的に好むのは、『ガラン・ド・モングラーヌ』においてフロモンダンが用いた端的ながら奥の深い表現である。ギヨーム・ド・モンクラーヌが家庭教師として甥のフロモンダンに騎士道の厳しい規律を教える場面において、彼は「もし私の教えに従えば、君も高い地位まで出世出来よう」と諭す。しかし若者は単にこう返すのである。「否、全ては神のお導きのままに。」

騎士と祈り

ゆえに古の戦士たちが祈りの方法に熟知し、自ら身につけた規律に従い厳格に祈禱を捧げていたことを知っても驚きはないであろう。さらに引いて見るなれば、人類のあらゆる英雄譚《たん》において英雄に無神論者が見当たらないことに気付くだろう。壮大な英雄譚を神性や神に触れることなく描きることなど不可能なのである。あらゆる地域のあらゆる時代の物語において、真の英雄たちが天を仰ぎ、劣勢にある自軍に勝利をもたらすよう神に祈る場面が観察される。フランスの英雄たちもこの点では負けておらず、古代ギリシアやローマの時代に劣らぬ熱意を込めた祈りを行っていた。最も素晴らしい祈禱は、古の詩人たちの表現によれば「心臓を口に入れるがごとき」祈りとされた。そしてこれこそ正しく我らが騎士の祈り方であった。彼等は息もつかぬほど熱心な祈りを捧げることも稀ではなかったのである。

　無知で単純な原始の騎士たちを突き動かしたのは、理屈というより彼等の知る逸話の数々であった。彼等の祈禱について学べば、この性質がよく表されていることに気付かされる。彼等は旧約・新約聖書に記された奇跡の数々を、中でも特に粗野で物質的な彼等の想像力を掻き立てる奇跡の数々を思い起こすことを喜びとしていた。例えばクジラの腹に飲み込まれたヨナの物語や、燃え盛るかまどの中において無傷で歌った子供たちの奇跡、ライオンの穴に投げ込まれたダニエルの物語、死から蘇ったラザロの復活、そして何より救世主が湖でペテロをお救いになられ、最後にはペテロがローマにおいて聖座についた逸話などである。

騎士による朝の祈り　エドゥワール・フランソワ・ツィエール作

　こうした該当する聖書の箇所を列記すると、彼らが好んだ逸話がカタコンベの壁画や初期のキリスト教徒のサルコファガス〔装飾が施された棺〕の彫刻の題材に一致することに気付かされる。彼等英雄たちは、旧約・新約聖書に記されたこうした軍事的性質を帯びた奇跡の数々を常に固く信じることを必要と考えていたようである。それは、人々の善き心の証であるとして。これら奇跡の数々は彼等にも容易に理解でき、頭から信じられていた。そして彼等は祈禱の際、これらの奇跡に捧げる数語の単純な献辞を詠《よ》み上げていたようである。こうして、礼拝よりも献辞が長い、奇妙な祈禱が生まれたのであった。もし何らかの罪や過ちを犯し、それを心から後悔した時、騎士たちは突然マグダラのマリアを自らの守護者かのように崇めた。彼女は、中世において悔恨を通じ神に許された人物の代表として見られていたのである。叙事詩を読み解けば、罪人共が天に泣きつく場面を多く見つけることが出来る――「マグダラのマリアをも許せし神よ、どうぞ我に慈悲を与え給え」と。

最も優れた騎士たちは常に自分が罪を背負っていることを忘れず、危機や死の際にあってはマグダラのマリアを思い起こした。史実においても伝説においても並ぶ者のない騎士中の騎士、ゴドフロワ・ド・ブイヨンはアンティオキアの城壁の下で重傷を負いし時、肺と肝臓から血を流しつつ死を恐れこう祈った。

「偉大なる主、ラザロを死より蘇らせし父なる神よ。マグダラのマリアがシモン〔ペテロ〕の家で貴方に近づき涙を流し、その御足を涙で濡らし、そして悔い改め香油を塗りし時、貴方は彼女の罪を赦された。主よ、もしこれが真実ならば、どうぞ私を捕囚の身から、死の運命からお救いください。」

こうして祈り、そして祈ることを定められていたのが、騎士なのである。

聖母マリアへの崇敬

我々はここまで、聖母マリアに対する崇敬について触れて来なかった。現実には聖母は古の中世騎士物語《ロマンス》を導き、彩りを添えた存在であり、その子たるイエスと同じだけ登場すると言っても過言ではない。

しかしながら一三世紀の叙事詩においては、この優しき母性に対する崇拝はほぼ観察されない。こ

アミルは友を救うため、涙をのんで自分の２人の息子たちの首を刎ねる。しかしそれを聞いて顔面蒼白になりながらベッドに駆けつけた妻が見たのは、神の御業により、死から蘇り無邪気に遊んでいる息子たちの姿だった――『アミとアミル』より　エドゥワール・フランソワ・ツィエール作

れはこの時代の叙事詩の主題が雄々しさと軍事行動に向けられていた為である。聖母マリアにまつわるある種幼稚で荒唐無稽、軽はずみな数々の伝説が生まれたのは後世になってからである。後の時代の叙事詩には、騎士になりすました聖母マリアがとある馬上試合に参戦した、などという逸話まで見ることが出来る。こうした伝説が、聖母マリアの偉大さに何一つ貢献し得ないことは明らかである。

この事例は、他の事例と同様、我らが一一世紀・一二世紀の詩人たちがいかに地に足がつき信心深い人々であったかを示すものであると言える。初期の作家たちは優美な作風こそ持ち合わせていなかったが、その分を補って余りある高潔さを備えていたのである。その意味において、例えば『アンティオキアの歌』に登場する次の情景は、ゴーティエ・ド・コインシー〔一一七七―一二三六年、フランスの修道院長、大衆に迎合した叙事詩を書き残したことで知られる〕の韻文とは比較にならない程尊いと言っても良いだろう。「この時全フランス軍が主の御前に跪《ひざまず》き、エルサレムへの真の道筋を示すよう神に懇願した。」もしくは、同時代に詠われた別の叙事詩にあるように、初めて聖都エルサレムを目にした十字軍兵士たちが一斉に泣き崩れた情景も然りである。尊厳ある雄々しい筆致のたった一文は、味気なく平凡な叙事詩一編に勝るのである。

騎士とミサ、神明裁判

騎士たちはキリスト教の戒律と、祈禱の作法を訓練で叩き込まれていた。騎士は他のキリスト教徒たちとその神聖なる人生を分かち合って生きることを定められていたが、起源は不明瞭であるものの、その一方において一定の特権をもまた与えられていた。

日曜に限らず毎日欠かさずミサに参列することも、義務とは言わないまでも全ての諸侯の習慣であり、そうした特権の一つであったと見なす向きがある。毎日騎士たちは城の従者たちが寝静まる中を

聖地エルサレムを初めて肉眼で見た十字軍騎士たち　『エルサレムの歌』より　リュック＝オリヴィエ・メルソン作

場合によっては日の出前に起床すると、原則として食事を口にしないまま神父の元に赴き、ミサに参列した。フランス王も同様の宗教的献身を共有しており、起床も騎士たちに劣らず早かった。違いと言えば、神父の代わりに司教が担当する分、より荘厳な雰囲気の中でミサが執り行われたということであろうか。さらに祝祭日には教皇その人がミサを執り行うこともあったという。もっとも当時の詩人たちは地上における神の代理人たる教皇の偉大さをよく理解していなかったようで、単なる皇帝たちへの資産の分配人として描かれることも多かったのであるが。

　詩人たちはよく軍事式ミサの壮大さを好んで描写し、さらにそれを読んだ画家たちは絵画としてそれを描き残した。では、一二世紀の軍事式ミサとはどのようなものであったのだろうか？　叙事詩によれば、それは決戦日の夜明け、恐ろしい異教徒《サラセン人》たちの雄叫《おたけ》びが近くまで迫る中、全キリスト教軍の眼前で捧げられるミサであったという。そこでは完全武装の兵士たちが即席で設えられた祭壇の前に跪き、十字架に架けられたイエスにその生命を捧げることを誓ったのである。

さらに我々はこの軍事式ミサの特殊な類型を、決闘による神明裁判の前の儀式に見ることが出来る。神明裁判に臨む二名の闘士は、この命を賭した戦いの前にミサに参加することが法的に義務付けられていたのである。二名のうち一方が真の悪人、一方が真に無罪であり、それを同じキリスト教同士の決闘の勝敗によって決するという。なんと酷い話であろうか！　この残酷で粗野な迷信に基づいた儀式は、一時期〔リヨンの〕アゴバールを含めた聖職者たちによって称賛されていたのである。一体どうしたことだろうか？　彼等野蛮人たちは自らの怒りに任せ、神の御心と残忍さと信仰心を混同したのである。そして教会はそれを許容する立場に追い込まれ、この蛮行に高尚な地位を与える他なかったのであろう。言うまでもないことであるが、この決闘の習慣はゲルマンに由来し、彼等の獰猛な文化により教会の仕事は大いに増えたと言えよう。

騎士道とゆるしの秘蹟

騎士たちにもまた、最も地位の低い農奴たちと少しも変わることなく告解によるゆるしの秘蹟〔罪を告白しつぐないを行うことで洗礼以降に犯した罪がゆるされるカトリックの儀式〕を受けることが求められた。もっとも当時の騎士たちは、自らの罪を告白することを大して苦にも感じないという立派で単純な性格をしていたようだが。彼等は人生の節目においては必ず告解し、特に戦いに出る前はこれを欠かすことがなかった。「ここの誰もが告解し、一片の罪をも隠すことがないようにしようではないか。その後、我々はこの難行に乗り出し、皆で異教徒を殺すのだ」と、ある叙事詩は詠う。隠者ピエール〔一〇五〇―一一一五年、第一回十字軍の本隊に先立ち、民衆を率いてエルサレムへと向かった運動家〕

裏切り者ガヌロンの偽計を見抜いていたチエリーが、それを白日の下に晒すためガヌロンの配下ピナベルに決闘による神明裁判を挑む。神の加護を得たチエリーの一閃がピナベルの兜を直撃、断末魔の叫びが響き渡った——『ローランの歌』より　リュック＝オリヴィエ・メルソン作

もまた告解と十字軍を関連付けることは自然であると考えていたようで、聖アンデレが彼の元に現れ〔民衆〕十字軍に参加する全員に罪の告白を勧めたと説教した記録がある。

さらに騎士たちは、戦いだけでなく、長い旅に出立する前にも必ず罪の告白を行った。武勲詩『ガラン・ル・ロレーヌ』には騎士ベゴンが愛する兄弟のガランに会うためフランスに向かう際、グランモンに訪れ隠者に告解を行う場面がある。

さらにこの罪の告白は、死の際にある騎士たちの頭を最も占めていたことであったらしい。『エイモンの四人の息子』〔『ルノー・ド・モントーバン』〕においてエイモンの息子リシャールは皇帝により死刑宣告を受け、犯罪者として絞首刑台に引かれていく。首に縄が掛けられても恐怖の色も見せないリシャールであったが、避けられない死を前に何度も「私は告解せねばならぬ」と繰り返す。司教ダニエルが彼の罪の告白を聞き終わって初めて、彼は落ち着きを取り戻すのである。

ゆるしの秘蹟を受けるためには、ここまで見てきた罪の告白に加え、回心が必要となる。回心は、雷雨の中をダマスカスへ向かう十字軍の道中、見下げ果てた騎士たちまでもが聖職者たちの前にひれ伏し次のようなやり取りをした場面に見られる。「神は貴殿に対してお怒りであられるが、それでももし貴殿が心から望むなら、神は貴殿を愛されるでしょう。」「ああ、どうか、お願い致します。」こうしたやり取りは武勲詩《シャンソン・ド・ジェスト》の中に一度ならず登場するものであり、残念ながら、この世の終わりまで今後も繰り返されるやり取りなのだろう。

いずれにせよ、最も優れた騎士たちでさえ、時としてゆるしの秘蹟を受けることを先延ばしにするきらいがあり、それは記録が容易に証明してくれる。しかし日の沈んだ戦場において、体中を槍で貫かれ血に染まり、魂が半ば体から抜けかけている騎士たちはそんなこともすっかり忘れ、必死で聖職

騎士たちが異教徒との決戦を前にミサを捧げ、告解とゆるしの秘蹟を受ける。司教は祈りを捧げながら全軍の間を練り歩き、その後ろで司祭たちが聖体を授けている。これで、死して天国に行く準備は整のった――『エルサレムの歌』より　ドゥワール・フランソワ・ツィエール作

者の姿を探した。もし聖職者が見つからない場合には親族を求め、その親類に罪の告白をしたという。それも難しい場合には、戦友でも十分とされた。教会も、影響力の高い教会博士たちの言説を通し、この方法によるゆるしの秘蹟を否定しなかった。ペトルス・ロンバルドゥス〔一一〇〇―一一六〇年頃、パリ司教にしてスコラ神学者〕の記した『命題集』は中世における偉大な「古典」であるが、本書もまた、告解は初めに神に対して行い、その後に聖職者に、それが難しい場合には親類や友〈proximo vel socio〉に対して行うことを認めている。

こうした非聖職者に対する告解は、歴史的にも慣習的にも後の時代に一般化している。善良騎士バヤール〔一四七二―一五二四年、フランスの騎士であり聖ミカエル騎士団員〕もまた、その死の際に「聖職者の代わりとして」謹んで宿屋の主人に告解を行ったとされる。この史実の逸話が持つ高貴さを超えるものがあるとすれば、それは叙事詩『アリスカン』の冒頭における次の伝説上の逸話くらいのものであろう。若き一五歳のヴィヴィアンは異教徒との高名な戦いの末、重傷の痛みに喘ぎながら、叔父ギヨームに対して最期の告解を行う。この感動的で至高の試みの結果彼が絞り出せたのは、「私は異教徒たちより一日早く帰天してしまいます」という罪だけであった。彼には他に何も罪が思い当たらなかったのである！

謎の流行

罪の告白によるゆるしの秘蹟以外にも、詳しく解明されていない当時の騎士たちの流行がある。それは「芝と木の葉三枚ずつ」を身に着けて象徴的に連帯感を高める行為であり、これは優に二〇を超える著名な古の叙事詩に登場するのである。さらに極端な例では、ギヨームなどはアリスカンの地で異教徒《サラセン人》と戦う時にホスチア〔カトリック教会においてキリストの体と信じられ、聖餐式で口にされるウエハース〕を身に着けたという。

この興味深い習慣はいつの時代に始まり、何の意味を持っていたのであろうか？　残念ながら、我々は研究を尽したがこの答えを出すことが出来なかった。誰かが、いつかこの答えに辿り着けることを期待したい。

信仰の中の死

騎士の第一の戒律が含意する最後の義務こそ「騎士は信仰の中に、信仰のために死なねばならない」というものであった。本書の目的は騎士たちの死に様を列挙し、それがいかに殉教であったかを解説することではない。むしろいかに彼等がそうした散り際を義務として見ていたかを示すことにある。

うつしよの騎士たちよ、
汝らは憂いなく生きる事能わず、
汝らが守護すべき民と、
信仰の中の死の務めを心に懸くなれば。

こうある詩は詠《よ》む。ここで読者諸氏は、信仰に殉じた死が「務め」であるという表現に気づかれたであろう。ゆえにローランがロンスヴォーの断崖において聖剣デュランダルを守りながら討死したこともまた、騎士の義務の履行なのである。

今一つの例は『オーベリ・ル・ブルゴワン』に登場するバイエルン王オリの例である。彼の最期は

異教徒が捕囚のバイエルン王オリに「アッラーに帰依するか？」と問う。王オリが「我が王、我が神を裏切れなどとは笑止なり！」と拒絶すると、異教徒は一人ずつ彼に槍を投げ残忍に彼をなぶり殺した。その魂は天使により主の御元に引き上げられた――『オーベリ・ル・ブルゴワン』より　リュック＝オリヴィエ・メルソン作

騎士の魂を天国へ引き上げる天使たち　リュック＝オリヴィエ・メルソン作

古代ローマのマルクス・アティリウス・レグルス〔前三〇七―二五〇年頃、共和政ローマの将軍・政治家。カルタゴに捕えられるも、ローマを売るより死を選んだ〕のそれに似て、而《しか》して千倍の栄光に満ちていた。彼は苦痛に満ちながらもこう叫び、死を選んだのである。
「我が王、我が神を裏切れなどとは笑止なり！」

今一つの叙事詩が詠うのは、あまり知られていない老エメリ・ド・ナルボンヌの次の逸話である。この齢《よわい》一〇〇歳の男は清廉潔白で恐れを知らず、ムスリムの前に勇敢に立ちはだかると、アッラーへの信仰を拒絶した。異教徒たちはこの老人をイバラと棒で打ち付けその身を切り裂くと、彼を火《ひ》炙《あぶ》りにするため薪の山に投げ入れた。薪の爆《は》ぜる音を聞きながら、今にもその身を包もうとする炎の中、彼は恐れの色も見せず、泣きながら処刑を見せつけられていた妻エルマンジャールにこう叫んだ。「私がこの生命を神、聖母マリアの御子への愛のために捧げるのを許せ。そして、決して彼らに屈するでない。」

他の偉大なる殉教者たちを差し置いて私がこの

二名を挙げたのは、これらの叙事詩の伝説こそ、騎士道の命ずる信仰の中の死という義務を体現しているためである。しかし、史実の十字軍においても、多くの騎士たちがこの義務を履行し討死したことを忘れてはならない。そして、よく言われる通り、歴史的事実は小説より奇なり、なのである。

以上が騎士道の第一の戒律であり、この戒律を地上で守ったものは、天国において絶対的名誉と共に聖なる花の芳香に包まれ報われるのである。

第二の戒律　汝、教会を護るべし

第二の戒律は第一の戒律を補完するものであり、キリストの戦士たちは常にこの文言を守ることを求められた。第二の戒律の文言はまた、戦いの前に鬨《とき》の声として「教会を護れ！」としても叫ばれた。本書では一三世紀に記された短い叙事詩『騎士団』〔一二五〇年頃成立の作者不詳の叙事詩〕から引用することを可能な限り避けている。それはこの叙事詩が本書に含めるには執筆が遅すぎ、ゆえに内容が理想化され洗練され過ぎていると考えるためであるが、それでも本作品は古の叙事詩から理念を抽出し端的に表現をしているという点で功績を認めざるを得ない。ゆえにここでは、騎士たちに向かって詠まれた次の二節だけを紹介しよう。

汝らの血、一滴残さず聖なる教会の守護に流すべし。

教義として、これより端的な文章はないであろう。

真実を守護する戦士

ここで、第二の戒律の源流を整理しておくことは有益であろう。『騎士団』の作者は聖職者であり、神学者の代表として、宗教的教義を語り、記した。ゆえに本書が研究する古の叙事詩が描く、より軍事的で、世俗的な騎士道とは趣を異にしているのである。

教会は騎士たちの信仰をどう捉えていたのだろうか？　それを理解するには、カトリックの『典礼書』に注意深く記された次の節を読めばよい。

> 父と子と聖霊の御名《みな》のもとに、この剣を取るがよい。そしてそれを、自身と聖なる神の教会の守護のため、そして十字架の敵に立ち向かうため振るうのだ。行け、ただし忘れるな、聖人たちは剣でなく信仰で王国を征したことを。

つまり端的に言って騎士とは、今も昔も、武器を持たぬ真実〔教会の教えのこと〕を守護する戦士である。私は、騎士という存在がそれより高位に、またはより詳細に定義された例を知らない。

あらゆる場合において騎士には、常に武装を保ち、教皇が人々に真実を宣べ伝える宮殿の、その未だ破られぬ門を護り続ける義務がある。騎士は剣をその手に教皇の聖座の後ろに控え、この世界に欠かせざる教皇庁の独立性を護らねばならない。彼らは公会議〔全キリスト教世界から司教らが集い、教義について議論する最高会議〕場の門前において目を光らせ、陳腐な表現を使うならば、世界で最も崇高で、重要で、深大な議題を扱うこの会議の自由を守らねばならない。そして神の真実を教え伝える数千の教会の守護者たる騎士は守護せねばならない、何世代ものキリスト教徒を生み出してきた洗礼盤を。主の大いなる犠牲による贖罪《しょくざい》への思いを新たにする祭壇を。あらゆる過ちへの赦しが宣言される講壇を。そしてあらゆる悪を征さねばならない。最も偉大なる真実を明らかにし、全ての美徳を世に知らしめるために。

そして騎士こそ、そう騎士こそが、全ての修道会の守護者として生み出され、修道士にこう伝える存在なのだ。「福音を宣べ伝え、教え、洗礼を与え、改宗させ、罪を赦されよ。我が、貴殿を守る。さあ行かれよ」と。ベネディクト会が荒野を切り開き、蒙昧《もうまい》の民を啓蒙し、あれ程まで遠き土地においてあれ程までの人数をもって活動できたのは、まさに騎士に依るものなのである。ドミニコ会が言論の自由を維持し、フランシスコ会が清貧の中に活動することが出来たのも、そこに騎士が存在したからなのである。そして当時の慈善事業の数々も、その美徳と効用を騎士に負う所が大なのである。各地の病院が何千もの病める者とハンセン病患者を収容出来、修道院が何千もの貧者に食事を施せたのも、騎士の守護があればこそなのである。そして教会の地には必ず騎士が付き従い、母なる教会を守っていたのである。曰《いわ》く、教会在る所に騎士在り〈ubi Ecclesia ubi miles〉。

叙事詩に見る第二の戒律

この崇高で核心的な戒律についてはここで改めて筆を止め、その例を叙事詩から探す必要もない程である。ただし往々にして理念的になりがちなこの戒律について、騎士と教会の関係を明快に平易な表現で詠っている例を一つだけ紹介したい。

叙事詩『スペイン侵攻』において、その作者は「あらゆる行動について、騎士は次の二つの目的を忘れてはならない」と記している。「それは自らの魂を清浄に保ち、守護者として教会の名誉を守ることである。」

「キリスト教護持のため」、それは多くの古の叙事詩が詠った表現である。若き騎士見習いが親の城塞を巣立つその日、多くの母親が最後にかけた言葉こそ、この崇高な責務であった。それはイエス・キリストと教会に仕えることを意味したが、それに留まらない意味を含意した。これをまとめると以下の通りとなる。古の詩人たちはキリスト教徒を、偉大ながら弱く、常に祈り戦わねばならぬ人々として描くことを好んだ。そして大衆の上には、祈り、そして戦う権利を託された二つの選ばれし特権階級が存在した。一つは神意により祈るために創られた聖職者集団であり、そしてもう一つこそ、祈り、そして争いを裁定する者を護るために神が創られた騎士階級なのである。これこそランス大司教が『ガラン・ル・ロレーヌ』の冒頭において世に知らしめた理論である。この作品より本理論の優れた発露は存在し得ないであろう。曰《いわ》く、

我らは聖職者であり、我々の責務は自らの友人のため神に仕え祈ることである。而して貴兄ら騎士たちは、神により教会の防壁となるよう命じられたことをゆめ忘れてはならぬ。

この格言は後に、人は全て祈る者、戦う者、働く者のいずれかに分類されるという古風な三身分論を生み出すことになる。そしてこの三者は、手を取りながら、「我々はフランスのため祈り、守り、そして支えよう」と誓うことになる。これ以上に優れた表現など存在し得るであろうか？

第三の戒律　汝、須らく弱き者を尊び、かの者たちの守護者たるべし

第三の戒律において、「弱き者」は教会を含むがそれに留まらない概念であり、騎士には世の中のあらゆる弱者を守護する任務が与えられている。セルバンテスによる愛らしい皮肉を差し置いても、第三の規律は騎士が深く尊重し、賛美せねばならない理想なのである。セルバンテスの信奉者は彼の風刺作品の人道的・道徳上の価値を過大評価する傾向にあるが、第三の戒律に関して言えば、『ドン・キホーテ』に見られる風刺より『騎士団』に見られる理想的価値観の方が人類社会に資すると考えられる。いずれにせよ、騎士はこの世界における無防備な存在を守るべき存在として定められているのである。特に、騎士は神に仕える聖職者、女性と子供、寡婦、そして孤児の守護者たらねばならない。このような教えの源は疑うべくもなくキリスト教であり、ここにローマやケルト、ゲルマンの影響は見られない。純粋で、混じりけのない教えである。

騎士と聖職者の関係

キリスト教の信条にも通じるこの戒律は、当時必ずしも実践が容易なものではなかった。聖職者たちへの献身こそ、騎士たちにしばしば最大の困難と残酷な努力を強いたのである。聖職者たちと戦士たちの間にはある妥協的な関係〈Modus vivendi〉が常に結ばれてきた。戦時においては両者は手を取り合い、愛し合い、尊敬の念を抱き合う。しかし平時になると、彼らは目に見えて敵対し始めるのである。騎士の残酷さが聖職者を嫌悪させ、また聖職者の呑気《のんき》さが騎士たちを苛立たせたのだ。我ら

教会と騎士　リュック＝オリヴィエ・メルソン作

が古の叙事詩はこの思いがけない敵対関係を記した場面で溢れている。『ガラン・ル・ロレーヌ』において憎悪に身を委ねた獣のような封建領主が聖職者へふるった暴力は、この一例に過ぎない。

一方、北仏詩人《トルヴェール》〔一二世紀後半以降に北フランスで隆盛した、自ら貴族や騎士である吟遊詩人〕たちがこぞって中世騎士物語の中で揶揄《やゆ》した在俗司祭〔修道院に属さない聖職者で、妻帯などが黙認された。教区司祭とも〕たちが叙事詩に登場することは稀であった。これは彼らが仕えた相手が聖職者に対してであったことによる。この世俗の聖職者たちは詩人たちの目には太った金持ちにとしてしか映らなかった。詩人たちは反ラブレー調に彼らを嘲笑し、彼らをからかい、冷やかした。『ルヌアールの結婚』や『ギヨームの結婚』に見られる下卑たユーモアは単なるガリカニスム〔国王などの世俗権力が教皇の権力に並ぶものであるという思想〕という言葉では片付けられない性向のものであり、現代の醜い風刺画を彷彿《ほうふつ》とさせる。

しかし感情はどうであれ、教えは教えであり、騎士たちはこれに従わねばならなかった。即ち騎士には、聖職者を敬う責務が課せられていたのである。

この制約に苛立つ騎士もいただろうが、最後には従わねばならなかった。ジラール・ド・ルシヨンの愛する婚約者がシャルル・マルテルにより娶《めと》られた時、彼は激怒し、猛烈な叛逆を計画さえした。彼を思い留まらせたのは、ひとえに聖職者への敬意なのであった。またあの化物ラウール・ド・カンブレーは女子修道院を壊滅させることを思い立ち、修道女たちを焼き殺すことでそれをやってのけたが、これは例外中の例外であり、前代未聞の犯罪であった。而してこの空前の醜聞は中世の記録の中に刻まれたのである。ラウールに付き従った騎士たち当人こそが、この悪行に恐れおののいた最初の集団だった。「我々は神聖なる教会を襲う圧政者にあらず」彼らは計画を知ると口々にこう言い合い、ラウールの親しい友人であり荒々しい気性で知られた騎士グエリ・ル・ソルでさえ、主君に次の強烈な非難を吐いている。

「貴様はあまりにやり過ぎた。神が貴様を憎むとしても、それは自業自得以外の何物でもない。この地はフランス人より敬意を集める地なれば、その名誉を汚すなど何事か。」

　これに続く場面と、この修道院がいかに凄惨に焼き払われたかは我々の既に知る通りである。修道女たちは静かに修道院から出づると、〔旧約聖書の〕詩篇を手に静かに賛美歌を詠唱し、焼き討ちをすればフランス全土に災いがもたらされるとラウルに懇願した。しかしその祈りも、懇願も、全てが無駄であった。彼女らは皆、炎に飲み込まれた。現代の詩人M・コッペがこのラウル伝説を題材として『リズロン』という詩篇を記した時、その終わり方をよりハッピーエンドに改変してしまったことも良く理解できる。

シャルル・マルテルとの熾烈な戦いに破れたジラールは、妻ベルトとアルデンヌの森で２２年もの逃亡生活を送る。夫は毎日炭を掘り、妻は毎日裁縫し、２人は勤勉に働いた──『ジラール・ド・ルシヨン』より　リュック＝オリヴィエ・メルソン作

寡婦・孤児の守護

救い主の出現まで寡婦の人生ほど哀れなものはないと考えられ、ユダヤ人は寡婦を一種の恥辱として見ていた。初代教会はこの狭い考えを拡大し寡婦を「主の祭壇」として捉え、キリスト教における弱者の最上位に位置づけるようになった。後に寡婦のための修道院が作られるに至り、聖ヨハネ・クリュゾストモス〔三四九―四〇七年頃、教会博士。雄弁のため「黄金の口」と呼ばれた〕の言を借りるならば、「彼女らの存在なくして教会の完全性は充足されない」存在となったのである。

孤児に関しても、教会は同じく関心を寄せていた。教会は孤児に職を与え、育て、結婚を後見し、そして何より孤児院への門戸を開いていた。こういったキリスト教の習慣は後に騎士道に引き継がれた。『聖使徒規則』〔三七五―三八〇年頃にまとめられた教会の規則集。著者不詳〕と中世騎士物語《ロマンス》の美しい場面の数々には、他に比類しない類似性が見受けられるのである。しかしここにおいても我々は誇張表現に対し慎重にならねばならない。中世という暴力に満ちた粗暴な社会において、初代教会の教えをいきなり説くことは賢明ではなかった。ゆえに教会はまず騎士たちに「弱者に対し悪行を働いてはならぬ」と説くことから始め、その後に「弱者に対し悪行を働くことを許してはならぬ」と教えを深めたのである。

武勲詩『アスプルモンの歌』においてネームは万事を成し遂げた騎士として描かれ、次の見事な言葉で形容される――「フランク人が望んでも叶わぬ参謀」と。ネームに向けられた次の賛辞は、全ての騎士たちの地位を向上させたと言って良い。

彼は決して信頼を裏切らず、

決して善良な人々を裏切らず。

いわんや飢える寡婦と幼き子供たちをや。


同様の精神に鼓舞され、死期を悟ったシャルルマーニュもまた彼の息子に対し、臣下の孤児と貧しい寡婦たちを飢えさせてはならぬと命じている。しかし嘆かわしいかな！　当の息子は父の命などすぐに忘れ、叙事詩『ニームの荷車隊』においてギヨームに対し、領主が死のうとしている封土などくれてやると冷笑的に言い放っている。しかしギヨームはこうした提議に黙っている人物ではなかった。彼はこの考えに嫌悪感を示し激怒した。彼は直ちに王のもとに赴くと、

「ではかの寡婦たちには、孤児たちには、彼等には一体どんな運命が待ち受けていると思われますか！」と涙ながらに訴えた。王は顔を青ざめると、ギヨームによる侮蔑に震え、真の騎士らしくこう叫んだのである。

「かの地の小さき者たちに手をかけんとする者がいれば、我の剣がその賊の首を胴体から切り離してくれよう！」

そして何人も、復讐心を秘めた彼の剣と、彼自身に挑戦することはなかった。

弱き者の守護者、騎士

ここまで我々はこの戒律の負の面ばかりを見てきた。ここからは、高みに登ろうではないか。叙事詩『スペイン侵攻』は、騎士は助けを必要とするあらゆる者を助け、寡婦と孤児を支えねばならないと明確に述べている。騎士が守護の責務を負ったのは人々の特定の不幸や特定の弱さなのではない。

ガヌロンの裏切りを告発するチエリー　『ローランの歌』より　リュック＝オリヴィエ・メルソン作

シャルルマーニュへの裏切りにより八つ裂き刑に処されるガヌロン　『ローランの歌』より　リュック＝オリヴィエ・メルソン作

彼の守護を必要とするあまねく弱き者たち、あまねく貧しき人々、あまねく小さき者にこそ、その責務を負ったのである。

　死の床においてシャルルマーニュは、貧しき者の前でこそ謙虚になるよう息子に命じた。「かの者たちの前においては名声を忘れよ。ただ助け、支えるのだ」と。

　この原則は『騎士道の書』〔一二七五年頃、騎士であり神学者のラモン・リュイにより出版された書。第二部に全訳を掲載〕においてさらに正確に、完全な形で次の通り表現されている。「騎士の任務は、貧しき者たちの守護者、後援者となり富める者から彼等を守ることである。」そしてこの書はこう続ける。「騎士の責務は、弱き者を支え、強き者の圧政から彼等を守ることである。」

貧しき者や流れ者を見かけし時、
全ての貴公子、騎士は彼等に付き添い、
何人《なんぴと》も彼等を苦しませ殴打することのないようにする義務を負う。
貧しき者こそ真に高潔で勇敢なる者なれば。

　こう詠うのは、現代に忘れられかけている高貴な精神の体現とも言える叙事詩『ジラール・ド・ヴィエンヌ』である。本叙事詩において作者は、正しき普遍的教えをわずか数行に凝縮している。

　その上教会も、騎士たちにこの役割を期待していたのである。最も古きミサの典礼書には、一一世紀初頭に記された新しい騎士のための祝別の祈禱が含まれている。ここでキリストの戦士たちは、「あらゆる弱き者の地上の守護者」たることを命じられている。さらに一三世紀には、サン・ピエトロ大聖堂で執り行われた騎士の祝別式において、主席司祭が厳粛に次のように述べている。

「汝、教会と寡婦、孤児らの守護者かつ勇敢な擁護者たれ！」

　そして喜ばしいことに、今日のカトリック典礼書においても同様の信条が見られるのである。異教徒たちには理解し得ぬ、キリスト教徒の永遠の名誉と言える信条が。ここでも、そしていずこにおいても、教会の教えが我らが叙事詩より高みにあることが確認できる。このことに読者諸兄が驚かれないよう、私は不遜にも望むものである。

第四の戒律　汝、その生まれし国家を愛すべし

「汝、その生まれし国家を愛すべし。」当時の詩人たちはこの教えを知らず、民衆の誇り高き心に訴えることを全くしなかった。詩人たちはより自身の霊感に従い、当時のフランス騎士がフランスを愛していた事実を表す叙事詩を詠むべきだった！

　フランスに八〇〇年も昔から愛国心が存在した！　このことは現代人の多くを驚かせるであろうし、一〇人中九人の国民はフランス人が自国を愛するようになったのはせいぜい一〇〇年前〔一七八九年から始まったフランス革命を指す〕からだと思っていることだろう。我々は、総裁政府〔一七九五―一七九九年までフランスを統治した五名で構成される行政府〕がとある授賞式で行った、矛盾に満ちた次のスピーチを覚えている。

「親愛なる子供たちよ、我々は過去五、六年しか国というものを持ってこなかった！」

　この総裁政府のナイーヴな考え方に従うのなら、一七八九年以前にはフランスには統一も、産業も、芸術も、そして人々の生活も存在しなかったというのだろうか！　七月一四日の建国以前にはフラン

スには何もなく、その日を境に全てが生まれたとでも！*

＊後にエルネスト・ルナンはこの体制を批判し、アカデミー・フランセーズにおけるスピーチでこう反論している。フランスとは千年に亘るヒロイズムと忍耐を基盤に、一部の人間の勇敢さと、一部の人間の知力と、そして全ての人間の苦しみによって生まれた国である、と。

世界中を見渡しても、自国の過去を見下し、国家がさも昨日から始まったように振る舞って喜んでいるのはフランスだけである。ドイツとイギリスという強大な隣国たちは自国の起源を辿れる限り過去まで辿り、その歴史を熱烈に愛しているではないか。それが伝統的国家というものであり、それが彼らの統一の鍵であり、彼らの強さなのだ。にも関わらず、彼等の歴史はフランスのそれと比較にならない程度なのであり、従ってフランス人にはいかなる国の国民より愛国心を持つ資格があるのである！

「フランス」の誕生

しかしながら、この愛は、強制されるべきものではない。

愛国心に満ちた古代のケルト国家はローマ帝国の暴力性と巧みな政治手腕によってその歴史を閉じ、帝国に併合されることになった。そして五世紀中にはガリアの土着信仰がほぼ途絶えたことを各記録が指し示している。一方、ゲルマンの森に住む長髪で半ば野蛮なフランクの戦士たちが抱いていた、自部族への粗野な愛着心を「愛国心」という美名で呼ぶことは出来ないであろう。だがこの部族は、ある日、まるで磁石に鉄が引き寄せられるように西へと移動を開始し、後にプロヴァンスに領土を得たのである。彼等はこの領土に愛すべき次の名を授けた。フランシア、と。この名はその後もフランク族の居住する全ての国家により継承されたが、真のフランスの誕生には今暫く待たねばならない。

彼等はその後も長きに亘り、一方にサリ族、もう一方にリプアリ族と分断し、放浪の後に勝者として後のフランスの地に定住した。どちらの部族も初めは独立を保ち、各々の規範を備えていたが、これは今日では無数の断片として離散的にしか残っていない。その後、数々の国がこの地に興ることになる。偶然の建国もあれば、武力によるものも、さらにメロヴィング朝の王子たちの気まぐれによるものもあった。北には広大な帝国を持ち、南には日当たりの良い町をいくつか、というように。こうしてこの地はアウストラシアとネウストリアという二つの文明が並立し、二つの気性と、ある意味で二つの人種を有する国々へと分断されたのである。読者諸氏はこうした散り散りの状況で、共有の目標も団結もない中、いかにして「愛国心」なるものが見出せるのかとお考えだろうか？　今暫くお待ち頂きたい！

カロリング朝が勃興し、「母国」を持たねばならないという考えが人々の間に急速に形成される契機を作った。実のところカロリング朝の中核はテュートン族（ゴート人）であったが、ゴート人にも団結を尊ぶ精神は存在し、彼等は自らの文化のゲルマン的要素をラテン的要素で置き換えることを厭わなかった。そして教会もまた、カロリング朝こそ教会の教えの地上での顕現であると見なすようになったのである。カロリング朝は教会の前に跪き、古のローマ帝国の再建を誓った。メロヴィング朝の内紛こそが、我らが求めている「祖国」と「愛国心」の根源を辿る苦難に満ちた旅路における最大の障壁であったと言える。即ち強力な団結こそが、愛国心に向け西方世界において何より最も必要な要素だったのである。確かにカロリング朝による統一は年数としては長い期間ではなかったが、今で

愛する自国に寛ぐ幼少期のローラン　『少年時代のローラン』より　リュック＝オリヴィエ・メルソン作

も現代国家に自らを認識する影響力と時機を与えている。

シャルルマーニュが没した世紀は、同時にドイツ人、イタリア人、フランス人の輪郭を形作った世紀でもあった。西フランク王国はその後の我が国の核となった。そしてフランスという輝かしい名前は、ゆっくりながら着実に、カペー朝において育まれたのである。彼等はフランス人であり、かの王朝は真に国家的王朝となった。こうして、フランス王の統治する領域はフランスと名付けられ、その領土は神の恩寵《おんちょう》によりその後も拡張を続けたのである！　どうして、これを愛さずにいられようか。

一〇世紀と一一世紀のいささか不安定な君主たちの跡を継いだのが、ルイ四世に代表される高貴なる一二世紀の騎馬の武人たる王たちであった。しかしこの時代まで下らずとも、我らが祖国が確固として確立され、愛されていた証拠を見つけることが出来る。一〇六六年から一〇九五年の間に作詞された『ローランの歌』において、シャルルマーニュの甥《おい》〔ローラン〕が愛した国こそ、「西の国境を自然に持ち、南の国境を川に持つ我らが北フランス」なのである。ローランが愛したこの国こそ、今日我らが愛する国家なのである。彼が戦死したあのフランスこそ、我らが兵士が一八八四年に血を流したこのフランスなのである。この国こそ、「祖国」である。フランスはその成立と成長に数世紀を要した。しかし我らは今日でもその息吹を感じ、そして向けられた愛を感じることが出来る！

これが、詩人たちが祝福し、騎士の戒律が死するまで愛することを命ずるフランスという国なのである。これが、騎士たちの愛した国なのである！

愛国心と愛郷心

この素晴らしき愛国心という感情を、自らの生まれた故郷の街や村に感ずる単純な愛郷心と混同する必要はない。このような愛郷心は何よりも自然で、人間的で、称賛されるべきものであり、中世の叙事詩にも多くの表現が見られる。第一回十字軍の終局においてアデマール司教が指揮官たちにエルサレム王国の王位を打診して回った時、全ての指揮官がこれを固辞した。なぜ、このような名誉ある王座を辞退したのだろうか？　おそらく輝かしい戦果を挙げた貴族たちの多くは、純粋に謙虚な気持ちから断ったゴドフロワを除き、単に十字軍に疲弊し自らの領地と城塞に戻りたかったのだろう。「神と聖シモンに願う、もし今すぐ故郷のアラスに戻れるとしたらどれだけ良いことか、もし今すぐ息子ボードゥアンの腕を首に感じられたらどれだけ幸せだろうか。」こう発言したのはフランドル伯ロベール一世であったが、おそらく他の皆も同じ気持ちであっただろう。

白銀の騎士たちの最期の望みは、往々にして故郷への帰還である。叙事詩『ラウール・ド・カンブレー』において、グエリ・ル・ソルに打ち倒された騎士アリュームは涙ながらにこう訴える。「ああ聖母マリア様！　私はもうサン・クエンティンやネスレの地を目にすることはないでしょう！」

自らの領地は、彼等には他のどの地よりも美しく映ったようである。フランドル伯も同様の感情を発露し、エルサレムの周囲の不毛さを目にした時に次の感想を口にしている。

マリアの子たるイエス・キリストがかような砂漠に生きたとは、なんと驚くべきことか！

オリヴィエの妹オードの美しさに惚れ込んだローランは彼女に結婚を申し込む。こうしてシャルルマーニュ立ち会いのもと、大司教によりローランとオードの婚約が高らかに宣言された――『ジラール・ド・ヴィエンヌ』より　G・ジュールダン作

ああ、我が領地アラスに建つ見事な城に生きられたらどんなに良かったことか。

どうやらこの善良な騎士は、救世主イエスが自領アラスに生まれなかったことを遺憾に感じたようだ。このような愛郷心は人間の自然な感情ではあるが、これは偏狭な発言と言えるだろう。自国ではなく、自領にのみ関心が向けられた発言なのだから。

騎士が愛することを定められたのは、自国全てなのである。フランスで言えば、「セント・マイケルズ・マウント〔イギリス南西に位置する小島〕から遠くケルンまで、そしてブザンソンからヴィッサンの港まで」がその範囲なのである。「モンサン＝ミシェルからライン川ヴォルムスまで」横たわり、「ヒューセントからサン＝ジルまで」を覆う領土こそが、詩人たちが賛美を惜しまなかった高貴で広大なる国家なのである。

かようなる広大な領土への賛辞が残されていることは、ロンバルド人即ち今日のイタリア人と、テュートン人即ち今日のドイツ人にとって当惑の種とさえ言えた。それは彼等が二つの大国の領土と主張出来る境界を著しく狭めることを意味したのだから。

中世フランスに観察される愛国心

これこそ地上で最も美しく、視覚と同様に心にも訴えかける比類なきフランスという国家なのである。「豊かな森と川、牧草地、乙女、美女、そして良きワインと勇敢なる騎士」を誇りし魅惑的なる国家なのである。これこそ、気前のよい人々に見事に恵まれた国家なのである。フランスこそ、「名誉と忠誠と多くの美徳」を見出すことが出来、「世界の何処よりも傑出した、誠実な人々が生きる」

国家なのである。この地こそ、まさに誇り高き心の生まれし地である。「この地にありし人々は、ヒヨウよりもライオンよりも高潔なり」と、ある作品は詠む。全ムスリムと世界が戦いし数世紀の間、この地の人々こそが正にキリスト教徒の中核として揺るぎない名誉を発揮し、「フランク人」という名詞をキリスト教徒の代名詞として定着させた人々なのである。第一回十字軍におけるフランス人騎士の武勇を考えれば、奪還した聖地の呼称は「東ラテン地域」でなく「東フランス地域」とされても良かった程である。正しく神に祝福され、輝かしき民族が香気を放つ国、それこそフランスである。この人々を後世の「鷹《たか》の手入れに勤しみ、騎士たちは皆女性を連れている」凡庸なる人々と一緒にしてはならない。真の十字架と聖墳墓の記憶は、当時のフランス人の中にこそ受け継がれていたのである。スペインはアフリカの教義の敵のために闘い、イタリアは小国同士の争いに血を流し、ドイツはその宮廷、貴族、法廷、そして会計の全てでフランスの模倣であった。神聖ローマ帝国なる名を借りた所で、ドイツは所詮蛮族の野営地に過ぎなかったのである。しかしフランスだけは、一一世紀と一二世紀以来、常に真の国家であり続けたのである。

この国に対する愛国心は、長い年月に亘り我らが古の叙事詩の全ページを輝かせている。もう一度聞くがよい――

神意により一〇〇の国家が創設されしが、その最高のものこそ、神の遣わされし天使により国王の戴冠されし美《うま》しフランスなり。而《しか》してシャルルマーニュの御代より、須《すべか》らく国家とはフランスより出づるものなり。バイエルン然り、ドイツ然り、ブルゴーニュ然り。そしてロレーヌ、トスカーナ、ポワトゥー、ガスコーニュ、スペインの国境に至るまで全て然り。そして黄金の冠を頂きし王は戦士たらねばならぬと定められ、かの王は一〇万の兵をスペインの海に至るまで率いること能うものなり。かようなる行軍を率いること能わずんば、名高きフランスの名誉は奪われ、戴冠は過ちなりしと見なされるものなり。

この思想は以下の別の叙事詩の序文にも見ることが出来る。

王の中の王こそフランス王なり。フランスの最初の王は天使の歌により戴冠され、神によりかようなる御言葉を賜りし。「汝、地上における我が代理人たれ。而して地上に法《のり》と正義の勝利を齎さんことを。」

我らが祖先たちは、輝かしき誇りを持って祖国を語っていたのである。かようなる詩を高らかに詠いし時、ジョングルール〔中世フランスの旅芸人〕たちは割れんばかりの歓声に包まれたであろう。そして彼等はこうした歌を繰り返し詠《うた》った。これこそ、ラ・マルセイエーズ〔フランス国歌〕とも甲乙つけがたい美しさを誇る、かの時代の大衆的かつ聞き覚えの良い国歌であったのである。

フランスの国家的英雄ローラン

かようなるフランスの美点の数々は顕著であり、それを詠いし詩の数々は雄弁であった。しかし我々の祖先はそれに飽き足らず、このフランスという国家を一人の人物に凝縮せんとした。この「祖国」の生きた典型こそ、ローランであった。ローランこそ人格化されたフランスであると言っても決して過言ではない。ローランの身に降り掛かった出来事、それは須らくフランスにも起こった。彼が戦いに備えた場面を聞き、全フランスが希望に溢れた。彼が勝利を収めた場面では、全フランスが喜びに震えた。そして彼が破れた時、全フランスが涙に暮れたのである。ロンスヴォーにおける悲惨な交戦を控えたローランの逸話を聞く時に全フランスが感じる感情は、あたかも神の子イエスが十字架に掛けられた逸話を聞く時に全世界が感ずる感情にも似るのである。信心深きキリスト教徒たる『ローランの歌』の作者は、作品の中でこう明瞭に記している。「フランスを大嵐が襲い、難所のサン＝ミシェルからクサンテンまで、ブザンソンからヴィッサンまでを揺るがす大地震が発生した。白昼の大地が、一瞬にして暗闇に包まれた。」これはイエス・キリストの十字架上の死の場面だろうか？否、さにあらず。これぞローラン討死の深い悲しみの場面なのである。「ローランの死を予知し、世界がかくのごとく苦しんだ」と！

　この栄光ある英雄の頭は、常にフランス皇帝のことで占められていた。彼は剣を振るうたび自分にこう問うた、「この戦いはフランスでいかに見られるだろうか？」と。彼にとり、家族の名誉など国家の名誉の二の次であった。彼がかくまで頑として角笛を吹かなかった〔角笛を吹いてシャルルマーニュの援軍を乞おうとしなかった〕のも、彼がかくまで軽率にオリヴィエの助言に反し進軍したのも、全ては祖国の為なのであった。彼は最後の決戦を前にこう二度も誓っている。「神に誓い、我はフランスの品位を決して汚さぬ。神と、聖人と、天使に誓い、我はフランスの名誉を傷つけぬ！」そして彼は突撃した――自らの死に向かって！

　この「古のワーテルローの戦い〔一八一五年、ナポレオン率いるフランス軍がイギリス・プロイセンの連合軍に敗北した決戦であり、ナポレオン最後の戦い〕」とも言える激戦の中にあって、ローランが繰り返し口にした単語こそ「フランス」であった。キリスト教軍の諸侯が

婚約者ローランの死を知らされ卒倒するオード姫　『ローランの歌』より　リュック＝オリヴィエ・メルソン作

ナルボンヌを望むシャルルマーニュ　『エメリ・ド・ナルボンヌ』より　リュック＝オリヴィエ・メルソン作

皆討死した時、彼の口に上った感動的な感嘆こそ「ああフランス、美《うま》し国、汝フランスよ！」であったのである！

そしてついに、彼自身が討死する時が近づいてきた。そして彼は最期に至るまで、自らの生き方を貫いたのである。輝かしく誇り高きフランス人として。死の際、彼はこう叫んだ――「我亡き後、フランスは二度とローランに勝る者なかりき。」そして視界が暗闇に包まれる中、彼は最後に今一度だけフランスを、そして彼の故郷アルゴスの方を向き、帰天したのである。

いかなる国家においても、どれだけ長き文明を探そうと、かようなる輝かしき愛国心を発揮せし英雄は他に見つけ得ないであろう。しかし愛国心の清らかなる火を心に灯さん英雄はローランだけにあらず。「武勲詩」の数々に登場する全てのフランス人に、シャルルマーニュやローランに劣らぬ愛国心が溢れているのである。フランス人は武勲詩において選ばれし国家の選ばれし民として描かれていたのだから。『ローランの歌』には、ホメーロスがギリシャ艦隊をそうしたのと同様、作者がキリスト教軍の軍団を列記する場面が存在する。それによれば、一〇の軍団のうち三までもがフランス人軍団であったと言う。次の古のトルヴェールが詠った詞を聞いてみよう。

第十軍団、そはフランス諸侯の軍団
数は十万、それは精鋭揃い。
体つきは頑強、態度は横柄
髪は白く、髭は灰色。
彼等馬に跨がり、戦を求むる！

「モンジョワ、モンジョワ〔シャルルマーニュの勝どきの声〕」彼等は叫べり。
シャルルマーニュは彼等と共に在り。

そしてこの軍団を一文でまとめ、耳に残る詞で詩人は締めくくった。

而して彼等フランス兵こそ、数多の王国の征服者なり。

ローランはこの同胞を誇りとし、足を止め閲兵した際、「偉大なる地」から来た兵士たちへの敬意を滲ませこう叫んだ。「貴兄らは一人の例外なく、死してもなお退かぬ戦士なり」と。そしてこの皇帝の甥はこう続けた――「フランス兵こそ至高なるかな、彼等は高潔なる戦士なれば！」

陽気なるフランス騎士

他の「武勲詩」においても、フランス人は劣らず立派に描かれている。あらゆる武勲詩が、フランス人たちの、時として死に至るまでの勇敢さを証言している。そして彼等のいささか長きスピーチが、彼等の喧《かまびす》しき快活さをもまた伝えているのである。即ち、数百年の昔から我らが国民性は何一つ変わっていないという訳である。叙事詩には、我らが英雄たちを的確に表現した詞が残っている――「陽気なる騎士」と。一度兜《かぶと》を脱げば、彼等は快活な人間であり、微笑みと遊び心豊かな人格を有していた。彼等は敵の死体の山を前にしても軽口を叩き合った。前線に近づけば近づく程、戦いの様相が酷くなればなる程、彼等の不敵な笑みと不遜な態度は増したのである。ロンスヴォーやワーテルローの地においてさえ、彼等はその態度を変えなかった。そして異教徒《サラセン人》やイギリス人でさえ、彼等フランス兵への賛辞を惜しまなかったのである。「フランス兵そっくりの体格を持ち、その不動の精神を持った者は、永久に生きること能うに違いない。」ある詩人は、こう力強く異教徒の口から語らせている。

フランス人の愛国心

フランス人は美《うま》し国を愛し過ぎたあまり、その地を離れることが出来なかった。フランスに帰還する際の彼等の喜びと言ったら、そして出立を強いられた際の嘆きと言ったらない。こんな逸話がある。長い間、引き離されることになったベルタが母に言う。「ああお母様。私は今まるで心臓までナイフで割かれるような気持ちです。」しかし母親はこう返すのである。「この娘は何を言っているのかしら、フランスに行くというのに。元気を出して喜びなさい。」

アイ・ダビニョンは異教徒《サラセン人》の捕虜の身となりし時、自分の置かれた状況のことなどよりフランスの話をするように夫ガルニエに迫った。「私はフランス生まれなのです。フランスのことだけを、私の美しき祖国の知らせだけを話して下さい。」と。

異教徒でさえ、同様の愛着心をフランスに抱いていた。異教徒《サラセン人》の使節バランは、シャルルマーニュの宮殿から帰国する時何度も振り返り、このフランス人たちの姿を目に焼き付けようとした。「豊かなる首領」シャルルマーニュと、「美しきこと限りなき」フランス人たちの姿を。

ギヨーム・ドランジュの郷愁もまた感動的である。彼がフランスを発つ時の次の場面を見てみよう。

豊かなるフランスを彼が振り返ると、一陣の風が吹き抜けた。

彼は自らの上っ張りを開くと、少しでも多くの風を受けんとした。

彼は涙を流しながら風に跪くと大声で叫んだ。

「ああフランスから吹きし甘き風よ！　我の愛する人々の住まいしフランスよ。我は汝らの運命を神の慈悲に託そう。我は汝らに二度と会うこと能わざれば。」

こう叫び終ると、ギヨームの美しい眼から涙が溢れた。これは吟遊詩人が古から繰り返し詠った次の詞と全く同じ心情である。「風が祖国から吹きし時、そこには楽園の仄《ほの》かなる香りあり。」

フランスがかようにまで愛されていたことに不思議はない。フランスこそ、その愛全てに値する存在なのだから！

フランスとは、二つの大洋の交わる地に立つ王座に座する女王がごとき国家である。愉快で魅力的な平静なる空の下、美しき川が流れ、肥沃な平原が広がり、セヴェンヌ山脈とピレネー山脈を擁する雄大なるアルプスが聳《そび》え立つ。ここには汎《あら》ゆる木々が生え、実がなり、つるが生い茂る。真実に生き、快活で若々しく、一生年をとらないようにさえ見える美しい人々が住む。何事にも曇らない知性を持ち、何者にも惑わされない信仰を保ち、消えやすくも何度でも再燃する意思の火を灯した人々が。長きスピーチを打つことを好み、しかしそれを聞くことにはそこまで熱意を傾けることが出来ぬ人々が。その自己犠牲の精神と決心の早さ、冒険への熱意が世界を驚かせる人々が。活発なる勇気を備え、そして何より軍人に求められし武勇に満ちた人々が。神はフランス人に高貴なる資質の多くを天賦され、

太陽の動きを止めるシャルルマーニュ　『ローランの歌』より　リュック＝オリヴィエ・メルソン作

そしてそれは地上において遺憾なく発揮されたのである。

神はフランスに、汎ゆる外敵を退け、地上における真実の守護者たるを命じられた。アリウス派〔カトリック教会から異端とされた信仰で、ゲルマン人の一部が信仰していた〕の蔓延《はびこ》る地に秩序を齎《もたら》せしこそ、クロヴィス一世〔四六六─五一一年、メロヴィング朝フランク王国の初代国王。カトリックに改宗しこれを保護した〕率いるフランスに他ならない。ムスリムの侵攻の危機からキリスト教世界を護りしこそ、シャルル・マルテル〔六八六─七四一年、メロヴィング朝フランク王国の宮宰。七三二年トゥール・ポワティエ間の戦いで異教徒を撃退した〕率いるフランスに他ならない。手強《てごわ》きゲルマンの蛮行からヨーロッパとキリスト教を救いしこそ、シャルルマーニュその人に他ならない。そして安全の脅かされていた東方のキリスト教徒を解放せしこそ、ゴドフロワ・ド・ブイヨンとルイ九世率いる十字軍に他ならないのであるから。

かような理由があるからこそ、中世の教皇たちは懸念なくフランスを他の国家より褒め称えたのである。かような理由があるからこそ、我らが古の詩人たちと同時代を生きたグレゴリウス九世〔一一四三―一二四一年、法学者としても知られたローマ教皇〕は次の美麗なる言葉でフランスを褒め称えたのである――

全世界の秩序を保ち天軍を率いし神の子は、
その神権をもって多くの民と多くの言葉、そして多くの国家をお作りになられた。
而して古においてユダ部族が家長ヤコブの一番の息子より特別の祝福が与えられしように、
フランス王国のみには神の特別なる恩寵により特別の地位が与えられている。

我らが詩人たちもフランスに賛辞を捧げていた点では全く同様であり、『ルイの戴冠』序文にはグレゴリウス九世の教書にも劣らぬほど洗練された賛辞が詠まれているのである。

第五の戒律　汝、敵を前にして退くことなかれ

古の詩の作者たちは、第五の戒律に示された騎士の武勇についてもまた雄弁に、確固たる叙事詩を詠んでいる。この第五の戒律により全ての騎士たちに課される徳行の数々は改めて一つ一つ挙げる必要もないだろう。

古の腐敗したガリア人たちの中にも、体系的に勝利のため訓練されたローマ軍団兵の中にも、そして武勇を備え残忍な本能を備えた若きフランク人の戦士にも、さらには何百万人もの殉教者を出しているキリスト教徒にあっても、そこに勇敢さという伝統が見られることは疑うべくもない。これらの

異教徒に立ち向かう騎士　リュック＝オリヴィエ・メルソン作

四つの潮流が合わさり、この第五の戒律につながる流れが形成されたのである。しかしこの四つのうち、ゲルマン文化の要素とキリスト教の影響が何より強いのだということは、ここではっきり述べておかなくてはならない。騎士道における勇気は、この二つの潮流のみを源とし、これらの「気骨」の融合により形成されたものなのである。

騎士の武勇

十ある戒律のうち、第五の戒律は他のどれよりも明確に示されてきた。古の地にあって騎士のごときネヘミヤ〔旧約聖書「ネヘミヤ記」の中心人物〕の記録に「我が同志は恐れを抱かず、決して逃げず」と記されている通り、我らが騎士たちは他の何よりも臆病者と見なされることを恐れていた。彼等は「臆病者たるより死を選べ〈Mieus vauroit estre mors que coars apeles〉」というモットーを繰り返し唱え、脅し文句としてこう付け加えることを忘れなかった。「一人の臆病者が全軍団を怯《ひる》ませる〈qu'un seul couart feroit un ost descouragier〉」と！

例を重ねることになるが、騎士たちは戦いの只中に飛び込むとき、同志に対してこう叫んだ。「敵の撃滅か我らの全滅、それ以外になし！」彼らは肉弾戦で敵に対することを最も好んだ。剣の切っ先に敵の肉を感じるために。この武勇に捧げられた傑作の詩篇は多くあり、現代の詩人によっても多く取り上げられている。「初めに弓引く者に不幸あれ。かの者は肉弾戦に能わぬ臆病者なのだ」とあるように投げ槍や弓は敵方の騎士が使う武器として描かれ、この偏見によりフランス騎士の勇名は上がった一方、多くの犠牲を生んだ。我々は、我らが騎士たちがクレシーの地においてジェノヴァの弓兵隊に見せた芝居じみたまでの軽蔑と、その結果を忘れてはならない。これは騎士の行き過ぎた武勇の発露であると言え、やはりここでも、一四世紀とは偉大なる中世の世紀たる一二世紀の肥大した複製に過ぎないと確認できるのである。

武勇の源流

先において騎士道における武勇はゲルマン文化とキリスト教の二つを源流に持つと述べた。そのどちらかの発露だけでは、騎士の武勇としては不十分なのである。騎士たちの中には戦いのための戦いを愛し、信仰の大義を追い求めなかった者も確かに存在した。白銀の鎧《よろい》の下に、未だ古のゲルマンの森で培《つちか》われた野蛮さが残っていたのである。彼らの目には血塗られた剣や鎧が壮大で魅力的な光景として映ったのであろう。そして敵を見事に槍で突き刺した時、彼らは天にも昇る幸福感を得た。「このひと突きこそ、俺には食べるより飲むより愉快だ」と叙事詩『ラウール・ド・カンブレー』の獰猛な主人公はごく自然に叫んでいる。この稚拙な感情の発露は、『ローランの歌』を代表例として多くの最古の武勲詩にも見られるものである。一握りのキリスト教徒が数千のムスリムを相手に繰り広げる凄惨な戦いの真っ只中において、軍団の半数が戦死し、自らも死を間近に控え傷の痛みに喘ぎながら、フランス騎士たちはお互い剣や槍さばきを批判したり称賛したりしていたという。一九世紀のフェンシングのマスターに、これほど平静に剣技を批評できる者などいるであろうか。

この時代の武勇は一種の芸術であったが、残忍な芸術であった。そしてキリスト教は、このことをなかなか認めようとしなかった。いずれにしても武勇は実践され続け、その中で十字軍という極めて重大なる影響を持つ出来事が起こったのである。封建主義が先祖の騎士たちのゲルマン的勇気を変えたり、粗暴さを取り去ったのではない。十字軍こそが、騎士の勇気に神という概念を注入し、これを変革したのである。二つの武勲詩『ラウール・ド・カンブレー』と『アンティオキアの歌』を比べてみるとよい。前者には一〇世紀的なゲルマン的憤怒が見られる一方で、十字軍の当事者たちが作詞に一部関わった後者においては教会の教えが支配的となっている。即ち十字軍とは、封建主義へのアンチテーゼなのである。

十字軍騎士の武勇

「戦え、神は汝と共にあり」という警句以上にキリスト教的武勇を端的に表した言葉は存在しない。騎士の中の騎士と言えるジャンヌ・ダルク〔一四一二―一四三一年頃、神の啓示を受けフランス軍を導くが、最後はイングランドに捕えられ一九歳で処刑された〕も、有名な次の韻文において同様の内容を語っている。

武器を持つ者よ戦え、さすれば神が勝利を与え給う。

第五の戒律の体現として、これより正確なものは存在しないだろう。

歴史と伝説に登場するあらゆる英雄たちは、この戒律に輝かしく忠実であった。そして、歴史上と伝説上の騎士たち、即ち現実と想像の騎士たちは、そのどちらもが劣らず高潔で高貴な武勇を発揮したのである。『アリスカン』で描かれた騎士は『アンティオキアの歌』における騎士のそれと遜色なく、『エルサレムの歌』の戦士たちもまた『ローランの歌』の登場人物に全く引けを取らない。ゆえに伝説とはこの場合、歴史のエッセンスの凝縮なのである。

アンティオキアの城壁の下ではギリシャ・ローマの英雄譚《たん》にも匹敵する無数の英雄的行為が繰り広げられた。従騎士ゴンティア・デールが単身城壁内に突入した時、彼はこの第五の戒律を忠実に果たし、この一事だけでも彼は騎士叙任に値するのである。トロイア戦争の籠城戦にも劣らず印象的なこの攻囲戦において異教徒《サラセン人》の捕虜に囚《とら》われし時、称賛すべき騎士ルノー・ポルケットもまた戒律を忠実に遵守し決して人質の交換に応じることのないよう同僚に告げている。しかしこのアンティオキア攻囲戦においてこの戒律を最も忠実に守ったのは孤児騎士、フーカーであろう。彼は誰かが命を賭して城壁を越えるハシゴを掛けねばならなくなった時、自らの主君フランドル伯がこれを行うことを許さなかった。そして、素っ気なく「私が死んでも誰も悲しまぬ」と言うと背中に紋章《ブラゾン》を翻《ひるがえ》らせ神に祈りを捧げながら突撃し、死してなお両手でハシゴを支え続けたのである。この英雄的行為の前には、ボエモンやタンクレードでさえ霞《かす》んでしまう。

聖都エルサレムに全西方キリスト教国家が集いし時、この戒律を貫いた次なる騎士はトマス・ド・マルヌであった。彼は三〇人の騎士の槍に自らをくくりつけると、その投擲《とうてき》の力をもって空を舞い城壁を越え、単身城内に突入したという。「世界が続く限り、この英雄的行為は語り継がれよう」と『エルサレムの歌』の作者は記す。私も同感であるし、こうした偉業はあと千は存在しよう。かようなる偉業こそ、フランス人とキリスト教徒の名誉を永遠に高めるものである。かようなる騎士たちを記録するのみで、『偉人伝』がもう一冊書けてしまうだろう。それも原著が霞むほどの名作が。

第五の戒律は、伝説中のあらゆる英傑が幾百もの戦場において貫き通したものである。そして彼等の名は、中世を通して高潔さ、名誉、そして勇気の教訓として語り継がれた。我らが読み解いている騎士道とは、他の規律とは異なり、無味乾燥の教訓ではなく、色鮮やかな騎士の名前で綴られた規範なのである。若き従騎士たちは「勇敢たれ」と教わるのでなく、こう教わったのである。「騎士オジエを見よ、ローランを見習え」と。城壁や巨大な煙突のやや卑俗な壁画も、洗練されたタペストリーも、美麗な鏡も、口の古風な彫刻も、そこに描かれた全てが騎士道の理想を表し、若者たちの目を摑《つか》んで離さなかったのである。アキテーヌ侯が幾千もの異教徒たちとアリスカンの地で一人戦う作品があった。カステルフォール城の天守で唯一人帝国を護ったオジエの作品があった。そして幼きヴィヴィアンが死に瀕し喘ぎながらも内臓を身体に巻きつけ死に向かって戦いの渦中に飛び込む作品があった。至高の武勇により異教の王マルシリウスへの伝令の任を果たしながらも、背信的待ち伏せにより命を落とした善良騎士ギュロンの『パンプローナの攻略』があった。そしてあらゆる騎士の中で最も輝かしく人気を集める、あのローランの作品があった。ロンスヴォーの地で「籠手《こて》を神に向かって伸ばしながら」死に絶えたローランこそ、中世を覆い尽くさんばかりの人気を博した英雄であったのである。畢竟《ひっきょう》、中世には次の偉大なる詩を実践し、しのぎを削った騎士たち全員の作品が存在したのである。

見よ、死がそこまで来ている！　だが武勇の者として、最後も戦いの中で散ろうではないか！

第六の戒律　汝、異教徒に対し手を休めず、容赦をせず戦うべし

ここで第五の戒律から第六の戒律へと話を移すのは、非常に容易なことではないだろうか。騎士道の武勇の発露として我々の先祖にとって唯一正当性を持ったのは、それを異教徒《サラセン人》相手に発揮した時だけだったのだから。死屍累々《るいるい》の戦いと、終わりなき一騎打ち。叙事詩の多くは、こうした戦いの描写だけでほぼ終始していると言っても過言ではない。しかしながら、世の人々がなんと言おうと、これら戦いのみを描いた叙事詩は最古の詩ではないし、また最も優美なものでも、さらには史実に基づいたものでもない。それでも、異教徒に対する戦いを描いた叙事詩『ローランの歌』を『ラウール・ド・カンブレー』より高く評価することは、現在の「キリスト教徒」や「フランク人」に欠けているある種の知性を証明することに繋がるのである。異教徒への敵対心こそ古の叙事詩に生気を与え、十字軍こそそれらに活力を与えた存在であったのだから。

教皇の発する回勅《かいちょく》の中に騎士の古典的で高貴なあり方が示されていることは疑いがない。一方、実際の十字軍の騎士たちはいわば古のアスリートのような集団であった。叙事詩にはこのことがより英雄的に、大衆的に表現されている。シャルルマーニュの人生を一行で理解したい？　それなら、次

異教徒に対しなかなか兵を挙げようとしないジラールを、妻が粘り強く説得する。「今は悲しむ時ではありません、ローマ教皇を助け、シャルルマーニュに加わるのです」と。遂に夫は折れた――「分かった、妻よ、我も神に身を捧げよう。」『アスプルモンの歌』より　リュック＝オリヴィエ・メルソン作

のたった八単語の表現がすぐさま見つかる。「異教徒は諸処で彼に断ち截《き》られし。〈Pas lui paien en maint leu encombres.〉」長きに亘り忘却されていたフランスの英雄的解放者ギヨームの偉業の数々を手短に知りたい？　彼らは詠った――「彼であった。異教徒と奴隷たちを懲らしめたのは」と。ここに全てが表現されており、これより洗練された葬式用の弔辞は作りようがないだろう。

異教徒《サラセン人》への憤怒

もっとも引用句など無意味であり、全ての中世騎士物語《ロマンス》は実のところ、この壮大で畏怖すべき激闘の再構成に過ぎない。先祖の目には、キリスト教徒以外は全員異教徒《サラセン人》と映ったのである。クロヴィスその人でさえ改宗したムスリムと見られていた。そして十字軍兵士たちの頭にあったのは、シャルルマーニュがエルサレムを解放したという逸話であった。

おおよそ叙事詩とは異教徒の街での奪回の場面で終わると相場が決まっており、特にアリスカン、ロンスヴォー、エルサレムの三都市を巡る戦いこそが叙事詩の頂点を成す。いずれも異教徒《サラセン人》を相手に果した戦いであり、一勝二敗〔アリスカン、ロンスヴォーの戦いではキリスト教徒が敗北した〕の戦いであった。「彼らはトルコ人を相手に果敢に切り込むと、しばしば彼ら自身の血をもって彼らに洗礼を与えた。」この詩は我らが騎士たちのあり方に良い理解を与えるものであり、他のいかなる表現よりも騎士をよく表現していると言える。

この異教徒に対する憎しみは時に狂気的な様相を呈し、発作的と言える憤怒を生じさせた。「もし我々が天国に行けたなら」と一二世紀の荒くれ騎士は口を開くと、「すぐに地上に戻ってまた異教徒と戦うだろう」と続けた。ゴドフロワ・ド・ブイヨンの戦友たちは、後に消え失せることになる戦場での当初の高揚感に包まれた時、怒りに震えこれ以上ない活力に満ち次のように叫んだ。

戦場に佇む騎士　リュック＝オリヴィエ・メルソン作

「たとえエルサレムの城壁が鉄で出来ていたとしても、我々はそれを歯で噛みちぎってみせよう！」

多くの人々がこうした過剰とも言える怒りの発露について呆れてもいるようだが、そうした感情は緩んだ安心に基づいたものだ。我々の祖先の方が、イスラムのキリスト教への脅威を良く理解していたと言える。我々は、ムスリムたちが一七世紀にポワティエにまで至っていたことを、そして七九三年にはトゥルーズにまで至っていたことを、決して忘れてはならないのである。彼等は南フランス全域を支配していたのである。九世紀に至っても彼等は我々の域内に存在し続け、我々の国家の主権を脅かしていた。二つの人種と、二つの宗教が混在し競合していたのである。イスラムを退かせることは不可欠であり、十字軍とは彼等の侵略を後退させるプロセスの一つであった。

我々はまた、ムハンマド（マホメット）の権勢から人々を護ったものこそ騎士たちが嘗《な》めた辛酸であったことを知らねばならない。我々はムスリムがいかに深く堕ちることができ、いかに短時間で道徳と、あらゆる名誉と、社会活力とを失い得るかを目撃した。騎士道が存在しなかったならば、西方諸国もまた堕落と諦観に飲み込まれ、東方の国々と同じ低みまで腐っていたかもしれない！

現代的とは言えない騎士の十戒により、我々は隷属から守られ続けてきたのである。我々はそのささやかな恩返しとして、彼等騎士の記憶を守り続けようではないか。

第七の戒律　汝、神の律法に反しない限りにおいて、臣従の義務を厳格に果たすべし

第七の戒律が教えるのはあらゆる封建的義務の遂行と、主君に対する揺るがぬ忠誠心である。臣下は主君に対し、その命令が詐害行為でなく、そして信仰、教会、弱き者を害するものでない限り、万事において服従する義務を有した。

「ある者が封建領主として封土や領地を有している限り、臣下はあらゆる支援をせねばならない。ただし教会を破壊したり弱き者を害そうとする場合は別である。何人も、神に戦いを仕掛けることは許されないのだから。」こう記したのは古き武勲詩『ジラール・ド・ヴィエンヌ』の作者であり、当時の人々は主という神聖な存在に対しては間違っても戦いを挑もうと考えなかったようである。

封建主義と騎士道の混同への再反論

この原則は騎士道と封建主義とを混同してしまう危険なものである。本書ではこの汎く広まってしまった奇妙な原則に対し、既に前の節で抗議している。そして、封建主義というものを歴史上必要だ

った一制度として見るのではなく完全無欠で最上の社会構造だと言い張る狂信的な者たちに対しては、さらに強く抗議の声を上げねばならない。こうした愚か者の一人がこう言ったことがある。

「悪とは、明白に神意によるものである次の二制度に歯向かう者のことを言う。その制度とは封建制度と、奴隷制度である。」

こうした痴《し》れ者とまともに議論する必要はない。ただ軽蔑の目で見ておけば十分である。我々にとって重要なのは、極端な立場をとり封建主義を全否定することではなく、それがいかに教会と神に害を招いたとしても、九世紀という苦難に満ちた時代にあっては封建制度は必要悪であったと認めることである。当時、人々の団結は不可能であった。中央政府は力を失い、王位は空白となり、幾千もの野望がいっぺんに表出していた。ノルマン人の船は南部の河川にまで達していた。異教徒《サラセン人》の侵略の最後の波が南部の海岸線に住む人々を脅かしていた。そして古きゲルマン人の血が呼び起こされ、その野蛮さにより世界が暗闇に包み隠されようとしていた。そんな時、自然な流れとして弱き者たちは強き者達の加護を求めたのである。強き者の周りを取り囲み、「守って下さい、どうか！」と叫んだのである。

これこそが、封建主義である。そこには神聖さも、完璧さも存在しない。それは単に当時の環境と必要性とに促された社会現象に過ぎず、単純に運命的な、つまり不可避なものであった。そして強者が弱者に見返りなく保護を与えなかったこともまた、当然と言えるだろう。そうして弱者は、強者の手中に収まらざるを得なかったのである。

「我々はあなた様にお仕えをします、支援者になります、戦場に共に赴きます、そして忠誠を尽くします――この生命を賭けて。」この協定関係から、封建制度における他に比類のない強力な契《ちぎ》りが生まれたのである。謝恩が、社会の法となったのである。どう表現したものだろうか？　感謝こそが、全世界の弱き者たちのマナーと習慣を形作ったのである。確かに、この感謝はひどく粗野で荒々しい類の感謝ではある。しかし同時に、実直で、かつ生を感じる感謝でもあると言えないだろうか。この契りと、そして神の存在がなければ、我々は破滅していたことだろう。

臣従義務の理不尽性

主君に対する臣下の献身は盲目的で不条理なものであった。封建領主の命令が何であれ、臣下は次の決まり文句で応じなければならなかった。「主君のお望みとあらば、そのお心のままに。」既に何度か登場している極めて封建的な叙事詩、『ラウール・ド・カンブレー』を読み返してみるとよい。この「残酷の叙事詩」とも呼べる作品においてラウールが女子修道院に火を放とうとした時、臣下であるベルニエールは自らの母親が中に居たのにも関わらず、抗議の声を上げなかった。それどころか、自ら火を放ってみせたのである。

「ラウール卿はユダ以上の裏切り者であられる」と彼は述べた後、こう続けた。「しかし卿は我が主君。たとえ世界を敵に回してもその期待には応えねばならぬ。」

これだけでも悲惨であるが、まだ続きがある。非業は為された。女子修道院は灰と化し、哀れな一〇〇名の修道女たちは炎の中に息絶え、ベルニエールの母親もまた助からなかった。彼女の死体の胸の上で、典礼用詩篇がまだ燃えていた。ベルニエールはそれが変わり果てた母の姿だと気づき、図りしれぬ悲しみと怒りに打ち震えた！　しかしベルニエールはラウールの臣下であった。ベルニエールは恐れを胸に、母を虐殺した主君への敬意を必死にかき集めようとした。

一方のラウールは一度たりとも自らの所業を反省したことなどない人間であった。ベルニエールの態度を見るや、まるで奴隷かのように彼の頭を殴りつけた。流れ出た血は顔をつたうと、彼の頬の涙と混じり合った。しかしベルニエールは、決して臣下の分を超えようとせず、ただこの暴力を耐え、自らの武器に頼りたくなる誘惑を打ち消した。

「彼の臣下からただこの身を引くのみ」と叙事詩は詠う。ベルニエールはこの人でなしを打たなかった。侮辱に侮辱を、暴力に暴力を返さなかった。彼はただ、身を引くと、ラウールの元を去った。それだけであった。これが、英雄的時代における封建主義の臣下のあり方なのである。この凄惨な『ラウル・ド・カンブレー』の物語は、一〇世紀の歴史的事実に基づいて詠われた作品であることを忘れてはならない。これ以上、この物語を掘り下げる必要性はないであろう。

封建制度における上下関係とは、家族の絆より強いものであった。主君は父以上の存在であり、臣下は子供以上の存在であった。このことを証明するのに、女子修道院における悪行以上の証拠が必要だろうか？

叛逆者フロモントは、彼の主君であったジラール・ド・ブランを殺《あや》めると、狂乱の中に主君の血族の根絶やしに取り掛かった。そして生き残りはたった一人、乳児のみとなった！　ジラールの唯一の実子であった生後数ヶ月の乳飲み子は、彼の忠実な臣下であった騎士レニエとその妻オレンブールに託されていた。叛逆者はこの幼き後継者を殺すため、善良な臣下夫妻に乳飲み子を差し出すことを命じた。この夫妻は胸を穿《うが》つような長き苦悩の後にこれを拒むと、自らの子供を身代わりとしてこの殺人者に差し出すことを決断した。そう！　彼らは自らの血と肉を犠牲とし、自らの愛する子供が死ぬ様を見る悲劇を選択したのである。彼らは子供の運命を見届けると涙を流しながら気を失い、そして

騎士レニエは、主君の子の身代わりとして叛逆者フロモントに自らの子を差し出す。フロモントは諸侯が見守る中、無言でその首を切り落とした。人々は空が割れ、天使達が哀れな魂を天国へと運び去るのを見た――『ジュルダン・ド・ブラーユ』より　リュック＝オリヴィエ・メルソン作

その悲しみにより死んでしまった。しかし彼らは臣下であり、これだけの対価をもってしても主君の子息を守ることこそ彼らの義務であると信じたのである。臣従関係とはかくも厳しいものか！

騎士道に見られる臣従関係

騎士道は野蛮な臣従関係をより洗練されたものにした一方、そこには封建制度の持つ重要な義務を薄めないよう細心の注意が払われている。もし若く血気盛んな騎士たちがそのナイーヴさゆえに臣下の分を守らず、上下の垣根を取り払い、そして封建制度の粗暴な上下関係そのものをなくしてしまったとしたら一体何が起こるのか、教会自身がよく分かっていたのである。教会は封建制度の野蛮な上下関係がより双方向的になるよう微修正し、そして寛容と自己犠牲の精神を付け加えると、それで満足したのであった。

オディロンは死の床において、プロヴァンス王シャルルとの関係を修復しようとしていた甥のパリ伯ジラール・ド・ルシヨンに対して、こう言った。「常に気を引き締め、常識的でありなさい。即ち、主君を愛し、忠誠を尽くしなさい」と。

この献身は、個人のそれより優先されるものであった。フランス王の解放者たるギヨームはその日教会で結婚式を挙げていた。そして新郎が新婦に指輪をはめる、あの興味深いパートに差し掛かったその時、教会の扉を破り一人の使者が駆け込んできた。そして、皇帝からの凶報をもたらしたのである。

「我が主君ルイが危ない！」こうギヨームは叫ぶや否や、祭壇から駆け下りた。神父も、青ざめた新婦も顧みることなく。自らの幸せを顧みることもなく。そして彼は発ち、新婦は二度と彼の姿を見ることはなかったのである。彼もまた心が引き裂かれる思いであり、深い悲しみに沈んでいた。しかし彼は主君のもとへ駆けつけたのである〔『ルイの戴冠』より〕。もしヴィクトル・ユゴー〔一八〇二―一八八五年、フランスの小説家。代表作に『レ・ミゼラブル』など〕がこの逸話を描写していたならば、彼の『諸世紀伝記詩集』に名作がまた一つ加わっていたことだろう。

オーベリ・ル・ブルゴワンの父親に育てられた騎士フーカレットもまた、類似の英雄的行為を示している。フーカレットにとってオーベリは天敵であった。彼はオーベリに甥を殺され、加えて娘の貞操まで奪われそうになったのだから。そして戦いの果てフーカレットはついにオーベリを打ち倒し屈服させた。オーベリは馬から下ろされ、武装を解かれ、敗北した。

しかしその瞬間、フーカレットの心に臣従関係の声が高らかに響いたのである。幼少時代、優しき主君に育てられた時の思い出が。そしてフーカレットは躊躇《ためら》わずオーベリにこう告げた。
「待たれよ！　我の馬に乗り我の剣を取って失せるが良い！」そしてオーベリを逃したのである。

ディディエもまた、他の多くの臣下と同様に、パンプローナ城壁を巡る戦いにおいてシャルルマーニュに対し類似の慈悲を見せている。しかしながらこの高貴な情操は、最良の騎士たちの中でさえ時として失われてしまったようだ。実際、叙事詩には自らの主君に暴力的に叛逆し、自らの育ての親にさえ手を挙げる騎士たちが登場するのだから。

しかし、こうした行為は一時の気の迷いに過ぎなかった。叛乱は完遂されず、彼等は皆遅かれ早かれ主君の前に跪き、涙に頬を濡らしながら慈悲を乞うことになったのであるから。エイモンの四人の息子たちが、ガランの息子が、そしてドーン・ド・マイヤンスがシャルルマーニュの前にひれ伏したように。エメリ・ド・ナルボンヌの息子と孫たちが、王としては気楽で虚弱すぎたルイの前にひれ伏

王位簒奪の企てを阻止せんがためルイの救援に駆けつけるギヨーム　『ルイの戴冠』より
リュック＝オリヴィエ・メルソン作

シャルルマーニュの前に跪き許しを乞うルノー・ド・モントーバンとその兄弟　『ルノー・ド・モントーバン』より　リュック＝オリヴィエ・メルソン作

したように。武勲詩『ルノー・ド・モントーバン』には、なんと四七〇〇名の騎士が頭を垂れ、裸足で、肌着のみをまとい畏敬すべき皇帝陛下の天幕まで叛逆を陳謝するため行進したという逸話が語られている。

王の御前に跪き涙を流し、二度と過ちは犯さないと誓う時、彼等は王の偉大さの片鱗《へんりん》を垣間見た。当時叛逆は背教と並ぶ大罪中の大罪であった。一二世紀から一三世紀に建設された城塞には、しばしば武勲詩からとられた次の一文が刻まれた。

良き主君に叛逆せし者を、神は許さじ

かような大罪はどれだけ後悔の念を抱こうと許されざる行為であったことは言うまでもないが、騎士道はこの大罪をさらに過酷に捉えていた。臣従義務を全うすることが能わなかった臣下には、例外のない厳罰が規定されていたのである。

『ラウール・ド・カンブレー』に登場するベルニエールには主君に歯向かう無数の理由があったことは既に見た通りである。主君は彼の母親を焼き殺し、彼を残酷に虐待していたのだから！　しかし臣従関係とは決して消えるものではなく、ベルニエールは自らの叛逆の贖罪として、海を越えた長き巡礼の旅へと出発せねばならなかった！

ルノー・ド・モントーバンもまた、妻と子を置き去りにエルサレムへの聖地巡礼に旅立たねばならなかった騎士の一人である。なにゆえ彼は、自らの名も、栄誉も、階級も隠しケルンに向かわねばならなかったのか？　なにゆえ彼は石工の粗末な服に身をやつして労働せねばならなかったのか？　そ

ついにシャルルマーニュと和解したルノーは、贖罪の聖地巡礼に出発する。ケルンに差し掛かった所で建設中の大聖堂を見たルノーは、騎士から引退すると残りの人生を石工として身を粉にして働いたのであった――『ルノー・ド・モントーバン』より　エドゥワール・フランソワ・ツィエール作

の答えは、彼が叛逆の罪を犯したからである。そして彼は、この贖罪が自らの罪に比べて千倍軽く情け深い罰であると理解していた。

厳しき第七の戒律には、厳しき罰が伴ったのである。

第八の戒律　汝、嘘偽りを述べるなかれ、汝の誓言に忠実たるべし

第八の戒律は、古の騎士たちには少し馴染みが薄かったかもしれない。それは「偽りに警戒せよ、そして嘘を述べることとは唾棄すべきことと知れ」という戒律である。「嘘をついてはならない」というのは現代の人々の中に今も息づく騎士の条件の一つである。この戒律の説明のために多くの叙事詩を引用する必要はないであろうから、ここでは二つを紹介するに留めよう。一つは古の叙事詩から、そして今一つは比較的新しい作品からである。これらは、中世の作品の両極に位置すると言って良い。

「高潔な心臓は嘘を述べず〈Fins cuers ne puet mentir〉」と一〇世紀の心を以て一三世紀に記された叙事詩『ラウール・ド・カンブレー』の作者は書き残している。我々は同様の警告を『スペイン侵攻』も見ることが出来るが、これは一四世紀の作品である。この興味深い叙事詩の後半において、ローランはペルシアへの旅に出発する。かの地において異教徒《パーガン》の王子サンソンを騎士として教育しようとしたローランは、彼に多くの非常に有益なアドバイスを残している。特に代表的な助言が次のものである。

「友よ」と彼は自らの生徒に語りかけた。「虚言から距離を置くのだ。必ずや貴兄の汚点となり、後悔することとなるのだから！」

騎士の誠実

前節において我々は、気高きフランスという国家に「世界のどこより正直な国」という賛辞が捧げられてきたことを見た。そう、フランスとは最も誠実な人々が生きる国であると。そう詠ったのは『大足の王妃ベルト』の作者〔アドネ・ル・ロワ、一三世紀の吟遊詩人〕であったが、「誠実な心」という堂々たる修辞句こそ、古の叙事詩『ジラール・ド・ルシヨン』を始めとした多くの叙事詩において騎士たちに対して用いられていた辞である。そして現代において最も称賛される「己の言葉に忠実」という行動規範もまた、騎士道の時代に遡ることが可能である。封建義務に忠実であることが、あらゆる約束たるべしという規範に繋がったのである。そして虚言を弄さず自らの言葉に忠実であることは、今日に至るまで紳士の特徴で在り続けている。

ある約束が正式に誓約として開かれた聖書や聖遺物を納めた黄金の柩の前で為されたか、それとも単に甲冑《かっちゅう》を脱いだ手を挙げて行われたか、さらには何の儀式も伴わず行われたかの差異に殆《ほとん》ど意味はない。約束を口にしたという事実、それで十分なのである。

キリスト教徒を壊滅させしアリスカンでの大惨事からギヨームが戻った時、彼は這々《ほうほう》の体《てい》で目に涙を溜めつつ、一時は名声と富に満ちていたオランジュの美しい宮殿に帰還した。しかし彼の勇敢なる妻ギブールは夫が傷を手当てする間も待たず、息を切らしながらも、皇帝陛下に援軍を要請するため彼をパリへと送り出したのである。この哀れな伯爵夫人は夫に別れを告げた瞬間、その度胸が抜け落ち、一介の女性に戻ってしまった。

「ああ」と彼女は言った。「貴方はパリで私より若く、美しい女性を見つけるでしょう。そして私の

アリスカンの大敗から這々の体で帰還するギヨーム。傷を負い敵の目を欺くためアラブの武具を身につけていた彼の姿は、初めは妻でさえ分からない程に変わり果てていた。妻ギブールは鼻の傷を見てようやくこれが夫と気づき、城門を開けたのだった――『アリスカン』より　エドゥワール・フランソワ・ツィエール作

ことなど忘れるのですね。」

ギヨームは彼女を慰めるため、再び帰り彼女に会うまで髪も髭も伸びるがままに放置し、彼女以外の唇には決して触れないことを誓ったのである。そして彼は旅立ち、その誓約を最後まで守り抜いた。

騎士がこの戒律を遵守したことに関する証拠をこれ以上紹介する必要はあるだろうか？　我々の祖先が誠実さを名誉の同義語と捉えそれを厳密に守ったことを示すには、あとは次の事例を紹介すれば十分であろう。それは、吟遊詩人が神を描写する際に最もよく用いていた表現こそ「神は決して嘘をつかない」という表現であったという事実である。これこそ全ての叙事詩より、全ての解説よりも、この戒律の重要性を明確に表すものである。

第九の戒律　汝、寛大たれ、そして誰に対しても施しを為すべし

騎士の十戒とモーセの十戒は同一の教えではない。モーセの十戒とは旧約聖書において規定され、新約聖書において神聖化され、教会により一般に広められ、以降時代と国家を超え汎く人々を律してきた戒律である。一方で騎士の十戒はモーセの十戒よりその規範する対象範囲が狭く、より特定の特性を帯びている。一つ分かりやすい例を挙げよう。モーセの十戒は「汝、偽証するなかれ」と教える。一方で騎士の十戒は、そこに「汝の誓言に忠実たるべし」という規範を加えている。この違いは明らかであろう。

三つの誓願と騎士道

教会の教えのうち一般に三つの誓願と称されるもの〔純潔、清貧、従順〕は騎士の十戒と共通であり、この点については今さら証拠となる文言を探すまでもないであろう。我らが古の叙事詩には、キリストの戦士たちの純潔さについての記述が一度ならず登場する。次の例が決定的な証左となろう。エリー・ド・サン゠ジルは息子に対し明示的にこの美徳を命じているし、また神秘的とも言える『騎士道の書』において作者〔ラモン・リュイ〕は、教会の教えと見紛うほどの厳格さをもって、騎士たちに純潔であることを勧告している。これこそ騎士のあるべき姿であり、我々は異教徒《サラセン人》によるもの、キリスト教徒によるものを問わずあらゆる誘惑を跳ね除けた騎士たちに最大の賛美を送るものである。

騎士の持つ寛大と慈悲

一方キリスト教の本質である慈善については、これを騎士道の本質である寛大と混同してはならない。寛大さこそが騎士道における九つ目の戒律であり、慈善というのはそのごく一部分を構成するに過ぎないのである。

無論、鎧をまとった戦士たちは戦地の只中にあってもしばしば優れた慈善心を発揮した。第一回十字軍の指導者であり、全ての騎士の雛形《ひながた》とも言える尊敬すべきゴドフロワもまた、かの騎士道の理想を体現する歴史的運動の最中において真の「慈善の男」として軍勢の貧しい兵たちを繰り返し訪れている。ユダ・マカバイも同様に『オーベロン』において清貧なる人々を見舞っていたことを称賛されているし、またユオン・ド・ボルドーは『トーモント』において「貧者に食事を振る舞いし者」と形容されているのである。

騎士たちは危機に瀕した時、あたかも嵐の中の漁師がそうするように、天に対し誓いの祈りを迷わず捧げた。その誓いに頻繁に見られるお約束の一つこそ、「全ての貧者を迎え入れる病院と救貧院を設立します」というものであった。こうした特徴はキリスト教における慈善の歴史の一部として記録されるべきものではないだろうか。話は逸れるが、この点に関する研究が未だ為されていないことは実に遺憾である。

しかしながら、全ての古の騎士たちがこの素晴らしき慈善の教えを理解していた訳ではなかった。彼等の残忍な気質が慈善の心を覆い隠し、あの時代に蔓延していた利己心が代わりに幅を利かせたのである。古の中世騎士物語《ロマンス》において騎士たちがこれを無様に思い知らされた次の場面ほど、この点を良く示す例はない。

異教徒《サラセン人》の王マルシリウスが大帝の捕虜となりし時、彼は「改宗か死か」の二択を突きつけられ、キリスト教の洗礼を受けるか処刑されるかの唾棄すべき選択を迫られた。かような脅迫は我々が一度ならず非難してきたものであり、中世騎士物語を汚すものであるとさえ言える。

異教徒の王は一刻も迷わなかった。彼は直ちにキリスト教への改宗を拒絶したのである。彼には信念があり、洗礼よりも死を選んだのである！

そして彼はシャルルマーニュに対しこう問いかけた。「貴殿のテーブルにお座りの、毛皮に身を包み、肥大したそこなる方々は何者か？」

大帝は答えた。「我が司教と修道院長である。」

「では、その横で灰色の衣に身をやつした痩せ細った方々は？」

「我々のために祈りを捧げる托鉢修道士である。」

「では、その後ろで地面に腰を下ろし、あなた方の残飯を食べておられる方々は？」

「貧者である。」

「なるほど！」とこれを聞いた王は言った。「それが貴兄らの貧者の扱いか。その不名誉、不敬が貴兄らの信仰という訳か。では貴兄らの洗礼など誰が受けるものか、我は死を選ぼう！」

これは現代の我々にも警鐘を鳴らす伝承であり、モリエールの『ドン・ファン』に登場する貧者がごとく我々を身震いさせるものである。この逸話は、叙事詩として紡がれる以前からペトルス・ダミアニなど当時の宗教改革者たちによって同時代人を福音の原点に立ち返らせるためによく引用された。

寛大さ〈Largesse〉

騎士の真なる美徳、それは寛大さであり、正式な表現ではこれを largesse《ラルジェス》と書く。この「largesse」という美しい言葉はフランス語であると共にキリスト教語と言ってさえ良く、短い単語ながら多くの意味を内包している。もし騎士への賛美を二つに限るとしたら？　それは礼節の正しさと、気前よく分け与えること〈larges pour donner〉であろう。

コルネイユの中にも、この二音節の単語に匹敵する美しい表現が登場する。

誇り高きは、懐広し。
A hennor fere doit chascuns estre larges.

寛大さの最も鮮やかな例は、作者不詳の『アスプルモンの歌』の冒頭の壮大な場面に登場する。シャルルマーニュに対し気品高く語りかける騎士ネームは、大帝に対し揺るがずこう進言した。「支出を惜しんではなりません。そして棺桶の中には硬貨一枚持ち込まないことです。手始めに私が財産を寄進致しましょう。どうぞこれを貧しき騎士たちにご分配下さい。彼等の夫人方が飢えないように。」

古の参謀たちは彼の行動を教訓として、こう述べている。

寄進や贈答ほど偉大なるものなし、
喜びをもって手放すべし。

ここに作者はこう続ける。

貧しき臣下たちは集まれり、
そして彼等は報われり。

一〇〇の叙事詩のうち五〇の叙事詩において、我々は貧しい騎士たちに対する暖かく感動的な同様の呼び掛けを見ることが出来る。「参ぜよ、さすれば分け与えん」と。そして事実彼等は参集し、報われたのである。

この『アスプルモンの歌』の別の場面において、「全ての貧しき騎士を呼び集めよ」とシャルルマ

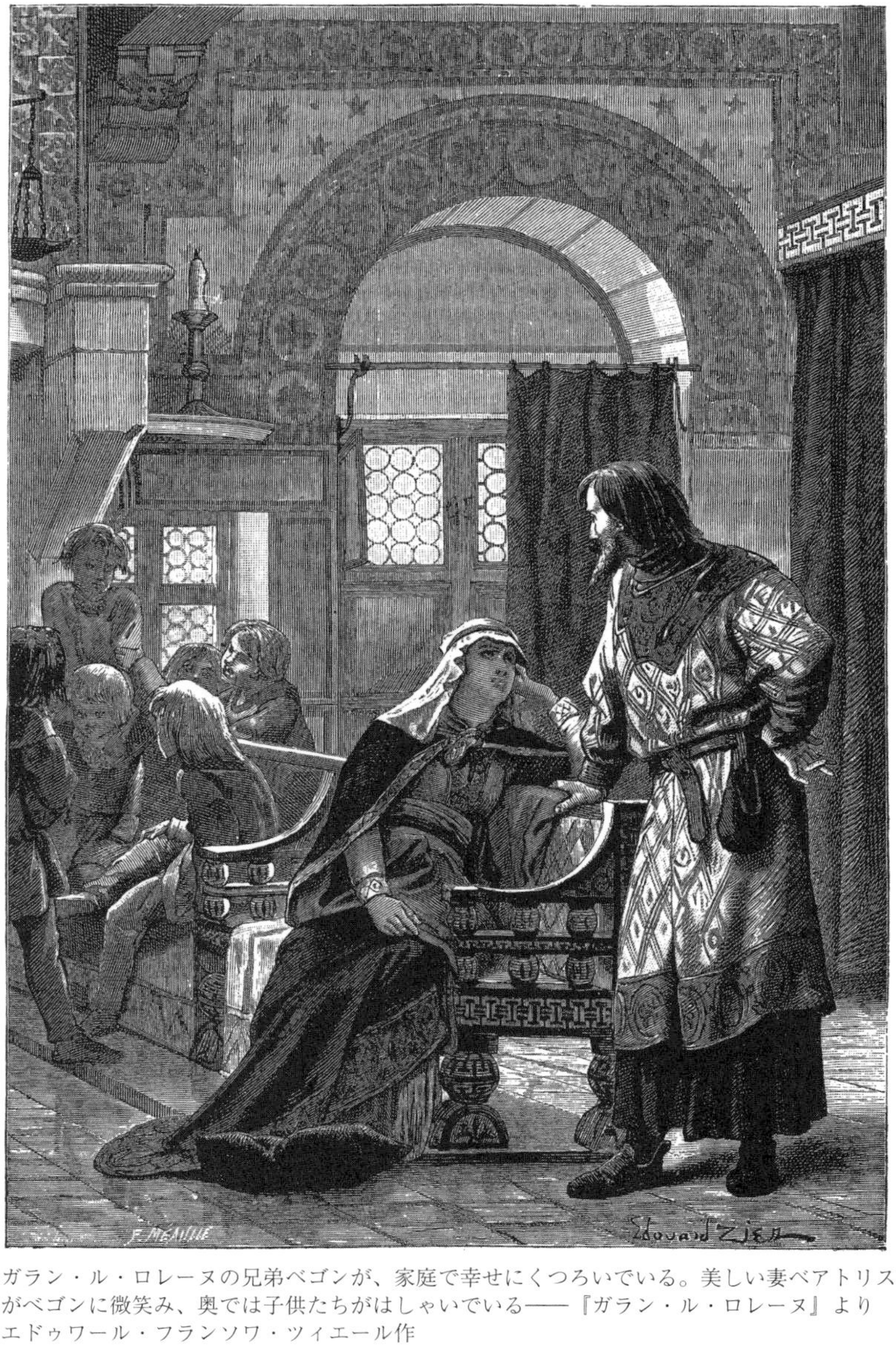

ガラン・ル・ロレーヌの兄弟ベゴンが、家庭で幸せにくつろいでいる。美しい妻ベアトリスがベゴンに微笑み、奥では子供たちがはしゃいでいる――『ガラン・ル・ロレーヌ』より
エドゥワール・フランソワ・ツィエール作

ーニュは命じている。そして彼は、集まった騎士たちに軍馬、乗用馬、毛皮、織物、鷹《たか》、隼《はやぶさ》、さらに金銀を分け与えたのである。そして付け加えた。「領土や封土を持たぬものは我が親戚フーシエを訪ねよ、然らば最も貧しき者に富が与えられん。」こうしてフーシエを訪ねたとされるのが、当時大帝との板挟みに苦しんでいた、『ジラール・ド・ルシヨン』に登場する使者ドン・フーカである。

　もっとも、この最後の例には懐柔のための若干の政治的狡猾さが感じられるのも事実である。そこで我々は、第一回十字軍の英雄、高貴なるボードゥアンの例をもって締めくくろうではないか。彼は聖地に向け旅立った時、母親からの次の助言を敬虔に受け入れた。「惜しみなく分け与えなさい！」そして実際彼は惜しまず、最後にはタンクレードから借金をせねばならない程であったのである。

　この事例にあと何か付け加えるとすれば、『ジラール・ド・ルシヨン』の美しき韻文ではないだろうか。本作に登場する女王陛下は、実に気前よく寛大であられたようだ。「彼女はなんと！　全てを分け与えた。自らの櫓《やぐら》と城壁までも！」と作者は記すのだから。これは中世においては異例で前例のないことである。「自らの櫓と城壁まで」など！

　最後に、古の騎士たちは吟遊詩人や奏者に気前よく報酬を与えていたことで有名であるが、これは真の寛大さとは言えず、本節で取り上げる価値がないことを述べておく。一二世紀から一三世紀の吟遊詩人《ミンストレル》は実のところ完全なる芸人である。彼ら芸人が古の騎士たちの寛大さを褒め称える時、それは騎士たちからの見返りを期待しての行動に過ぎない。「私の詩に登場する英雄たちは気前よく寛大でしょう。なら、その詩を聞く貴方様も同じくらい気前良くあるべきでは？　さあ、私に施すのです！」というように。そして事実、彼等は施したのである！

　こうした施しは慈善でも寛大さでもなく、ゆえに騎士の十戒の中に居場所はない。さあ、次に進もうではないか。

第十の戒律　汝、いついかなる時も正義と善の味方となりて、不正と悪に立ち向かうべし

第十の戒律は叙事詩において明白に示されたものでなく、むしろ教会の教えに依るものであることをここに告白せねばならない。「あらゆる悪と戦い、あらゆる正義を護る」という発想は、洗礼を受けていないゲルマン民族の末裔《まつえい》には自然に生まれるものではないのだから。

叙事詩から一連の文章を学術的に選び慎重に検証することで、この第十の戒律が我らが祖先の頭に徐々に浸透したことを示すことが可能である。即ち、ある時突然この素晴らしい規律が生じたわけでなく、『ディエス・イラエ〔主にヨハネの黙示録に書かれた終末の思想。怒りの日とも〕』に代表される警句の数々はその形成に四、五世紀という長い準備期間を要したのである。

「あらゆる悪と戦い、あらゆる正義を護る」という警句は興味深いことに、歴史上初めは否定形として現れている。『ゲドン』の作者が思い立って反騎士道なる極悪非道の作品を出版した時、作品に登場する叛逆者に次の唾棄すべき勧告を口にさせたのである。

悪を讃え、正義を虐げよ。

Le Mal hauciez, et le Bien abatez.

しかし人類はこうした否定形の助言では満足しなかった。人々は明確な規律の制定を求め、それは

教会により与えられた。教会の典礼が我らの祖先に黄金の翼を与え、そしてその翼で彼等は高みに登ったのである。

悪をくじく正義の味方、騎士

一三世紀にウィリアム・デュランド〔一二三〇―一二九六年、フランスの神学者でマーンドゥ司教〕が自らの名の下にキリスト教の典礼書を編纂した時、『新しい騎士のための祝別』にある次の至高の祈禱文を収録している。

> ああ神よ、貴方は不心得者の悪意をくじき正義を護るためのみに剣を振るうことを許されました。然らば、ここに控えております貴方の騎士が、不当に何者も傷つけることがないことをお約束しましょう。彼が剣で守護するのは公正と正義なる万物なれば！〈Omnia cum gladio suo justa et recta defendat〉

ウィリアム・デュランドの生きた時代には、さらにより一層特徴的で美しい文言が存在する。それはキリスト教世界の中心たるローマのサン・ピエトロ大聖堂における騎士叙任式において、新任騎士に剣が厳粛に授与された後に発せられた次の祈禱文である。「彼が情熱的に正義を発露し、はびこる悪を打ち倒さんことを。〈ut vim aquitatis exerceret, et molem iniquitatis destrueret.〉」そして祈禱はこう続いた。「ゆめ忘れるな、騎士よ。汝は秩序の守護者、不正義の復讐者なることを。〈Ulciscaris injusta, confirmes bene disposita.〉」最後に叙任式の締めくくりとして、騎士はこう重々しく告げられた。「かように地上におけるキリストの似姿《にすがた》として生きる限り、汝は天を未来永劫《えいごう》神の子と共に統治するであろう。」

これこそが、地上で最も尊いローマの聖地において用いられた文言であった。これより高みに在るものなど存在するであろうか。ここに我々は辿り着いたと言えよう。これこそが、第十の戒律の基盤である。

今世紀で最もカトリック的気性を持ちつつも、自らの天命を履き違えてしまった作家、ヴィクトル・ユゴーもまた、騎士道を勝るとも劣らない雄大さで表現している。一九世紀で最も優美とも言える作品の中で、彼は騎士道が命じ、教会が望む騎士像を次のように定義した。

騎士とは、常に助けを求められているがごとく耳を傾ける者である。

まさに、記憶に焼き付くような表現ではないか。

一二世紀の一時期、教会自身がキリスト教世界の平和を保ち、私戦の醜聞を防ぐため、騎士による軍勢を組織しようと動いたことがあった。この神の憲兵隊は「平和を築きし者〈Paciarii〉」と名付けられたが、軍隊にこれほど美しい名前がつけられたことがあったであろうか。遺憾なことにこの試みは成功しなかったが、賢明なる読者諸氏は組織や発想の成功をたった一つの事例のみに帰さないことを信ずるものである。一度の失敗が全てでなく、また一度の成功で高貴な魂は満たされないのであるから。

これが、騎士の十戒である。

反十戒思想

読者諸兄は、騎士の十戒と対をなす悪魔的反戒律もまた叙事詩中に観察されることに驚かれてはならない。「（悪魔とは）猿の神〔悪魔を比喩した表現。二世紀の神学者テルトゥリアヌスによる〕」とはよく言ったもので、悪魔的反十戒思想は、騎士道を猿化することに容易く成功したのである。神に近づくことほど難きことはなく、物事を諧《かい》謔《ぎゃく》することほど易きことはないであるから。

反十戒思想は武勲詩に一度ならず観察されるものであり、それらは野蛮で大方誇張されたものである。そして驚くべき悪名高き反戒律の例は、かの叛逆者の系譜であるマイヤンス家にこそ見出すことができる。

> 何人にも忠誠を誓ってはならぬ。主と君主への誓約を守ってはならぬ。須らく誠実な人々を裏切れ。悪を讃え、正義を貶めよ。貧者から収奪し、孤児の相続を奪え。寡婦から略奪せよ。教会を辱めよ。堂々と嘘をつくがよい。そして己の宣誓を破るのだ。

このおぞましい教えは叙事詩『ゲドン』において、ゆるしの秘蹟を嘲笑する悪魔的典礼と並び記録されたものである。

また『ルノー・ド・モントーバン』にも同様の野蛮さが記録されている。発言したのはエイモン公その人であり、彼は自らの息子たちに対し、聖職者と修道僧たちなど焼かれて然るべきである、という酷い助言をしたのであった。「彼等の肉は、実に美味だそうだ。」彼はふざけてこう言っている。「少し料理して食べてみるがよい」と。

ゆえに、不信心者ルノー〔エイモン公の息子の一人、ルノー・ド・モントーバン〕に付いていた異教徒の家庭教師が次の教えを授けた時も、彼は自らの主君の信念に従っていたに過ぎないのである。

　何も信じてはならぬ。善き人間に会ったら、これを倒せ。邪を為し、ゆく先々で悪行を働くのだ。

また、かの祝福されし武勲詩『アミとアミル』にニヒリズムが観察されることについては、我々が既に見た通りである。

　天国へと続くあらゆる奉仕を拒絶せよ。善き人間に戦争を仕掛けよ。町を、村を、家々を焼け。祭壇と十字架を打ち倒せ。これこそ、真の名誉の道なのだ。

こう述べているのは叛逆者で虚言者の系譜に連なる、あのアルドレである。

『ドーン・ド・マイヤンス』に登場するオーチャンバルトもまた、同様の言葉を発している。彼はその呪われた魂を喜びに震わせながら、全ての教会を破壊し、全ての修道士を殺戮し、十字架を打ち倒し、聖人像を粉々にすることを誓っている。

もっとも、こうした全ての例より恐ろしく「取り憑かれた」教えこそ、初めに我々が見た叙事詩『ゲドン』のそれであろう。かの文こそが、最も完成された反十戒思想であると言える。

騎士の十戒の報い

一二世紀と一三世紀を生きた我らが祖先たちの目には、騎士の十戒は単なる世俗的戒律を超える存在であると映っていた。最後にこの点を見ようではないか。

全ての騎士の目的にして目標、それは古の詩の言葉を借りるならば、「天国にて安らかに休むこと〈conquerre lit en paradis〉」であった。様々な境遇から集い、あらゆる気候を耐え、硬い地面の上で幾夜も過ごし、鎖帷子《ホーバーク》〔袖の長い鎖帷子〕や大兜を何日も脱がずに過ごした粗野な戦士たち。彼等が思い描いた単純な理想こそ、永遠の幸福、即ち「天の心地よい寝台に眠ること」であった！　この望みは決して形而上学的な表現とも、高貴な表現とも言えないものだが、これこそ彼等の心の底からの願いであった。

「ここで死した者には、天国にて無垢なる者たちにより寝台が用意されよう。」こうアンティオキアの城壁の下で雄大に説教をしたのはピュイのアデマール司教であり、彼はこの言葉を説教の締めくくりに選んでいる。

「天国には、既に汝らの座が用意されている。」こうロンスヴォーの地で説教したのはテュルパン大司教であり、直後この地では世界でも最も高貴な血が多く流されたのであった。

繰り返しになるが、主に身を捧げ殉死した戦士たちには、その身を休めるための美しき庭園が天上に用意されていたことが、当時の叙事詩の随所に示されている。『ローランの歌』に度々登場する「聖なる花」というフレーズもまた、この庭園を指しているのである。

また我らが祖先たちは、天での報酬の象徴として、冠をもまた同様に想起していた。「ここで死した者は、天上で花の冠を頂くだろう」とは、『ニームの荷車隊』に登場するフレーズである。この作品にはキリスト教の騎士の生き様が一〇音節で端的に集約されている。

この地上で非常に多くを為す故に、天上にて栄冠を授けられる者なり。

Tant fist en terre qu' es ciex est coronez.

もし、人が自ら死を選ぶことを学ぶとすれば、その者はキリスト教徒であろう。古の人々の多くは死にあたり、より劇場的で特別な死に様を選んだものである。しかし「神の人々」はその逆に、自然なる死を受け入れた。そう、真のキリスト教の戦士たちは、狼狽を見せず、静かに没するすべを知っていたのである。ローランその人でさえ、今際においては荒ぶらず、自らの籠手を天におわす主へと伸ばし、その忠誠を示すという慣れ親しんだ行為と共に死を受け入れたのだから。

「天上から天使の歌声が聞こえます。」こう死の際に言ったのはヴィヴィアンであった。そして彼は単にこう付け加えた。「ああ、あと一度でも、ギヨーム叔父さんに会えたなら。そしてその手から聖体を拝領したかった！」

我々は「比類なき人物の死」の例をここにあといくつでも挙げることが出来るが、敢えてより中庸な、一般的でありふれた人物の死を見てみよう。

死の今際にあるヴィヴィアンにギヨームが初めての聖体（パン）を授ける。ヴィヴィアンがぽつりと言う、「もはや味は何も感じられませんが、主が体に入ることは感じます。」こうして若き英雄に、最初で最後の聖体拝領式が執り行われた――『アリスカン』より　リュック＝オリヴィエ・メルソン作

我々が見た騎士道の戒律、かの十戒に忠実に生きたある騎士の死に様を見るが良い。ルノー・ド・トーアという名のこの諸侯は、その身を四本の短矢に貫かれると、自ら馬から降りた。死を悟った彼を襲った悲しみは、怒りはいかほどであったであろうか！　彼は最後に今一度剣を鞘から抜くと、盾に腕を通した。そして近づいてきた敵をことごとく打ち倒した！　しかしその出血は多く、ついに彼はその身を支えられずに地面へと崩れ落ちたのである。彼は天に向かって一人祈った。「過去もこれからも栄光に満ちた父よ。私の身体は失われようとしています。どうぞ私の魂を哀れんで下さい。」そして彼はフランスの方角に身を這わせると、五〇〇回その頭を下げたという。詩人は、死したこの騎士の魂が聖なる交わりへと迎え入れられた様を次のように描いている。「かくして地に横たわる身体から魂が分かたれた。そしてテ・デウム〔聖歌〕を歌う天使たちにより、天国へと運ばれたのである。」

　平凡な一騎士でさえ、かようにこの世を去ったのである。ゆえにヴィヴィアンやローラン、ルノーのような英雄の死に際がなおさら敬虔であった事もまた、当然なのである。これこそが、騎士として避けられぬ終わりの姿であった。従って、最も位の高い聖職者たちの死と最も勇敢なる騎士たちの死を人々が同列に扱うことを教会が許容していたのも、決して不思議なことでは無いのである。全ての武勲詩の詩群には、その中心となる英雄が存在した。そして彼等は、例外なく聖人として扱われた。人々は呼んだ、聖ローラン、聖オジエ、聖ルノーと。こうして彼等偉大なる騎士たちは、死した瞬間にその名前が叙事詩から殉教者名簿へと移されたのであった。

　これこそ、騎士の十戒の至高なる報いであった。これこそが、とこしえの戴冠であった。

ルノーはケルンの地で同僚に裏切られ殺される。しかしその死体は神の御業によって独りでに川から浮くと、行進を始めた。彼の姿を見た病者は癒え、盲者は目が開き、奇蹟が街中にもたらされた。こうして彼は聖ルノーとして人々に崇められた――『ルノー・ド・モントーバン』より　エドゥワール・フランソワ・ツィエール作

第三章　騎士道の退廃

人が造った制度には、遅かれ早かれ退廃が訪れるものである。そして、騎士道の退廃は、多くの歴史家たちが信ずるよりずっと早く起きていたことを示そう。

退廃の真の始まり・一三世紀

まず、特定の詩人たちが騎士道に対し吐いた誇張された愚痴の数々に気を取られ過ぎてはならない。ゆえに、作者不詳の一一世紀の作品『聖アレクシス伝〔韻文聖人伝。フランス文学初期作品の一つであり、後の武勲詩へと繋がる作品とされる〕』において、世間は全てが腐り万事が失われている！　と嘆く作者の次の証言を文字通りに解釈するのは労力の無駄というものである。

古の時代　この世は善かった
人々は信仰を保ち　正義と愛が世界を動かし
しかし世界は全て移ろい　その色彩を失い
古の時代のごとく　再びなることはなかろう

この詩人は身の回りに見える悪を特異的に誇張している。

母に抱かれるゴドフロワ・ド・ブイヨン　『ゴドフロワ・ド・ブイヨンの少年時代』より　リュック＝オリヴィエ・メルソン作

しかし、ここで我々は、次の通り主張したい。古の時代から遠からぬ一一世紀当時こそ騎士道の全盛期であり、そして続く一二世紀こそ騎士道の絶頂期であると。そして一三世紀に至り初めて、騎士道にはその退廃の影が見え始めるのだと。「悪しきは栄え、善きは果てた〈Li maus est moult avant, Tos li biens est finis.〉」と、『ゴドフロワ・ド・ブイヨンの少年時代〔一三世紀頃成立の武勲詩〕』の作者は悲しげに詠っている。そして彼の生きた時代に事実、騎士道の退廃が始まっていたことを考えた時、この作者の嘆きは『聖アレクシス伝』の作者のそれより正当化されるのだ。

アーサー王と円卓の騎士

ここでいかに、この退廃が始まったかを問うことは自然な流れであろう。

先入観に囚《とら》われ、また考えのない多くの批評家たちが、『アーサー王と円卓の騎士』こそ至上の騎士道精神の発露にして、騎士道の堕落を食い止めた文学だなどと持ち上げている。ゆえに私がここから展開する批判が、本作品を崇拝する一部の読者諸氏を憤慨させるかもしれないことは十分理解している。ではなぜ、私はこれを扱うのだろうか。何事が待っていようと？　それは我らが武勲詩に登場する英雄こそが、かの時代を現す真の代表であるからである。クレティアン・ド・トロワ〔一二世紀のフランスの詩人、後のアーサー王伝説の土台となる作品群を残した〕が才能溢れる筆致で描く、冒険家の洗練された登場人物たちではなく。

『アーサー王と円卓の騎士』に描かれる魅力的で優美な精神は、かの時代と世紀とを正しく代表したものではない。私はクレティアン・ド・トロワが全てを捏造したなどと主張している訳ではない。単に、彼は全てに色彩を加えたと言っているのである。人々がどう評そうと、この作品は、それまで主としてキリスト教的・ゲルマン的であった叙事詩にゲール〔ブリテン諸島に住むケルト人〕的精神を注入したのである。叙事詩はゲルマン起源であり、そして円卓はケルト起源である。しかし官能的で軽く、軽妙かつ繊細で、叙述的で魅力的な、かくなる耳触りの良い中世騎士物語《ロマンス》に雄々しさはない。時として女々しく、弱々し過ぎるのである。

物語は必ず、いやほぼ必ずと言って良いほど同じ様式に沿って展開する。それは花々が咲く見事な牧草地の上、鳥が舞う中を若き騎士が未だ見ぬ何かを探しに旅立ち、互いに区別がつかぬほど似通った数々の冒険を経験する、というものである。そこには不敬な叛逆があり、壮大な決闘があり、魔法にかかった城が現れ、感動的なラブシーンが繰り広げられ、神秘的な護符が登場する。奇跡と神の御《み》業《わざ》とが混同され、魔法使いと聖人とが取り違えられ、妖精と天使とが同一視される。全てが実にフランス的なスタイルで記述され、そして分かりやすく、洗練され、抑制された語調で詠われるのである。誠に素晴らしい、というところか！

我々は忘れてはならない。こうした実に魅惑的な詩が、一二世紀頃には既に一つのスタイルとして、国境を越え確立され始めていたということを。そしてそれは、『ペルスヴァルまたは聖杯の物語』や『アリスカン』、『クレオマデス』、『ルイの戴冠』が記されたのと同時代であるということを。大衆からの人気に支えられ、この二つの潮流〔中世騎士物語と武勲詩〕は数世紀に亘り共存した。しかしこの競合において、どちらが勝ち残るかは明らかであった。勝敗を決めたのはご婦人方からの支持であり、彼女らが

『騎士ヴィヴィアン』や『ラウール・ド・カンブレー』より『エレックとエニード〔クレティアン・ド・トロワによるアーサー王伝説群の作品の一つ〕』を読み返し涙したであろうことは疑いないのであるから。

こうして偉大なる中世の世紀が幕を閉じ、騒々しい一三世紀の幕が上がった時、我らが古の古典武勲詩でなく感傷的な物語に軍配が上がっていたのである。『円卓の騎士』が火をつけた、ロマンティックな情景の勝利であった！　そして遺憾な事に、騎士道の規範においてもまた、円卓の騎士は勝ったのである。そしてヴァロワ家〔フランスの王家。一四世紀から一六世紀にかけ一三代の王を出した〕と共に、円卓の騎士たちがフランスの王座に就いたのだ。

こうして真の武勇は、向こう見ずな蛮勇により置き換えられた。そして初期騎士道の英雄的な荒々しさは善良で礼儀正しいマナーに、質実剛健な寛大さは愚かなる浪費に、それぞれ取って代わられたのである。武芸の領域においてさえ、未だ見ぬ物への憧憬が浸透した。政治の領域においてさえ、冒険への渇望が浸透した。そしてかくなる武芸と政治がフランスをいかなる方角に導いたかは皆承知の通りである。ジャンヌ・ダルクと、彼女の受けた啓示によって初めて、我々の祖先の目は覚めたのであった。

過度の騎士団熱

騎士道の退廃の他の要因は、その同定が少し難しい。だが中でも一つ、とりわけ光が当てられていない要因がある。読者諸氏は信じられるであろうか？　それこそ、一部の騎士団〔騎士を構成員として構成された修道会。騎士修道会とも。編訳者序参照〕の過度なまでの繁栄である！

この自説については、少々の説明が必要であろう。

我々は皆、一二世紀初頭に結成されたかの偉大なる軍事騎士団の数々に熱中し、情熱を傾け、そして崇敬していることを認めざるを得ないだろう。それは世界に比類なき、キリスト教徒だけに授けられた、我々を歴史的スペクタクルへと導いてくれる存在である。そして騎士団員、それは戦士と修道士の二つの理想を一つの魂に宿したる存在である。一人の人間に二重の義務が課され、二重の様態が与えられ、そして二重の責務が負わされる。にも関わらず、地上において幾千もの騎士たちがその重責を自ら進んで背負い、その道を貫いたのである。この現象は解明が不可能な神秘とさえ言ってもよいだろう。

騎士団という制度について、我々はここまで十分に触れてこなかった。我々は聖地においてテンプル騎士団〔中世ヨーロッパで絶大な富と権力を誇った騎士団〕が、聖ヨハネ騎士団〔現在のマルタ騎士団〕が世界の命運を賭け戦った偉大なる戦いの数々を、それに相応しい色彩で描いてこなかった。否、そして画家たちもまた、乾いたアジアの平野〔十字軍で戦場となった聖地のシャロン平野・エズレル平野を指す〕で比類なき隊伍を組んで戦った騎士団の数々を、相応しい筆使いで描いてこなかったのである。人々はレッシュショフェンの地で胸甲騎兵たちが披露した突撃〔一七九三年、普仏戦争の緒戦となったウェルトの会戦を指す〕については尽きることなく語るというのに、聖ヨハネ騎士団員が、テンプル騎士団員が繰り広げた同様の突撃について彼等が語ったことが一体幾度あるというのだろうか？

実のところ、彼等戦う修道士こそが、勇気という概念の新たな地平を切り開いた者たちなのである。しかし残念ながら彼等は常に戦場にあった訳ではなく、平時において不品行を行った者たちも存在した。彼等は財を集めすぎ、その富によって人々からの尊敬と、天国への道とを失ったのである。テンプル騎士団に向けられた誹謗中傷の数々をここで列挙するつもりはないが、こうした中傷は全く根拠に欠くものばかりではなかったのである。他方で聖ヨハネ騎士団には、類似の誹謗を呼び込むような瑕疵《かし》は見当たらない。天に感謝しようではないか。貧しくはあらずとも、聖ヨハネ騎士団には今日まで一点の汚れもないことを。そして他の騎士団が騎士道を貶め骨抜きにするなか、彼等だけが、騎士道の名誉を守ったことを。

とはいえ、騎士道の真髄であり、かつ騎士道を後世まで保存した香辛料、それは清貧なのである！　富への愛こそ、多くの騎士団を蝕み、瞬く間に全ての騎士たちを冒した病であった。官能と快楽が、彼等の城を浸食したのである。

> 騎士の剣帯を受けるや否や、彼等は律法を破り貧者から略奪した。戦いに赴く時、荷馬にはしこたまぶどう酒が積まれた——武具ではなく。そう、剣の代わりにぶどう酒の革袋が、槍《ランス》の代わりに肉を焼く串が。知らぬ人が見たならば、彼等は戦場でなく夕食会にでも出かけるものと見えたであろう。事実、彼等の盾は見事に装飾され、そして傷一つなく未使用の新品であった。騎士らしい戦いの痕跡は円盾と鞍に見ることが出来たが、それだけであった！

こう書いたのは誰だと思われるだろうか？　一五世紀の作家と思われるかもしれない。しかし実のところ、この文は一二世紀の詩人の手によるものなのである！　これこそ、かの偉大なる風刺家にして、時にユウェナリス〔六〇—一二八年、古代ローマの風刺作家〕顔負けの過激な作品を残した、ピエール・ド・ブロワ〔一一三五—一二一二年頃、フランスの風刺作家〕その人の手による文である。かような憤慨が当時存在したことは、他の幾百もの証言が裏付けている。そして彼の作品には多くの誇張が指摘出来る一方で、そこには無視できない真実の土台もまた見て取れるのである。

かくなる堕落は、一人ならぬ詩人が指摘した通り、富により生み出されたものである。そしてこの富が、一四世紀になり、歴史と文学に特別に記録されるべきある重要人物の注意を惹くこととなったのである。彼の名はフィリップ・ド・メジエール〔一三二七―一四〇五年頃、フランス人の騎士にして作家〕、ピエール一世〔一三五四―一三八二年頃、キプロス王〕の下でキプロスの宰相を勤めていた人間である。彼は真の騎士として、ある日騎士道の改革に乗り出したのであった。そしてこの目的を達するに最も容易と彼が考えた方法こそ、自分自身の手で新たな騎士団を創設することであった。その騎士団に、彼は壮大なる次の名前を付けたのである。「キリストの受難騎士団」と。

嘆かわしいかな、かくして騎士道の退廃はもはや疑いないことが明らかとなった！　この善良なる夢想家が試みた改革の性質そのものにより、それが示される。この立派な騎士は、官能にまみれた騎士団を嘆き、それゆえに自らの騎士団員たちが結婚することを許し、これを勧めた。そして彼は聖ヨハネ騎士団が富を蓄え、それを良からぬ目的で浪費していることを嘆き、自らの騎士団では財を蓄えることを禁じた。にもかかわらず、彼の心は当時の浪費文化に既に蝕まれており、彼は騎士団員たちが最も贅を尽くした服に身を包むことを許した。そして彼は騎士団の高官たちに、実に尊大な肩書を名乗ることをも許したのである。この騎士団の創設は神秘的なオーラに包まれ、そして騎士団の全てが劇場的であった。

ここまで書けば、この「受難騎士団」が浪費家の望みから生まれた美しき夢に過ぎなかったことは自明であろう。数名の高貴な有力者たちの協力は得られたものの、この騎士団が実体を持つことはついになく、この騎士団は最後までままごとであり続けた。異教徒から聖墳墓を奪還することは、一五世紀には既に騎士道の本流ではなかったのである。武勇を備えた歴戦の戦士たちは、フランスとイングランドの争い〔百年戦争、一三三七—一四五三年〕に参加するのに忙しかったのだから。退廃とはかくも早いものか！

しかしこの「受難騎士団」は、騎士道の致命的な退廃の唯一の例ではない。当時、騎士への道は、あまりに多くの相応しくない者たちに開かれてしまっていたのである。かくして騎士の品位は汚された！ 輝かしい「騎士」という称号の価値は暴落し、その地位もまた低下した。

ウスタシュ・デシャン〔一三四六—一四〇六年頃、フランスの詩人〕は、この醜聞を弁舌鋭く単刀直入にこう批判している。

> 思い起こすがよい。今や騎士号が、八歳から一〇歳の赤子たちにまで授与されるという事実を。

そしてこの優れた詩人は別の場面でこうも書き残している。

> 無法騎士たちは常に集いて力を合わせ、ついに騎士の鑑デュ・ゲクラン〔一三二〇—一三八〇年、百年戦争におけるフランス軍司令〕やバヤールさえ騎士道の破滅を止めること能わず。

かくして、騎士道は消え去る命運となったのである。

百年戦争における騎士道の凋落

この騎士道の凋落について、その本質を理解しておくことは重要である。一四世紀と一五世紀のフランス・イングランド両国には、それでもなお堂々たる騎士たちが存在した。彼等は雄々しく抗戦し、恐れを知らぬ一騎打ちを交わし、そして全身全霊をもって諸国を駆けた。自らの血を啜《すす》ったボーマノワール家〔フランスの現コートダモールを統治した名家。百年戦争における三〇人の戦いで有名〕の者は一人や二人ではない。彼等はいかに人離れした戯《たわむ》れを、そして向こう見ずな行いを戦場で出来るかを互いに競い合ったのだ！　そして彼等はその美しき剣戟を、雄大な戦果をその後になって語り合い、その内容はかの最も魅惑的な作家、比類なきジャン・フロワサール〔一三三七―一四〇五年頃、年代記作家〕によって記録された。彼の作品は、それを読む者にまでボーマノワール家の騎士道を吹き込むものである。

しかし我々は、包み隠さず全てを話さねばなるまい。こうした美麗な鎧に身を包んだ騎士たちの中には、騎士道の戒律を理解もしなければ、守りもしなかった好戦的な一団がいたことを。贅沢の堕落が随所で古き善き厳粛な雄々しさを覆い隠し、戦士たちまでもが平穏に執着した。信仰心はもはや彼等の心を占めておらず、十字軍の思想など頭の片隅に浮かんだこともなかった。彼等は弱き教会にも、その他の弱き者たちにも気を払わなかった。そう、彼等は既に自らを、善の擁護者であり悪の敵などとは見なしていなかったのである。彼等の正義感も、そして母国への愛も既に歪んでしまっていた。彼等は自らをアルマニャック人であるとか、ブルゴーニュ人であると考えていた。フランス人ではなく！

彼等は腐敗した者たちと手を組み、賤しき者たちの目論見に手を貸すことを余儀なくされた。繰り返しになるが、俗に言う「陣を張る免状〔騎士号のこと〕」の品位は日毎に落ちていた。ジャンヌ・ダルクが王の陣営を訪れた時の惨状については、我々皆が知るところである。そこでは神への冒瀆と下劣な行いが全ての区画に蔓延していた。この気高き少女により、一度はこの疫病が一掃されたものの、彼女の行いの効果はそう長くは続かなかった。彼女こそが騎士道を立て直した者であり、その内には今や失われた純正さが宿っていた。しかし彼女は早すぎる非業の死を遂げ、そして彼女の跡を継ぐに相応しい者は現れなかったのであった。

騎士道の風刺作品

その後の時代でも、騎士道を奉ずる者は幾度となく現れ、そして有り難きかな、今日でも我々の中にかような者たちが生きている。しかし騎士階級は、失われてしまった。死に絶えた騎士階級が将来再び日の目を見る日が来ないであろうことは、我々が不幸にも歴史上目撃した出来事からも明らかなのである。

聖ルイの時代における風刺やパロディー作品において、既にこの騎士道の退廃が表現されている。（当時の風刺やパロディーは低級なものであったが、影響力には違いない。）我々の手元には、一三世紀に成立した、騎士道に対する下劣な言説を並べ立てただけの唾棄すべき短い詩がある。この最も生まれの卑しい男により書かれた低俗な詩『オードジェー』は、しかしながら、当時における騎士道に対する唯一の攻撃ではない。フランス社会の価値のない一角には、常に、騎士道を嘲り悪趣味に冷やかす者たちが存在したのである。こうした下劣な感情の発露を喜んで読者に紹介する編集者もいることであろうが、ここではそうした作品の存在に触れるだけで十分だというのが我々の考えである。

もしこうした作品の完全なリストを編纂するとすれば、ファブリオー〔一三世紀頃にフランスで流行した低俗な大衆向け風刺喜劇。韻文世話話とも〕の数々を含めない訳にはいかない。『ルナール〔狐物語とも〕』や『ローズ』のように、反騎士道の真髄を成す作品群を。私はこうした作品に精通したあまり、ヴォルテール的思想に基づき〔「私はあなたの意見には反対だ、だがあなたがそれを主張する権利は命をかけて守る」〕これについての本を書こうかと考えたことすらある。そして、こうした一二世紀からの流れが、最終的に『ドン・キホーテ』に至ったのである。もっとも、私は『ドン・キホーテ』をこれら低俗な先行作品とは一線を画すものと見ており、セルバンテスの風刺は致命的ではある

エイモンの４人の息子たちはシャルルマーニュに追われると、アルデンヌの森深くで逃亡生活を送っていた。彼等はある日、心配しているであろう母に顔を見せようと、一日だけ父の城を訪れる。変わり果てた息子たちの姿を見た母は、ただただ悲嘆に暮れたのだった――
『ルノー・ド・モントーバン』より　リュック＝オリヴィエ・メルソン作

ものの精神はより高みにあると考えているが。

いずれにせよ、こうした騎士道のパロディーと風刺作家たちの存在そのものが、騎士道の退廃の原因の一つであったと言えよう。彼等は道徳を弱め、ガリア的ブルジョワジー思想と偏狭な冷笑的思考を大衆化したのだから。そして彼等は、無気力にも、人々に騎士道という偉大な思想への侮辱精神を植え付けたのであった。この軽蔑こそ退廃の要因であることは疑いなく、むしろ死刑宣告であるとさえ言ってよいのである。そう、我々全員に対しての。

道を外れた騎士への懲罰

騎士道に相応しくない堕落した行いを見せた騎士には、時として、その腐敗に相応しい処置が待っていた。現代の騎士研究を専門とする歴史家たちは、この厳粛な懲罰の儀式の全てを余すところなく教えてくれる。そして彼等が描く情景は、最も淡々として内気な人間の心臓さえ興奮させ想像力を掻き立てる類のものである。

裁判により懲罰の恥辱が決定された騎士は、処刑台に引き立てられた。そして観衆により、全ての武器が打ち壊されるか、踏み付けられた。その上、彼の目の前で、家紋が削り取られた盾が上下逆さまに吊るされ、泥の中を引きずり回されたのである。

次に聖職者が、死者に捧げる通夜の祈りから数節を唱えると、裏切り者への手酷い呪いの言葉が綴られた詩篇『ああ神よ〔詩篇一〇八〕』を頭上から朗唱した。そうした後、騎士に判決を下した紋章官〔騎士と貴族の紋章を管理する権限を持つ式部官〕が傍らの紋章官補の手から鉢いっぱいの汚水を受け取り、それを不実なる騎士の頭の上にぶちまけたのである。叙任式を通じて彼に与えられた、神聖なる地位を洗い流すために。こうして名誉を剥奪されたこの罪人は、喪服で覆われた木の囲い板か荷車へと載せられ、最後に教会へと運ばれた。そして教会において、葬式の祈りと典礼が繰り返し執り行われたのである。

この一連の儀式は劇場的なきらいがあるとは言え実におぞましいものであり、そこに古の時代のしきたりの名残は殆どないことは容易に理解されよう。一二世紀の名誉剥奪式は、これとは比較にならぬほど単純なものであった。それは有罪とされた騎士の拍車をかかとに近い所で断ち落とすだけの、これ以上なく手短で端的なものであったのだから。これは、かくなる者は馬の背に乗るに値しないことを公に宣言する儀式であり、ゆえにこの者は騎士に値しないと理解された。より古で、騎士道が息づいた時代ほど、演出は少ないものである。これは歴史を通して全ての国家のあらゆる組織につき言えることだが、特に我が国に良く当てはまる原則である。

かくなる懲罰は、叛逆や横領を防ぐに一定の効果があったことだろう。しかし退廃という、人間により作られたあらゆる組織が免れ得ない運命から騎士道が逃れるに、こうした懲罰が十分であったと考えるのは無理というものなのである。

現代に息づく騎士道

かような弱体化や災難は騎士道にとって避けられぬことではあったものの、それでもなお、騎士の十戒は数百万の素晴らしき純真なる人々の心に今日まで息づいてきた。この十戒は、若き世代に規範を授け、さもなくば無秩序となりかねぬ彼等を統制し続けてきたのである。騎士の十戒とは実のところカノン法〔カトリック教会を律する法律〕の一つの輝かしい表現に過ぎぬものだが、これにより人類の道徳水準は引き上げられたのである。

そして、加えるに、騎士道は今日でも死んでいない。確かに、騎士の儀礼や厳粛なる叙任式、騎士団、そして古の宣誓式などはもはや過去の遺物となった。確かに、偉大なる騎士の十戒の多くは社会から失われ、もはや学者にしか知られていない。カトリックの信仰は、もはや現代の騎士道の根底を成していない。教会は、もはや剣を抜いた騎士に囲まれた玉座に座していない。イスラムは、もはや不倶戴天の敵ではない。寡婦や孤児が必要とするのは、もはや騎士の鋼の武器でなく弁護士の弁舌である。封建領主への義務など、もはや存在しない。我々は、もはや君主そのものを求めていない。寛大さ〈largesse〉は、もはや施しと同義となった。そして悪への憤慨は、もはや我々の根源でも、重きを置く価値観でも、情熱でもなくなってしまった！

しかし我々がいかに生きようと、我々の内には、今も骨の髄に騎士道が息づき、我々を死から救っているのである。そして神の思し召しかな、フランスという国家は今もフランスの国土を愛しているのである。（これ以上フランスの話は控えるが）世界中で今日も高貴で力強く立派な魂を持った人々が、矮小で邪《よこしま》なる者たちを嫌悪し、名誉の機微を知り、それを日々実践し生きている。そう、悪事を為し偽証をする位なら、死を選ぶ人々が！

これこそ、我々に今日も息づく騎士道の貢献である。そしてこの古の時代の偉大なる痕跡が我々の内から消え去った日、その日こそが、人類が消え去る日であろう！

戦いの後、聖職者たちが倒れた騎士に祝福を授けるため戦場を駆け回る――「ああ尊き騎士よ、貴兄はもうすぐ天で栄光に包まれるのです。」『ローランの歌』より　エドゥワール・フランソワ・ツィエール作

第四章　騎士の叙任

古の叙事詩には、騎士の叙任を扱った作品が数多見られる。観察される叙任式の様式としては大きく剣または剣帯を授与する様式と、肩を打つ《アドゥベ》様式の二つがある。叙事詩においては後者の肩打ち〈adoubé《アドゥベ》〉による叙任式の方がより一般的に見られるが、この表現の解釈は実は厳密には難しい。adoubé《アドゥベ》という単語はアングロ・サクソン語の dubban《ダバン》に由来し、これは「打つこと」を意味する。ここからこの単語がかの有名な新任騎士に対する肩打ちの儀式を意味するものとして使われるようになったのである。しかし一方で、非常に古い用法では adoubé《アドゥベ》という言葉は単に「武器を帯びさせること」をも意味するのであり、実際に最も古い時代の詩においてはこの意味でこの単語を使う例も見られるのである。

もっとも、若き志願者を騎士に叙任する儀式がいかなる単語で表現されようと、しびれを切らしてその時を待ちわびていた若き貴公子たちにとって騎士叙任式が何より魅惑的に映ったことに変わりはないであろう。彼らの頭はその瞬間のことでいつも一杯であったに違いない。若き騎士見習いは「いつになったら私も騎士になれるのだ？」と自身に問い、領主であり自身も騎士たる父親は「いつになったら息子を騎士に叙すべきだろうか？」と妻に呟いたことだろう。この老領主は、どんよりした目で息子を見てこう言ったかもしれない。「分かってくれ、息子よ。もし神のお導きが騎士の姿を見せてくれさえすれば、私のこの老いた心も喜ぶというのに！」

彼の時代、騎士とは夢であり、終着点であり、そして名誉であった。今世紀〔一九世紀〕は「終わりなき苦悩の世紀」と表現されることがある。この思想家シュレーゲルの言葉は、中世には当てはまらなかった。なぜなら彼らには真なる苦悩の種は存在しなかったからである。騎士道は彼等に「苦悩」でなく、情熱をもたらしたのだ。

学者たちはしばしば真実を無味乾燥の体系に落とし込もうとするが、彼等の用いる事象を分類し論ずるという手法は、時にやりすぎだとしても完全に軽視されるべきものではない。騎士への叙任の席で、未来の騎士は教会付司祭から次の問いかけを受けた。誰が〈Quis〉？　いつ〈Quando〉？　どこで〈Ubi〉？　誰によって〈Per quem〉？　そして、いかにして〈Quomodo〉？　構成を明快にするため、本書もこの司祭の問いに沿おうではないか。誰が、騎士として叙任される資格を有していたのか？　いつ、人々は叙任を受けたのか？　どこで、叙任式は執り行われたのか？　誰によって、騎士は叙任されたのか？　そしていかなる儀式を通じ、第八の秘蹟とも言うべき名誉ある叙任式が執り行われたのか？　今から、五つの問いの一つ一つに答えていこう。

第一の問い　誰が〈Quis〉？

誰が、騎士として叙任される資格を有していたのだろうか？　この問いにもし「万人」と答えたとしても、それは真実からそう遠くない答えである。騎士とは明らかに閉じた身分や社会階級ではなかったのである。唯一騎士への叙任の資格を持たなかったのは身体虚弱者であり、これは騎士道とは即ち「戦うこと」であったからである。また同様に教会は保守的にも身体障害者を騎士の叙任から締め出し、彼らを軽んじた。中世の戦士は彼らを戦うに能わずとして騎士階級から除外したのだ。加えて腐敗した精神、破廉恥な日頃の行い、そして特定の職業や出自に基づく不名誉、これらの三つの不道徳もまた騎士階級への扉を閉ざすものと見なされていた。リチャード獅子心王〔一一五七—一一九九年、第三回十字軍の指揮者〕は彼の戦友であり元盗賊頭であったメルカディエを何とか騎士に出来ないかと心を砕いたが、結局叶わなかった。かようなことは単純に不可能なのである。獅子心王はこの盗賊に騎士の栄誉を与えることが叶わなかったため、代わりに彼を裕福するというそれよりずっと容易な方法でしか彼に報いることが出来なかった。

とは言え騎士階級とは、「開かれた」ものであった。事実として農奴ですら騎士に叙された有名な例が、一つならず武勲詩には残されている。可哀想な木こりのヴァロシェールは、フランス女王に英雄的に献身し、家族を捨ててまで女王陛下の案内役と護衛役を引き受け、女王陛下をハンガリーに導き、亡命先で生まれた幼児のルイ王子を女王陛下同様に守護した。にもかかわらず、結局彼は妻と子供を捨てた廉《かど》で不名誉なまでに中傷され、そして排斥されたのである。しかしこの働き者で、くしゃくしゃの頭髪が通りすがりの者たちの嘲笑の的にされていた農奴の中の農奴は、最後にはシャルルマーニュその人によって騎士に叙任されるのである。そう、皇帝陛下により剣が下賜され、公爵その人により拍車の留め金が留められ、そして女王陛下本人により貴族の証である金箔で飾られた革飾りが授けられたのである。それだけではない。女王陛下は叙任に際し「世界中を探してもこの男より忠誠を尽くした人間など存在せぬ！」と高らかに宣言したのであった。この言葉の重みを受け入れるならば、騎士への叙任とは、即ち忠誠への報いであることが理解出来よう。そしてたとえ身分の最も低い農奴であっても、それを目指すことが可能だったのである。

もう一人の騎士となった小作農は、ヴァイエのシモンである。この出自の低い男はイタリア王ピピンの優しく純粋な妻ベルトを誠意を尽くして歓待したことで、同様に騎士への叙任という名誉に浴した。金糸のマントが肩にかけられ、王が自らの剣を下賜し、ネイムス公により拍車が留められた。彼の二人の息子も同時に騎士に叙され、そして彼と同様、王により抱擁を受けた。このような栄達は驚くに値することではなく、この一連の物語は読者諸氏が思われるより特異な出来事ではなかったのだ。その証拠に中世の騎士道物語には、小作農が騎士に叙されたことへの不平不満が随所に見られるのだから。「農奴の息子たちを騎士に叙するなど、戦った者たちへの報いとしてはあんまりではないか」と『ジラール・ド・ルシヨン』において作者は心の底から悲壮に叫んでいる。

　叙任権が濫用されていたというのは、残念ながら事実である。商人たちが一部地域で身内で騎士叙任の真似事をしていた例〔フリーメイソン〕は論外としても、真の騎士階級にあっても、一部の成金がまるで金で名誉を買うように叙任の栄誉を買うという深刻なスキャンダルが存在した。『ドーン・ド・マイヤンス』に登場する商人の話を見るが良い。彼はその人生で金稼ぎ以外のことをしたことは一度もなかった。金稼ぎだけが彼の取り柄であり、にも関わらず彼はその豊かさによって騎士になったのである。「かの者は金を用いて自らを騎士とした」とされるように。

　こうした表現は当時よく見られるもので、もしかしたら現代でもそれは同じなのかもしれない。実際のところ、騎士への叙任というのは人を懐柔し支配するのに非常に優れた方法であった。叛逆者オーチャンバルトが主君ギー・ド・マイヤンスの子供たちを抹殺しようと図った時、最初に彼がしたことは子供の家庭教師に「おまえを騎士にしてやろう」とささやいて懐柔を試みることだった。シャルルマーニュの甥である若きローランも、ラオン城に軟禁された際、同じような取引を守衛に持ちかけている。ただこの守衛は下卑た男で、騎士というものに興味がなかったらしい。「なんで取引までしてわざわざ叩かれなくちゃならねえんだ〔騎士の叙任式で肩や首を打たれることを言っている〕」というのが彼の無礼な返答であった。一方、別の武勲詩の例として、ハンセン病に侵されたアミを見捨てることを勇敢に拒んだ二人の農奴にとっては、この辺りの事情が違ったらしい。彼らは嬉々として騎士への叙任を受けたのだから。そして最後にもう一つだけ付け加えるならば、騎士への栄達は宮廷芸人や、そして道化師にさえ可能であったのだ！　この事実は、端的に多くのことを表していると言えよう。

しかし、こういった例についてあまり語り過ぎるのはこれ位にしておこう。どれだけ例が多く見られるからと言ったところで、こうした叙任は、結局のところ例外に過ぎないのだから。通常騎士への叙任者は、次の規則（というより習慣くらいのものだが）に従っていた。

> 貴公子、騎士の血筋、そして若き貴族たち。騎士を成す素質はこれらの者の中にこそ存在する。

騎士志願者の中には従騎士《スクワイヤー》として窮乏状態を耐え、理不尽な規律に従わされた者たちもいたが、この経験は必須ではなかった。通常は、高貴な生まれであれば条件は十分であると見なされた。貴族階級に生まれた男子は生まれながらにして騎士とはならなかったが、この社会階級においては年齢さえ重ねれば全ての男性が騎士に叙任された。戦士は、その息子が鎧をまとい剣を持てるようになれば、これを直ちに戦士にする。これは自然なことで、環境がそうさせるのである。

シャルルマーニュ軍が出立する音を耳にした少年時代のローランは、軟禁を脱するため友人と守衛に詰め寄る。「ここから出せ、お前を騎士にしてやるから。」しかし守衛はただこう返すのだった――「なんで取引までしてわざわざ叩かれなくちゃならねえんだ。」『アスプルモンの歌』より　エドゥワール・フランソワ・ツィエール作

第二の問い　いつ〈Quando〉？

いつ、人々は叙任という「秘蹟」を受けたのだろうか？　既に明らかになったこの問いの答えを再び詳しく述べる必要はないだろう。では、叙任式という厳粛な儀式のために指定された日付はあったのだろうか？　これは確かにあった。我々の信心深い先祖たちは教会の祝祭日を選んでいたのだ。そうした日なら、多くの参列者も期待でき、観衆も集まったことだろう！　商人や農民は教会に群がり、ミサの後で宴を締めくくる新任騎士のクインティン〔騎馬の練習用標的〕を相手にした馬上での槍さばきに熱狂したことだろう。当時の名士たちは大衆の歓声を軽蔑するところか、むしろ気軽過ぎるくらいにこれを求めていたのである。叙事詩からは、特に次の五つの祝祭日が騎士の叙任日に捧げられていたことが読み取れる――降誕祭《クリスマス》、復活祭《イースター》、主の昇天日、ペンテコステ〔復活祭後の第七日曜日に祝う聖霊降臨祭〕、そして聖ヨハネの日である。

この五つの祝祭日のうち冬にあたるのは降誕祭《クリスマス》だけであり、しかもこの日は叙任式の日取りとして全く好まれていなかった。それは叙任式には春の気候の中、屋外で宴を開くことが必要不可欠だったからである。騎士を冬に叙任するというのは、ほとんど矛盾にも等しいことなのだ。復活祭《イースター》とペンテコステはどちらも同じくらい人気の日取りだった。美しい宴を開くのに一二月なんてもっての外、四・五・六月が良し、という訳である。そうすれば、叙任される騎士も新緑の木々によって護られるというものであろう。我々の先祖たちがそう科学的に考えていた訳ではないだろうが、直感的な調和の感覚から、春という季節が叙任式に良いと感じとっていたのだ。そもそも復活祭《イースター》は祝祭日の中の祝祭日、祭りの中の祭りである。昔は復活祭《イースター》こそ一年の始まりであり、典礼暦の頂点であった。中世のキリスト教徒の心には、まだ初代教会の伝統が鮮明に息づいていたのである。

そして復活祭《イースター》とペンテコステの夜には、キリスト教には太古の昔から徹夜祭として夜通し祈りを捧げる風習が存在したことをここで強調しておかなければならない。この名残は今も敬虔な人々の中に見ることが出来る。この徹夜祭と、騎士たちが行う寝ずの番（夜警）がどちらも veillée《ヴェイエ》という同じ単語で表わされることは実に自然で鮮やかである。象徴主義の袋小路に迷い込まないように気をつけて筆を進めるが、ペンテコステとは教会の成立を祝う祭りであり、その教会にこそ、古の騎士たちは彼らの剣と命を捧げたのである。[*] 従ってペンテコステが、復活祭《イースター》以上に厳粛な祭日として知られていたことは驚きではないと言える。ペンテコステの徹夜祈禱明けの朝、若き貴公子たちは、ミサに続く聖職者の「続唱」を聞いて大いに感動したことだろう。

＊教会の成立記念日に徹夜祈禱を捧げた（veillée）後、若者は騎士に叙任される。そしてその騎士たちは、以降の人生において教会を護るため寝ずの番（veillée）を行う。その言葉の関係が鮮やかであると筆者は述べている。

辛苦にあって我平穏を得たり、苦難にあって我活力と喜びを得たり。

彼ら未来の戦士たちはこの詩を噛みしめるように味わったが、その彼ら自身もまた、後にパレスチナの焼けるような太陽の下で辛苦と窮乏に苦しむ運命にあった。辛苦にあって平穏を、苦難にあって活力と喜びを〈In labore requies, in astu temperies〉！

騎士叙任の前日、徹夜祈禱を捧げる若き貴公子 『ガラン・ル・ロレーヌ』より G・ジュールダン作

とはいえ、教会の祝祭日だけが騎士の叙任日に選ばれた訳ではない。辺鄙《へんぴ》な場所にある城や宮殿に多くの人が集まる私的な集会や宴の場もよく活用された。王族の結婚式や洗礼式の場においては、多くの騎士が叙任された。特に王子の騎士叙任式の場は、目立たない出自の者たちを一斉に叙任させる良い機会だった。王の嫡子が騎士となる際、彼を護衛する騎士を二〇人、五〇人、いや一〇〇人と叙任することは、王子の名誉にもなったのである。この風習は繊細な気遣いであり、また贅沢とされた。

とはいえ、こうした風習の多くは、言ってしまえば、少し儀礼的で洗練され過ぎているようにも思える。何物にも勝る叙任式とは、戦場の只中で、戦いの合間を縫い、大仰な準備も「祭具」もなく、血と砂埃《すなぼこ》りにまみれて執り行う叙任式である。かような即席の祝別には一抹の不快感が伴うにも関わらず、同時にこの神秘的な光景からは希望と喜びを伴う、勝利の芳香をも感じ得るのである。

今一つ、讃えるべき光景がある。それは十字軍がアンティオキアの地で勇猛に戦っている時に繰り広げられた。従騎士ゴンティア・デールの英雄的行為を見たゴドフロワ・ド・ブイヨンがこう叫んだ。「彼を今すぐに騎士に叙し給え！」と。しかしこの若き貴公子は個人的な喜びの感情を捨て真のキリスト教精神でこれを拒否し、「お言葉ながら」とこう返した。「新たな叙任も、新たな騎士も、あの聖墳墓を奪還するまでは一切不要でありましょう！」と。この辞退は、もはや崇高な行いと言える。

第三の問い　どこで〈Ubi〉？

どこで、騎士たちは叙任されたのだろうか？

第一の答えは戦場であり、騎士たちは勇猛な武勲により達成された勝利の熱気に包まれながら叙任された。この古く偉大な習慣はともすれば古代にまで遡るものであり、古の叙事詩にも多くの胸打たれる記録が残っている。オジエはまさにこの方法で、ローマの城壁の下、この永遠の都の運命を護った偉大なる戦いの勝利の栄光に包まれながら叙任された。彼は異教徒の手からフランス王の軍旗を護り抜き、その戦果により騎士となったのである。

今一つの戦場での叙任の例は、ベルナール・ド・ブリュバンの息子であるベルトランの例である。ベルトランはある激戦の最中に父の前に姿を現し、自身を騎士に叙するよう迫った。「正気か？　息子よ。お前はまだ槍もろくに扱えんというのに」と父は返すと、荒々しく素手で息子の顔を叩いてその場で騎士に叙し、そのまま敵の隊列に突入し壮絶な戦死を遂げた。このことから、戦場での叙任とは複雑な儀式もなく、観衆もおらず、最も簡素なものであることが分かる。全てが二分もあれば終わるのだ。

テュルパン大司教は「手っ取り早く」するため、戦場に突入しながら「私自身を騎士に叙する！」と叫んだというが、これはさすがに略式過ぎると言えよう。少なくとも叙任式においては騎士号を授与する者が本人以外に必要であり、従って自身を叙任することは出来ないのだから。

一三世紀から一六世紀にかけ、戦場において騎士を叙する風習はキリスト教世界ではフランスにのみ見られるようになった。そしてこのことが、叙任の氾濫《はんらん》への道を開いたとも言える。ここまで見た通り騎士叙任とは最上級の、最も高貴で最も羨望に値する褒賞であり、若き貴公子が傷つき蒼白になりながら、勇敢に戦った後の日暮れに騎士の叙任の栄誉を受けることほど素晴らしい喜びはないのである。

戦いの後の叙任はかように素晴らしいが、戦いの前にこれを行うのは御無用というものである。ポルトガル王ジョアン一世は一三八五年、大勝利に終わったアルジュバロタの戦いの前に六〇人の騎士を叙任すると、彼らを先陣に据え誇り高くこう送り出した。

　薔薇の騎士よ、我は貴卿らに戦いの第一撃を任せよう。あらゆる名誉を尽くして戦うがよい、
　さもなくばその金の拍車がひどく気まずく輝くだろう！

　これは何も悪い事例ではないが、私がもし、勝利に終わったローゼベケの戦い〔一三八二年〕の前に四六〇人のフランス騎士が叙任されたことを褒め称えたとしたら、逆にアザンクール〔アジンコート〕の敗戦〔一四一五年〕前に五〇〇人のフランス騎士が叙任されたことをどう書けばよいのだろうか。私は歴史家ブラントームと同じ意見を持つことは少ないのだが（そしてそれを少なからず誇りに思っているが）、今回ばかりは彼に同意する。叙任は、戦いの後になされるべきだ、と。

　最後に「戦場での」叙任に関する記述について、歴史上最も有名な騎士であるベルトラン・デュ・ゲクランにまつわる興味深い武勲詩を紹介することで、これを締めたいと思う。

　場面はこの野蛮だが栄光ある騎士が死んでずっと後の一四二三年、ブロッシニールの戦い後の夕暮れである。この戦いは百年戦争において非常に珍しいフランスの勝利であり、一八七〇年のクルミエの戦い同様、フランス人を大いに慰めるものであった。例えるのなら、暗黒の夜に射した一筋の光のように。勝利者は国王の従兄弟《いとこ》であり、自身をオマール伯と名乗っていた。

　彼は自身の習わしとして、この栄光に満ちた日を多くの騎士を叙任することで締めくくった。その中には若きアンドレ・ド・ラヴァルがいた。司令官は彼にデュ・ゲクランの遺剣を授与し、こう言っ

た。「どうか天のご加護により、貴卿がこの剣の元の使い手と同じだけ勇敢とならんことを！」

もし我々の国がもう少しでも伝統を大切にしたのならば、そしてもう少しでも国民が古きフランスの栄誉に触発されるのならば、このような誇り高い言葉が色褪せないよう最善の努力を尽くしたであろう。しかしフランス国民は、このような誇り高き逸話を忘れてしまっているのだ。偉大なるデュ・ゲクランとジャンヌ・ダルクの結びつきに関する次の逸話と同様に。今日、フランス中を探しても、次の逸話を知っている人間は一〇人もおるまい！　かのオルレアンの救世主は、少女の頃につけていた指輪を、五〇年前同じくフランスを救国しようとした同志として、ベルトラン・デュ・ゲクランの未亡人〔二人目の妻にしてギィ・ド・ラヴァルの祖母〕に贈り届けていたというのである。かような逸話を歴史に持ちながら、誰もそれを知らぬとは！

戦場での叙任という詩的な叙任に関する話はこの辺りで措いておくとしよう。多くの騎士たちは平時に叙任されたのであり、より平凡な方法で騎士に叙された。平時の叙任式は、例えるなら初聖体拝領式*のようなものであり、遠く離れた親族が温かい雰囲気の中で一堂に会する場であった。叙任式は教会か城で行われ、教会でのより典礼的な式と、城でのより軍事的な式のどちらを受けるのかは、叙任を受ける者の家族か、または叙任される本人が決めた。教会を選ぶ場合、基本的には最も近い男子修道院が叙任式の場に選ばれ、例外的な場合にのみサンタ・カタリーナ教会か聖墳墓教会にて追加的な叙任を受けた。

＊七歳～一二歳頃の子供が初めて教会で聖体祭儀（ミサにおいてキリストの体と血に聖変化したパンとぶどう酒を食べる儀式）に参加するカトリックの一種の通過儀礼であり、家族行事。

では城での世俗的な式の場合には、この長く流行を続けた叙任式という重要で刺激的な儀式に一体城のどの場所が割り当てられていたのだろうか？　答えは、城を囲む牧草地や平原か、または城へと続く屋外階段の最上段の踊り場の上であった。叙任式の前半には大それた場所は必要とならないため、城の前でも十分だったのである。見栄えの点から言って、城へと続く屋外階段の上は絶好の場所であり、従って演出する側も記録する側もこの場所を好んだのかもしれない。屋外階段の最上段であれば全てのものが壮大に見え、何千人もの観衆でも容易に叙任式の詳細を目にすることが出来たであろう。

ただし、城での軍事式の叙任式においては、締めくくりとして新任騎士は馬に跨がり、クインティンを相手に槍さばきを披露しなくてはならない。このためには階段の踊り場やテラスは場所が明らかに不十分であり、新任の騎士は友人と大勢の観衆を引き連れ城を離れなくてはならなかった。この締めくくりは、屋外で陽気な春の日差しを浴びながら、草木の息吹に囲まれて行われたことだろう。

プロヴァン城天守　――シャルル・フィショによるデッサン

若き貴公子たちが叙任の日を常に待ちわびていたことは今更繰り返すまでもないが、ここで少し悲劇的な話もせねばならない。それは、彼らが死の床で叙任される例もまま見られたということである。この場合の叙任式は涙を誘うよう感動的に計算されていたものではあったが、それでもなお私は戦場での叙任式を最も好むということを述べておく。

これで私たちは、騎士階級に入るために必要な条件と、叙任式の日付、そして式が執り行われる環境について見終わったことになる。では、誰が騎士を叙したのだろうか？　即ち、騎士号の授与という特権を有していたのは誰だったのか？　次はこの点を見てみようではないか。

第四の問い　誰によって〈Per quem〉？

全ての騎士には、新たな騎士を叙任する権限がある。これこそ、我々が最初に知っておかなければならない古の基本原理であり、精神であり、生き方であり、そして騎士階級の本質を成す最重要原則である。騎士階級とは、全ての構成員が新たな成員を何名でも招聘する権利を有した階級であった。これが全てなのである。

全ての騎士の手と剣には、新たな騎士を叙する権利が宿っていた。これこそが古の騎士〈miles《ミーレス》〉にとって最も高貴で得難い特権であった。畏れ多くもかような表現を使うことをお許し頂ければ、騎士とは戦う司祭である、とさえ言えるかもしれない。結局のところ、この点においても騎士階級とは教会を基に形作られているのである。キリスト教徒は特定の条件下においては誰でも洗礼を執り行い新たなキリスト教徒を生み出すことが認められているのであり、洗礼に使われる水も状況により誰の手から落ちたものでも有効と見なされるのである。* この原則にならえば、全ての騎士が「私には新たな騎士を叙任する権利がある」と胸を張って自分自身に言ってもよいのである。

＊カトリックにおいて洗礼を授けることが出来るのは原則として助祭以上の聖職者に限られるが、対象

となる者が死に瀕している場合など、緊急の場合に限り誰でも洗礼を授けることが出来る。これを緊急洗礼という。

ただし言うまでもなく、実際の状況ではこれは当てはまらず、全ての騎士が叙任式を執り行った訳ではなかった〔騎士叙任権を持つも者は時代と共に狭まり、現在では国家元首ならびに王室の長に限られている〕。

騎士となることを望む若き未熟な志願者は、まず自らの周りを見渡し、誰に推薦を頼むべきかの自問自答を繰り返した。初めに頭に浮かんだ騎士は「父」だったであろう。人の心を深く考察するまでもなく、多くの若者が自発的に父を推薦人に頼んだと結論することは容易であろう。ここで「父、代父、城付きの神父」の違いは、大した問題ではなかった。

ゆえに我らが武勲詩において、父が子の叙任をすることほどありふれた光景は存在しないのである。メッツのハーヴィスが父ピーター公により叙任されたように。しかし、武勲詩『エヨール』に登場する次の場面より魅力的で、完全なる親子の騎士叙任の場面を私は知らない。魅惑的なこの叙事詩において、若き主人公は王ルイの宮廷を目指し家を出るため父に騎士への叙任を懇願する。式の見届人は、息子との長き離別を予期する哀れな母親である。

「息子よ」と母親が語りかける。「病に侵された父親のことを忘れないでおくれ。」

「息子よ」と父親も語りかける。「まもなく一人きりになってしまう母親のことを忘れるでないぞ！」

その後、老いた父エリーは子に鉄の剣を帯びさせると、肩打ちを授けた。これでエヨールを止めるものは何もなくなった。彼はもう、騎士なのだから！

ここで、もし父が叙任者になれない場合、若き貴公子たちは親類を探し他の推薦人を見つけねばならなかったことは言うまでもないであろう。叔父はその筆頭であり、叙事詩においていかに多くの叔父がさも父親かのように振る舞っているかは驚くほどである。そうした人物の一人、ギヨーム・ドランジュは、叙事詩の人物としては珍しく子供を持たなかった。しかし彼は自らの甥たちに深い愛情を注ぎ、特にヴィヴィアンについてはこれを寵愛した。彼は甥たちに騎士号を授けるという喜びと楽しみを決して他人に譲ろうとせず、ある復活祭の季節、ギヨームは自らヴィヴィアンに騎士叙任を執り行った。

「宣誓します」と甥が口を開いた。「親愛なる叔父様、私は異教徒《サラセン人》たちの前で一歩も退くことはないでしょう！」

これこそが、この激情に燃え、前のめりな若き騎士の最初の一言であった。なんと哀れな！　彼は自らの誓約に忠実過ぎたのだ。こうして彼は、アリスカンの地において戦死を遂げる運命となったのである。

時として父や叔父よりも若者たちが好んだ推薦人こそ封建領主であった。自らの領主であるか、主従関係なき地の領主であるかを問わず。封建領主を推薦人として選択することは風習的・道徳的に善しとされていたのみならず、彼等の権利であるとさえ見なされていた。若き貴公子たちは力と富のある諸侯から庇護を受けることを能動的に求めた。これはあたかも、幼児洗礼にて高位の聖職者から洗礼を受けることを求める心情に似るものと理解出来よう。誰から受ける洗礼も洗礼には変わりないが、将来の子供の利益を思えばこそ、高位の聖職者をこそ親は好むのである。ゆえにこうした若き騎士志願者たちもまた、伯爵や公爵、自分の領主、そして野心ある者は皇帝や国王からの肩打ち《コレ》を望んだのである。

君主による騎士叙任

我らが古の中世騎士物語《ロマンス》（武勲詩）は、しばしば歴史が光を当て残した事象についても我々を啓蒙してくれる。そして、これは「君主による騎士叙任」という歴史家による精査が未だ為されていない主題についても同様である。我々は叙事詩を通じ、皇帝や国王が一度ならず衝動的に若き貴公子を騎士に叙し、これにより多くの志願者たちが騎士の栄誉に浴したことを知っている。かように崇敬された有力者から剣を受けることは若き騎士たちにとって大いに緊張すると共に至上の喜びを齎《もたら》すものであり、強力な庇護者の下、彼等の騎士としてのキャリアは成功を保証されたのである。

同様に我々は、皇帝や国王が自国内の全ての騎士叙任を一手に司ることを要求していたことをも知っている。彼等は須らく騎士叙任を自らの手で行うか、少なくとも自らが承認せねばならぬよう慣習を変革することを試みたのである。この試みはほぼ毎回と言って良い程に失敗し、古き風習はその後も跋扈《ばっこ》した。多くの従騎士たちが慣習にそぐわぬ叙任者を強制されることを嫌い、父親や直属の領主、隣接の強《したた》かな領主や、場合によっては一介の騎士から肩打ち儀《コ》礼《レ》を受け続けたのである。而して、君主による事後承認を求めることは殆《ほとん》どなかった。かようなる風習の形成は一日にして成ったものでなく、長きに亘る興味深い時流の流れの結果なのである。そして幸運なことに、我らが叙事詩は歴史家と違い、この主題についてもまた多くを語ってくれる。

従騎士《スクワイヤー》たちが、父の城塞でなく大理石のホールにて、白銀の鎖帷子《くさりかたびら》に身をまといし幾千の諸侯と金糸の刺繍に彩られた絹の衣で盛装した幾百の貴婦人方に見守られ、豪奢な儀式と共に国王から剣の授与を受けたいと願望していたことを理解するのは容易いであろう。彼等の父親とて息子の志を叶えてやりたいと思っており、ゆえに進んで彼等を宮廷に送り出していたことが、優に五〇を超える叙事詩に確認される。

　こうした騎士叙任の儀式は、全て同じ様式で執り行われたと言ってもよい。老諸侯は長男を常に観察し、ある日、彼が剣と槍を操れる位強く、大きく育ったと認める。諸侯は剣を捧げると息子にこう言うのである――「お前も皇帝陛下より騎士叙任と封土を賜る時が来た。」

　こうして彼は出立し、道中において数多くの冒険を経験し、騎士物語が紡がれる。そしてある朝、砂埃にまみれながらも彼はついにパリに到着する。疲れ果てながらも喜びに満ち、その美しさに胸打たれながら。そして彼は王の歓迎する宮殿に迎え入れられ、全ての旅の苦難を忘れ去るのである。

　一一世紀と一二世紀の風俗と慣習を忠実に反映している我らが古の叙事詩において、復活祭《イースター》とペンテコステの厳粛な季節が新たな騎士叙任を目撃せずに過ぎ去ることは稀である。そして国王たちもまた、あらゆる国の貴公子たちを自らの宮廷に招き入れるため、王に相応しい気前良さを見せた。これは称賛すべき振る舞いと言えよう。今となってはそれが、純粋な寛大さに依るか政治的意図に依るかは判別の仕様がないのであるから。

　我らが祖先の一門の生活を精密な筆致で伝えてくれる武勲詩を我々は繰り返し引用してきたが、この武勲詩は王による騎士叙任ついてもまた、良い観察を与えてくれる。ゴドフロワ・ド・ブイヨンの余り知られていない兄の次の物語ほど愉快なものはない。想像を羽ばたかせ、〔中世の〕ブローニュに旅をしてみよう。

　そこでは騎士叙任のため、ブローニュ伯ウスタシュが息子をイギリス宮廷へと送り出そうとしていた。この若き貴公子――彼も名をウスタシュと言った――は他の従騎士より明らかに抜きん出ており、一〇人の小姓、二六人の従騎士と従者、そして四名の騎士と四頭の高価な馬を伴って旅に出た。言うまでもなく、何不自由しないだけの金銭と毛皮、そして狩りのための鳥を携えて。それは壮観な出立であった！　そして旅路もまた、それに劣らず順調であった。この若きブローニュ人一行はカンタベリーとロチェスターに立ち寄り、「王はいずこか！」と問うた。「ロンドンにおわします。」そう答えを聞くや否やウスタシュは「ではロンドンへ！」と言うと、その日の日没前には〔ロンドンの〕セントポール大聖堂のすぐ近くに定宿をとっていたという。

彼は到着するや否や、自らの寛大さを隠さなかった。自らの居室に煌々と明かりを点け、通りの向う側まできらきらと輝かせた。そして「ひもじき者は皆来るが良い、我と共に食卓を囲もうではないか。料理も並べよう」と宣言した。貧しき者が殺到し、従者や騎士たちはそれを拒むことなく受け入れたのである。街中が、国王より気前よく豪奢なこのフランスの貴公子の噂で持ち切りになるまで時間は掛からなかった。

ある日、ミサの席でついに王に拝謁が叶ったウスタシュはこう名乗った。「我はブローニュ伯の長子なり。陛下の手により騎士に叙されんがため、こちらへ参上しました。」

国王は彼を抱擁し歓待すると、「至上の喜びをもって」彼を騎士に叙した。この新たな若き騎士の服装は壮麗であり、誰よりも容姿端麗で、この「齢《よわい》十三と半」の若者は、詩人の言によればまるでカササギの群れの中のシロハヤブサ、鉛の中の銀、イラクサの中の薔薇のように一人輝いていたという。ウスタシュは国王に手ずから剣を授かると、クインティンを相手に卓越した槍さばきを披露した。国王は「この日没をもって」彼をイギリス宮廷のセネシャルに任命すると宣した。何ということか！　信じられない数の毛皮とマントが、そして贈り物の数々が日暮れのロンドンに配られた。この新任騎士は真の寛大さを万人に示し、ブローニュには何一つ持ち帰らないと決めた。そして吟遊詩人たちは歌い、賛美歌が響き渡り、街は喜びに満ち溢れた。この日を人々は長く忘れることはなかった。

一方、ウスタシュの弟ゴドフロワは、父親によってブローニュの地で手早く叙任を受けたのである。実際、かようなる豪奢な叙任はそう何度も出来るものではなく、多くの場合長男のみにその贅沢が許された。特に王による叙任には、とかくお金が必要であった。

王たち自身もまた、叙任に重きを置いていたことは疑いない。手ずからの叙任は自らの影響力と名声の拡大に繋がったのであるから。この重みは時代と共に増し、ついには「王のみが騎士叙任権を有する」と宣言するまでに至ったのである！

この経過の観察においてもまた、歴史家は詩人の次位に落ちる。事実、我々は叙事詩を二つに分類することが可能であると言える——「王権的」叙事詩と「封建的」叙事詩に。反封建的立場を執る叙事詩ほど王による叙任権を誇示するものはなく、これは『アスプルモンの歌』に登場する次の無名の逸話に顕著である。

一二世紀末から一三世紀にかけ執筆されたこの叙事詩の冒頭において、我々はシャルルマーニュが臣下の貴族たちに勝手な騎士叙任を強く戒める場面を見ることが出来る。そして誰もシャルルマーニュの禁を破る愚を犯さなかったのである。叙事詩はこう詠う。「シャルルマーニュは須《すべか》らく臣下に騎士叙任を禁じた。」そして彼は宣言した。「全ての騎士志願者を宮廷に参上させよ。我が手ずから馬と剣、鎖帷子《ホーバーク》、大兜、絹のローブを授けん。そしてその場にて、かの者の望み通り我が手により騎士に叙せん。」この王の特権を侵害した者にはその場で刑罰が宣言された。違反者への罰、それは国外追放であった！

他の中世騎士物語に登場する皇帝や王の中にはさらに過激な方針を示す者もあった。たとえば同じ『アスプルモンの歌』においても、異なる版においてはシャルルマーニュは革新的とも言える次の宣言をしているのである――「望む者の全てを、我が騎士に叙せん」と。彼はこの宣言を速やかに実行に移し、詩人曰《いわ》く、ありとあらゆる出自の男を騎士に叙したのである。「そして農奴まで隷属を脱した」とあるように。これこそシーザー〔カエサル〕主義〔リーダーが大衆における人気を扇動し、その支持を以て自らの権力を正当化する独裁手法〕の頂点とも言える描写であり、その後の数百年の歴史においてもここまで極端な例は見当たらない程である。しかし我らの叙事詩はその記録を残し、権力者たちの疑うべくもない性向を明らかにしているのである。我々もそれを心に留め置こうではないか。

複数の人物による叙任

ここまで我々は「叙任者」を一名のみとして語ってきたが、実際には時代が経つにつれ叙任者の人数は徐々に増加した。この贅沢は、予期出来ることであろうが、元は王子や公爵・伯爵の息子などごく一握りの人間の叙任式にその端緒を持つものである。複数の推薦人が列席する叙任式においては、全員が叙任の重責を分担し、一名が片足に拍車を着け、もう一名がもう片足に、三番目の者が剣を授け、四番目の者が肩打ちを、そして五番目の者が新任騎士が武勇を誇示するための駿馬を授けたのであった。

もっとも、幸運なことに、式は必ずしもここまで手が込んでいる必要はなく、五名の推薦人の代わりに生まれの良い従騎士は四名、いや三名、場合によってはたった二名を探しさえすれば式は執り行えたのである！　込み入った叙任式の詳細については次の節に譲ることとするが、式は常に堂々とし

聖マルティヌスの騎士叙任——シモーネ・マルティーニの絵画に基づく

て威容を示すものであった。参加者は全員、全身全霊を賭け式を執り行ったのである。拍車は厳粛に装着され、剣帯は重々しく締められ、肩には荘厳なる一撃が加えられた。叙任式は宗教的で、厳かに、威風堂々と進行した。シモーネ・マルティーニが聖マルティヌスの叙任の光景を描いた美しい作品を思い起こして欲しい。それは中世の一場面、いや中世という時代そのものを体現した名作であり、天才の筆により命の吹き込まれた傑作である。

聖職者による叙任

我々がここまで観察したのは「世俗」叙任式であったが、一二世紀以降、一部の国家においてここに宗教的色彩が加えられた。当時は全てが王権に属していたと考えたがる現代の思想家たちには思いがけぬことかもしれないが、聖ベルナールと聖ルイが在世せし時代には、人々の魂は現代の我々が多くを知らぬ真実に惹き寄せられたのである。古の貴公子たちの中には、「神の代理人」〔ローマ教皇を指す〕に叙任を受けようとローマまで旅した者たちもいた。他にも司教たちの前に伏拝して叙任の栄誉を懇願した志願者たちが大勢居たのである。かような例は枚挙に暇がなく、やがて『新しい騎士のための祝別』の祈禱が古いやり方を凌ぐようになったのである。

城や砦にいる相当数の人々を「啓発した」大修道院長たちもまた、特にイギリスにおいて熱意を抱いて新しい騎士の叙任を行った。教会はこの煌々と燃えさかる灯を消さねばならぬと判断し、ウェストミンスターにおいて催された会議でこの不規則な叙任を正式に禁じた。一方スペインにおいては、傲慢とさえ言えるほど誇り高き人々は真逆の方向を指向した。そして彼等はついに、「自分自身での叙任！」という終着点まで行き着いたのである。スペイン国王は大胆にも自ら戴冠し、そして騎士たちは自らに騎士の武具を授けたのである。この誇りの不遜は明らかに見栄から来るものであるが、どこか気高さをも感じるのは私だけであろうか。

女性の手による叙任

我らがフランスの騎士たちはこうした壮大な着想は持たなかった一方、多くの若き貴公子や王子たちは生ある限り、貴婦人により叙任されることに幸せを見出していた。史実と中世騎士物語《ロマンス》のその双方が女性による叙任式を記録しており、これは確かに哲学者たちにより中世キリスト教社会における女性の地位の高さの証左として讃えられている。全くもって古の時代に並ぶものはないのである。

隠者ピエールと〔教皇〕ウルバヌス二世が西側の諸侯たちを聖地に駆り立てた時、彼等の妻や姉妹がそれを阻んだ記録はない。フィリップ一世の娘にしてタンクレードの妻セシルは、聖地に旅立とうとする従騎士数名を自らの手で騎士に叙任しようとまでしている。かような行動を取ったのは彼女一人ではなかったと思われ、歴史家オーデリック・ヴィタールが為したがごとく、こうした英傑たちの名を残した歴史家たちがいないのは遺憾という他ない。そしてここにおいてもまた、我らが中世騎士物語は歴史家より雄弁であり、言うなれば、史実的なのである。

ヴィヴィアンの弟、若きギシャールはオランジュの街を脱出し、アリスカンの地で戦死の運命に瀕していた兄の救出に旅立とうとした。しかし叔母ギブールはかような危険な難行に甥を徒手空拳で送り出すことが出来なかった。そこで彼女は自らの手でギシャールに鎖帷子を着せ、若き頭に兜をまとわせ、手ずから剣を授与し、騎士に叙したのである。叔母ギブールが引き止めるのにも構わず、若者は逃げるように飛び出すと戦場に急いだ。そして乱戦の真っ只中において叔父ギヨームに邂逅したのである。甥と分からなかったギヨームに「騎士同志よ」と呼びかけられた若者は、「叔父様、私です、ギシャールです。ギブール叔母様に叙任して頂いたのです。我が兄ヴィヴィアンを助けるために！」と返す。それを聞いたギヨームは彼を思い切り抱擁したのであった。

このギブールによる叙任がいかに詩的であるにせよ、若者が若者の手により叙任される光景にも増して好ましいものはない。叔母も良いが、婚約者による叙任の方がより一層詩的であり、そして幸運なことに我々は正にそうした例の目撃者である。間抜けで暴力的ながら堂々たる大男ロバストルは、婚約者プレサンスの小さな手により叙任された。それも剣でなく、小さな手斧を腰のベルトに結びつけることによって。

しかしながら、私が一層好むのは美しき婚約者オリベルによるジュルダン・ド・ブラーユの騎士叙任である。この若き従騎士は恐ろしきソルティンとの来たる一騎打ちを前に日々不安に駆られていた。しかし彼には愛があった。「勝利を得ん時、汝は我と結婚を誓いますか？」と貴婦人が聞く。ジュルダンは答える。「ああ、喜んで誓おう、パリ全市を征服したより幸せな気分だ――無論そんなことは言えないが！」

喜びに満ちたオリベルは厩舎《きゅうしゃ》から見事な馬を引いて戻り、こうして叙任式が始まった。この乙女は手ずから婚約者に剣を授けたが、次の段階で少し戸惑ってしまった。彼を打つことが出来なかったのである。「私は女性であり、男性を叩くなんて正しくないわ」と。これにはジュルダンも「分かった、分かったから頼むよ！」と叫ぶしかなかった。彼女から躊躇が消え、愛する人の前に差し出された頭に一打を加えた。「騎士に叙する。どうか神の栄光と勇気が貴兄に齎されんことを。」こう告げると彼女は再び一人の女性に戻り、こう続けた――「もし何かの理由でキスがしたいなら、一度だけ許すわ！」と。これにジュルダンは三度キスをすると、勇敢に馬に跨がったのであった。

死体による叙任

今一つここで見る叙任の逸話は伝説にしか登場しないものであり、先の甘い逸話とは正反対のむごい逸話である――それは、死体による叙任である！

このエピソードはオリヴィエの若き息子〔庶子〕ガリアンに関するものである。ある日彼の母親は、彼に本当の父親が他にいることを打ち明ける。そしてガリアンは真の父親を探す旅に出るのだが、叙事詩に記録された出生にまつわる物語で、ここまで劇的で濃い逸話も少ないであろう。数多くの冒険といささかありきたりな多くの登場人物の後、ガリアンはついに自らの真の父親オリヴィエと邂逅する。それはどのような状況だったろうか？　なんとそれはロンスヴォーの地で、オリヴィエの死に際においてであった！　長き時を掛けて探し当てた父親は、あと五分も保たない命だったのである！

このローランの高名な友人〔オリヴィエ〕は、自らの息子にかすれた声で「シャルルを愛し、ガヌロンに気をつけるのだ」とやっとのことで諭すと、息絶えてしまった。若き息子は虚無感にしばし打ちひしがれた後、最後に一度だけ父親の姿を目に焼き付けると、異教徒勢の真っ只中に切り込んだのであ

死したローランの手により騎士に叙任されるガリエン　『ガリエン・ル・リストア』より
リュック＝オリヴィエ・メルソン作

る。その後の彼の活躍と英雄的行為は比類なきものであった！　夜の帳《とばり》が下りる頃、騎士たちが目にしたのは全身を血に染め、山を下りてくる若き戦士の姿であった。ガリアンは、見事に父親の仇《かたき》を取ったのである。

この英雄は騎士ではなかった。しかしここに、人々は奇跡を目撃した。ガリアンの目前、皇帝の眼下に偉大なるローランの死体が横たわっていた。物音一つしない静寂のなか、オリヴィエの高名な友人〔ローラン〕の右手が剣を掴み静かに持ち上がり、刀身を握ってシャルルの方へと伸ばされたのである！　皇帝はその意味を理解した。而してシャルルマーニュがローランの遺志通り、この無比の武器をガリアンに授けようとしたその時、彼に啓示が舞い降りた。そして衝動的にこう告げたのである――「貴殿を騎士に叙する」と。かようなる比類なき英雄には、かようなる比類なき叙任式こそ相応しいのである。かくしてピピンの後継者〔シャルルマーニュ〕はローランの横に屈むと彼の手を取り、この死せる戦士の冷たい手をもってガリアンに肩打ちを授けたのである。かようなる叙任式の例は後にも先にも、他に類型が存在しない。多彩な中世騎士物語の中にあっても、これが死せる騎士の手により騎士が叙された唯一無二の例である。

第五の問い　いかにして〈Quom〉？

これで、いかなる人間に騎士号が授与されたかをご理解頂けたことと思う。そしていつ、何処で、誰によって叙任が行われるのかについてもまた、読み解くことが出来た。こうして最初の四つの問い「誰が？〈Quis〉」「いつ？〈Ubi〉」「何処で？〈Quando〉」「誰によって？〈Per quem〉」につき、回答が終わったことになる。こうして残りは第五の、最も難解で、而して最もつぶさに見ねばならぬ問いのみが残された。即ち、騎士とはいかにして叙任されたのか〈Quomodo〉？

多くの騎士道研究者諸氏はこの主題につき珍妙なる間違いを犯し、複数の時代を混同して記述することしきりである。彼等は、我々も繰り返し参照してきたあの魅力的な短編叙事詩『騎士団』を何度も読み返し、そこに記述された叙任の様式を教科書として忠実に参考にしたのである。しかし実のところ、耳に心地よくかつ理解の容易なるこの叙事詩は、一一世紀と一二世紀の騎士道に関し正しい理解を与えるものではない。聖ルイの時代に成された『騎士団』は、既述の通り騎士道に関し非常に進んだ概念を記しているのである。繊細で、詩的で、洗練された文化を。古の教会の典礼書に記されし『新しい騎士のための祝別〈Benedictio novi militis〉』もまた同様である。こうした作品は騎士道の理論的探求の末に生み出されたある種の「要約」であり、そこには原型も、根源も、「天然」も見出し得ないのである。

我々が本書の冒頭で見た単純で質素な騎士道の起源を思い起こして欲しい。それはゲルマン民族における若者への武器の授与に過ぎなかった。老いた戦士が新兵に斧か槍を手渡す——これこそ最も古の騎士叙任である。他に何の要素もなく、それのみが全てであった！

この最も原始的な萌芽に、世情を背景に他の要素が一つずつ加わっていった。この発展を今から見ていこうではないか。

叙任式の三形態——軍事式、キリスト教式、典礼式

武器こそ戦いに必要欠くべからざるものなれば、優秀な戦士の若者にこれが授与されたのは当然であろう。しかし一一世紀初頭までには高貴なる者は須らく馬上で戦うように社会が変化しており、全ての「騎士」は、その名前の通り騎馬兵となった。若き騎士たちは、駿馬に拍車を当て戦場に突進するところからそのキャリアを始めるようになったのである。こうして、拍車の授与という儀式が叙任式に加わった。

拍車の授与もまた順当と言えようが、当時の戦いの多くは一騎打ちであった。兵士たちは次から次へと戦い、もし騎士が鉄や鋼鉄の鎧を守らなければ瞬時に打ち倒されるか重傷を負ったであろう。ゆえに彼等は剣の受領に先立ち、鎧下着を着用し、鼻筋を護るカスクを頭に被り、その後に鎖帷子《ホーバーク》と大兜をまとうようになったのである。

そして式に先立ち心を落ち着け「体調を整えるため」、若き貴公子たちは叙任式の前に沐浴《もくよく》を行うようになった。即ち沐浴には、元来象徴的な意味合いも宗教的要素も存在しなかったのであり、ただ

純粋に健康上の理由であった。

若き騎士志願者は沐浴し、拍車を付け、服と鎖帷子をまとった。ここに厳粛なる瞬間が到来する。即ち、剣の授与である！　これこそ騎士叙任式の核心であり、神学的な言葉遣いを用いるなれば、騎士道における秘蹟である。これ以外の要素は全て飾りに過ぎない。

肩打ち《コレ》、即ち首筋への強力な一打もまた後年に導入された儀礼であり、必ずしもこの秘蹟に必須なる要素ではなかった。古の詩には肩打ちを伴わない叙任式を多く見ることが出来、かようなる場合には単に剣の授与式のみが行われた。では、一体いつの時代からこの強打が流行したのであろうか？　その起源は何であったのか？　そしてそこに込められた意味は？　これらの疑問については、後に紙面を割き一つずつ答えていきたい。いずれにせよ、この粗野な「承認」の強打は時に騎士志願者を気絶させる程強く行われたと伝えられ、この蛮行は常に次の短くキリスト教的要素のない若干の説教か助言を伴った。「勇敢たれ！」と。

叙任式の最後に、この新たに誕生した騎士は、自らの騎士としての素質を公衆の面前で証明することを求められた。彼は馬に向かって駆けると一飛びして鞍に跨がった。当時鐙《あぶみ》を用いることは恥と見なされていたのである。そして彼は数百の観衆の歓声の中をギャロップで走り去った。しかしそれだけでは、彼が戦場にて敵に対峙した際の戦技と力量を証明したことにはならない。そこで用いられたのが、杭《くい》や柱に括り付けられた「紛い物《ダミー》」や人形《ひとがた》、そして敵方の兵士からの武器戦利品であった。新任騎士は馬の歩みを止めることなく、それら全てを打ち抜く槍さばきが求められたのである。さらに後世になると騎馬戦訓練専用のクインティンが発達するのだが、この話は別の機会に譲ろう。かくして馬上での華麗なる槍さばきをもって、叙任式は締めくくられたのである。称賛と祝福の中を新任騎士は下馬し、その後静かに休息を取るか、または自らも宴に参加したのである。

これが、「騎士叙任式」の第一の様式である。世俗的で、ゲルマン的で、粗野なこの様式に教会の関与は何一つない。全ての要素は純粋に軍事的であり、ゆえに本書ではこれを「軍事式」叙任式と呼称するものである。

しかし教会が騎士という中世において枢要なる階級と距離を置き続けられる訳がなく、むしろ積極的に介入が模索された。中世において教会とは太陽がごとき存在であり、世界のあまねくを照らし、何物もその影響から逃れることは出来なかったのである。少しずつ、強制される訳でなく、目立った擾乱もなく、純粋な社会的な必要性のみによって、騎士叙任式は世俗儀式でありながらもキリスト教化された。ここで認めねばならぬのは、全ての国家においてこの変化が成功した訳ではないという事実である。しかし多くの土地において古き軍事式叙任が徐々に下火になったのは事実であり、こうした地では代わりに新たな様式が取って代わった。この変化は核心的で、かつしばしば決定的であった。容易なる変革など何もないのである。敬虔なる地域では騎士叙任式といういささか野蛮な儀式は神の高みに値しないと見なされるようになり、この嘆かわしい欠陥を補わんと急いだのである。ある騎士志願者は自らの武器をある修道院の祭壇に横たえ、その神聖さをもって自らの叙任をより威厳ある神秘的なものにしようと試みた。そして他の貴公子たちはそのさらに先を行き、聖職者たちに手ずから自らの剣を祝福するよう懇願したのである。ここで重要なのは、聖職者は騎士志願者の叙任者でもなければ推薦人でもないという点である。彼は剣を祝福したが、騎士に叙した訳ではない！

かくして意義深き一歩が踏み出された訳だが、これが変革の終わりではない。新たな叙任式に必要とされた今一つの要素は、騎士の献身に比類する、偉大なる支度の儀式である。叙任式への「道」とも言うべき支度の儀式の整備こそ、教会の次なる取り組みであった。教会ほど、騎士の支度に相応しい知識と経験を備えた存在は明らかに他に存在しないのであるから。初めは叙任式へ向けた支度としてミサを捧げるということが行われたが、当時の騎士志願者にとってミサとは日常的に挙げるものであり、これだけでは厳粛な特別感がなかった。十分ではなかったのである。そこで教会は思い出した。復活祭《イースター》とペンテコステの輝かしき前夜に徹夜で祈りを捧げ、夜明けの後に白き衣の洗礼志願者たちを洗礼する習慣を。

この徹夜祭に基づき、「武器の夜警」とも呼ばれる徹夜祈禱の習慣が生み出された。この徹夜祈禱は徹夜祭の模倣であり、ほぼ模写と言っても良い儀式であった。騎士志願者は明くる日の第二の洗礼式を前に、教会で夜通し過ごすようになったのである。これこそ、キリスト教色を増していた騎士叙任式に追加されたこの上なくキリスト教的な要素であった。叙任式の「キリスト教化」を締めくくるには、あとは叙任式の剣の授与の際に与えられる説教に若干、宗教要素を追加するだけで良かった。これは非常に単純である。「武勇あれ」と言う代わりにこう告げれば良かったのであるから——「神を愛せよ」と。かくして変革は成し遂げられた！

これこそ、騎士叙任式の第二の形態である。これを形容するには次の表現しかないであろう——「キリスト教式」叙任式、と！

而してキリスト教化は十分に成ったが、教会はこれに飽き足らなかった。中世において混在していた「軍事式」「キリスト教式」叙任式に加え、第三の叙任式を考案したのである。それこそ、教会内で完結した、純然たるカトリック典礼の叙任式であった。

その実現のためにはある種のクーデターが必要であった。世俗の人間は脇に置かれ、騎士叙任者ま

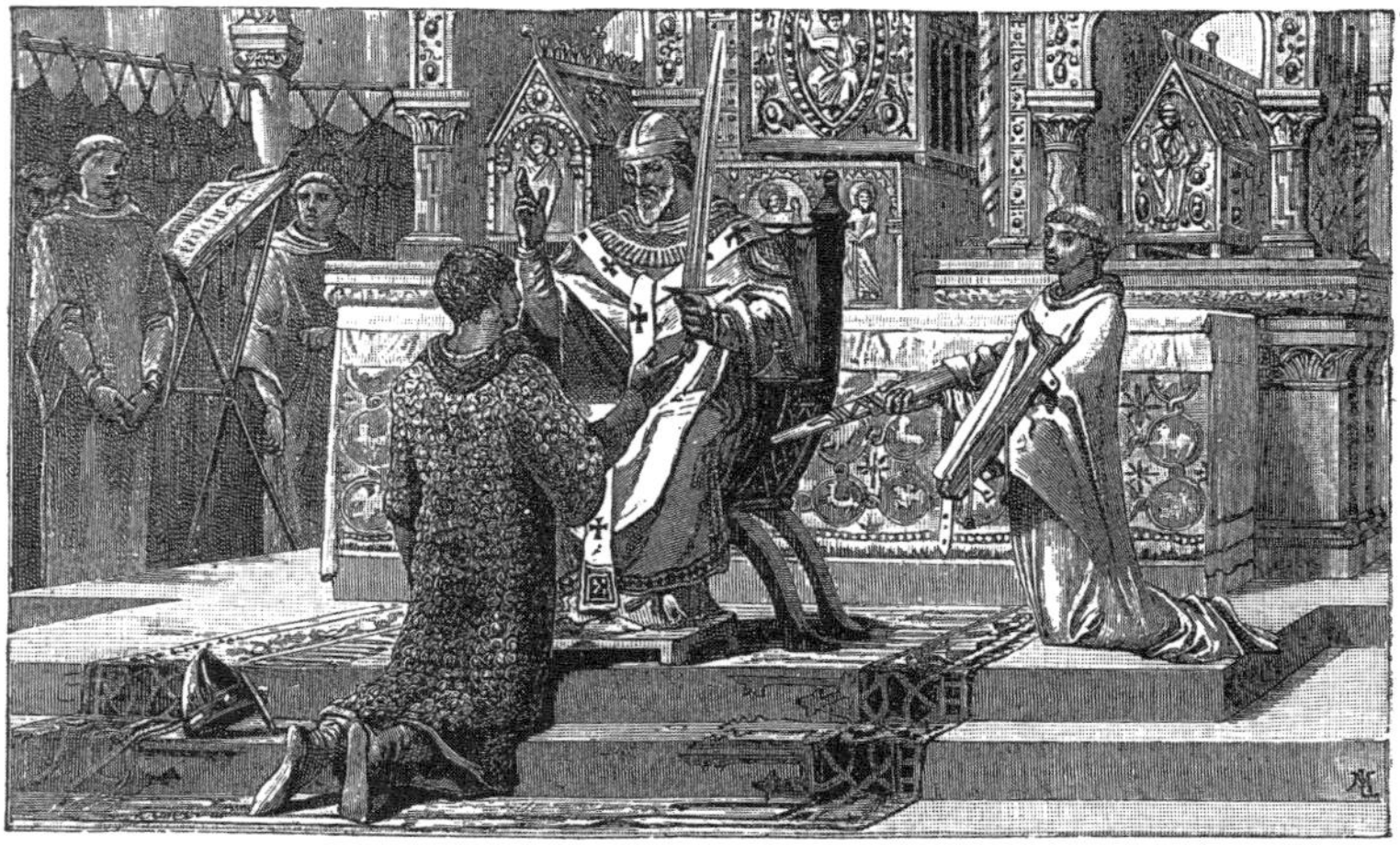

教会での典礼式騎士叙任式　リュック＝オリヴィエ・メルソン作

でもが聖職者に置き換えられた。司教が、今まで騎士や父親、領主や君主の占めていた地位に収まったのである。司教は祝福を与えただけでなく、剣を腰に佩用させ、「汝を騎士に叙する」と告げ、肩打ちを授けた。そして肩打ちの形もまた大きく変えられた——もはや、拳による打撃ではなくなったのである。司教の優しき手は、かようなる粗雑な行いには耐えなかったのである。かくして、剣の平《ひら》による優しい肩打ちの儀式が導入された。騎士の叙任式はもはや疑いようもなく宗教的に書き換えられた。それは叙任でなく、戦士の聖別〔物または人を神へ仕える存在として世俗から区別する儀式〕であった。この新たなる様式に関する既述は、叙事詩ではなく典礼書の中にこそ見出すことが出来る。

まとめよう。第一の様式は根本的に軍事式であり、第二の様式はキリスト教式であるが未だ世俗の式であった。そして第三の様式こそ「典礼式」叙任式であり、かようなる呼び方こそこの様式を表すに的を射たものである。

こうして読者諸氏は、九世紀から一一世紀の間に叙任式の三形態を生み出した「運命的な」潮流と真相を理解されたことになる。いや失礼！　私は少し叙任式につき少し淡白に描きすぎてしまった。さあ、今からは再び古の詩と物語の世界に入り込み、この叙任式の三形態の鮮明かつ血の通った例を見ていこうではないか！

史実に記録された軍事式叙任式

我らが叙事詩に最もよく登場する叙任式こそ第一の様式、即ち軍事式叙任式である。古い時代の史書や学術書には、実に荒削りながら素朴で簡素なるこの叙任式の様子が細かく描かれている。かようなる叙任式は古のゲルマン民族の「武器授与式」そのものであり、初期においては首筋への強打さえ観察されない。

この粗暴なる強打の儀式の誕生時期を特定するのはなかなか難事である。騎士の肩を打つという習慣自身は恐らく古より存在し、その起源は蛮族であろうと思われる。しかしながら、学術書によれば、かようなる儀式が最初に観察されたのは一二世紀なのである。征服王ウィリアム一世の在位一九年目〔一〇八五年〕のこと、彼は息子ヘンリーを騎士に叙任せんとした。この式の様子を歴史家は次の通り実にシンプルにしか伝えてない――「王は実に数多の武器を授与された！」しかし当時はこれこそ普通であり、かようなる表現には古の芳香をも感じることが出来る。ウィリアム一世自身もフランス王より騎士の証を授かっているが、そこでも肩打ちは観察されないのである。彼の時代、「武器の授与」という言葉そのものが神聖なる響きを持ち、そして詩的に捉えられていたのである。ドイツの地においてもまた、事情はノルマンディーやイングランドと同様であった。そして国王たちもまた、自らが騎士に叙任される際でさえ単に剣を受領するだけであった。未だ肩打ち儀礼《アコレイド》の形跡は見られないのである！

この細部の迷宮〔肩打ちという儀式〕にこれ程までに拘泥することを許して欲しい。ここに、ある年代記の一ページがある。マルムーティエの修道士が記せしこの年代記はいささか上から目線で形容詞をたっぷり用いて書かれており、あたかも武勲詩《シャンソン・ド・ジェスト》を写したかのごとく雄々しさが詰め込まれたラテン語の年代記である。ここには若きプランタジネット王家のジョフロワ四世〔一一一三―一一五一年〕の「騎士道」が記録されているが、このアンジュー伯の世継ぎがイングランド王ヘンリー一世から武器を受け取る場面がある。よいだろうか、時は一一二九年である！

ジョフロワは当時齢一五歳であった。彼は容姿端麗で、馬さばきにかけて彼の右に出るものはいなかったという。しかしこれは彼の有した美徳のほんの一端に過ぎなかった。フールク五世〔ジョフロワ四世の父親、アンジュー伯〕はある日、イングランド王から次の伝言を受け取る。「貴殿の息子をルーアンに寄越されたい。ペンテコステの日に我が娘〔マティルダ〕と婚姻させ、未だ騎士の身にあらぬ御子息を我が手ずから叙任せん。」かような命令を断る理由など何もなかった。彼はこれに従った。

若き世継ぎと旅を共にする名高き諸侯が五名選抜された。アルデュアン・ド・サンマース、ジャックリーン・ド・マイユ、ロベール・ド・セムブレンカー、ジョン・ド・クレルヴォー、そしてロベール・ド・ブロワである。ここにジョフロワ四世と同年齢の従騎士二五名と、堂々たる騎士の一隊が付き従った。彼等は出立すると、足早にルーアンに急いだ。「それまで一度たりと出迎えに腰を上げたことなどなかった」イングランド王さえ、彼等を出迎えるためにかの地まで出向き、そしてジョフロワを抱擁したという。暫くの歓談の後、王は若き世継ぎに様々な質問を投げかけ始めた。ある種の試験として。歴史家たちは、この騎士志願者は「優なる成績をもって」この試験に合格したと伝えている。この試験は非常に素朴で、数学に関する問題は含まれていなかったと聞けば安心される読者諸氏もおられるであろう。

こうして夜の帳《とばり》が下りた！　数多のキリスト教徒たちが受洗せし復活祭《イースター》と同じく厳粛なる祭日、ペンテコステの前夜である。夜が明ければ、ジョフロワとその同行者は騎士に叙されるのである。

未来の騎士たち一行はその時、街の館で粛々と儀式の支度を進めていた。この頃までには既に、叙任式の前に沐浴を行う風習が成立していた。象徴的な意味合いを伴うこともなく、ジョフロワと従騎士たちが水に飛び込んだ。その後、ジョフロワは麻の肌着を着せられ、金糸の刺繍が施されたローブとシルクの衣を身にまとい、金獅子が刻印された靴を履き、紫の胴衣を身に着けた。他の従騎士たちもまた、麻の肌着と紫の胴衣を着た。かくして若き一団は行進を始めた――きびきびと、威勢よく、雄大に、輝かしく！　行進の先頭はイングランド王子が率い、古の年代記編者たちはこの光景を躊躇《ためら》わずこう表現した。野のユリの中に咲く薔薇、と。

叙任式は青空の下で執り行われた。馬と武具が若き騎兵たちを迎えるために用意された。ジョフロワのために特別に用意された馬は見事なスペイン馬であり、その速さはまるで「鳥が飛ぶがごとく」であったという。かようなる表現は古の詩にもしばしば見られるものであり、この年代記編者はここから着想を得たのであろう。アンジュー伯の世継ぎは観衆の視線を一手に集めながらも微動だにせず、叙任式の全てをつぶさに観察していたという。彼はどんな強力な打突にも耐え得る二重の胸板を持つ鎖帷子《ホーバーク》に袖を通し、白銀のブーツを装着すると、獅子をあしらった盾を首から下げ、いかなる剣戟も通さぬ玉石で装飾された兜を被った。そして最後に、セイヨウトネリコから作られ、ポワティエ産の鉄の矢尻を持つ長く頑強な槍と、王の武器庫から供出された一振りの剣が授与された。それも叙事詩に詠われし名匠ガラントの、目を見張る職人技の光る逸品が。

かくして叙任は成された。若き世継ぎは頭から爪先まで武装し、彼は騎士になったのである。彼に残されたのは、鐙に頼らず馬に飛び乗り、宴を締めくくる模擬戦に参加することだけであった。もっとも、「締めくくる」という表現は適切でないかもしれない。歴史家によれば、宴は七日間も続いたのだから。そして八日目にジョフロワの結婚式が執り行われた！

これが、マルムーティエの修道士ジャンが記録した叙任式の全てである。彼はその表現の一部を叙事詩から借りたきらいがあるとは言え、その叙述は本書で扱うに値うものである。装飾品の輝かしさと軍装の美麗さ、そして宴の長さは差し置いても、この第一の様式の叙任式のシンプルさをご理解頂けることと思う。古の武器授与式に、せいぜい沐浴と甲冑の装着が加わっただけなのであるから。肩打ち儀礼《アコレイド》も、説法も、クインティンの披露さえもない。

叙事詩に詠われた軍事式叙任式

先の儀式が一二世紀、フランスで最も大きな都市、最も洗練された県の中心で記録された王室の行事であったことを思い起こして欲しい。このことは、同時代の騎士叙任式が一般に同様の流儀に沿っていたことを強く示唆するものである。この観点から、叙事詩に詠われた軍事式叙任式は史実に記録されたそれと齟齬《そご》なく、かつ劣らず洗練されたものであると言える。私は敢えて、叙事詩に記録された叙任式こそより歴史に立脚し、而してより真実に近いものであると主張したい。

『オーベリ・ル・ブルゴワン』を開かれるが良い。この「蛮族の詩」を！　そして見るが良い、この叙事詩の主人公がいかに命の恩人ゴーティエを騎士に叙したかを！　オーベリ・ル・ブルゴワンはゴーティエに最高級に壮麗な装備を身にまとわせ、武器を授与し、そして優れた馬を与えた。これが叙任式の全てであり、詩人はためらうことなく「かくして彼は騎士階級の一員となりし」と語ったのである。何も複雑な要素など観察されないのである！

『オジエ・ル・ダノワ』においても同様の素朴さが観察をされるが、その光景は一層壮観である。異教徒が占めるローマを奪還することを固く決意したシャルルマーニュは、ついにこの永遠の首都の目前に迫っていた。若きオジエは果敢なる奮戦をもってその地をサラセン人の血で染め果て、その英雄的行為に〔キリスト教〕軍は熱狂した。この武人の若さにいささかの不安を覚えていた皇帝も、その光景を前にするとすぐさま下乗し、戦いの最中にも関わらず自らの剣をもって彼を騎士に叙した。詩はこの光景を簡潔にこう記す。

戦の只中にありてシャルル大帝、
その身に佩用せし剣をオジエの腰に佩《は》かせり。
而して金色を煌めかせ、
騎士オジエは突撃せり！

詩の中には、俗な観点から叙任式を記述したものも多く存在する。例えば『ガラン・ル・ロレーヌ』の作者はオーベリが騎士に叙されし光景を描く時、その儀式の描写に殆ど努力を割いていない。武器の授与にさえ軽く触れたのみである。代わりに、この若者の屈強な外見には賛美を惜しまず、その肩幅の広さを興奮して記している。ここからは当時の人々の雄々しさへの憧憬が垣間見えると言えよう。「彼を見よ！」とガランは兄弟ビジョンに熱っぽく言う。「かの人こそ、きっと素晴らしき諸侯《バロン》

ローマの城壁を巡る熾烈な戦いにて王の軍旗を託された騎士アロリーだったが、臆病風に吹かれ一人戦場から逃げ出してしまう。それを見たオジエはアロリーから力づくで軍旗を奪うと、これを翻し一人敵陣に突撃した。この英雄的行為によりフランス軍に勝利が呼び込まれた——『オジエ・ル・ダノワ』より　エドゥワール・フランソワ・ツィエール作

にならん!」と。

『ラウール・ド・カンブレー』の作者に繊細さを期待するのも無理というものだが、この作品中にてカンブレー伯がベルニエールを騎士に叙任せし時、彼は単に武器を与えたのみであった。これを受けたベルニエールは剣を黄金の剣帯に挿し、金鋲で留められた槍旗のはためく槍を執り、観衆の諸侯たちの中を早駆けしてみせた。これを見た諸侯たちは彼の馬さばきの巧みさに驚嘆したという。

かようにして叙事詩における第一の叙任式の例を足していくことは容易《たやす》いが、ここはあと一、二例に限って深く見た方が理解の助けになるというものであろう。今一度、あのおぞましい古き詩『ガラン・ル・ロレーヌ』を紐解き、最も肝腎かつ決定的なる叙任の場面を見てみよう。この場面の主役は老騎士フロモントと、彼の息子であり若き小姓のフロモンダンという対照的なる二人である。この若者が二〇人の従者を率いて堂々と行進する姿を目にした叔父のベルナール・ド・ナシルは、彼に駆け寄り頬にキスをすると、フランドル伯ボードゥアンを呼び寄せ興奮してこう言う。「見給え、我らが誇らしき甥を!　さあ、今すぐフロモントに彼を騎士にするよう推薦しようではないか。」ボードゥアンもこれに同意し、「よしきた。さあ、行こう!」と言うや否や、フロモンダンを父親の元に連れて行った。しかしその父の反応の無礼さと言ったら、見ものであった。この冷徹な人間は何を言われようと息子が屈強に育ったことを頑として認めようとせず、息子は敵に槍を突き立てるには胸板も薄すぎ、腕力も足りないと主張し曲げなかった。「貴兄の息子の頑強さを、その容姿端麗さを見給え!」と兄弟に繰り返し言われるも、身分が上のベルナールとボードゥアンの頭脳に堂々と反論するこの老人はただこう返すだけであった。「彼は未だ、若すぎる」と。しかし彼等は、粘りに粘り理論立てて説得を行った。結果、とうとう父は折れ、息子の叙任を受け入れたのである。そうと決まれば、彼はその場で叙任式を一時間後と決めた！

直ちに沐浴の準備が整えられ、水が湛えられた。フロモンダンは一番の風呂桶に、彼の従者たちは他の風呂桶を使った。外からは馬のいななきと、手綱を引く従騎士たちのお喋りが漏れ聞こえてくる。この尊き人類の友人の動物の群れにおいて、一際衆目を集めていたのが老フロモントの愛馬ビューセントであった。若きフロモンダンは外に父の愛馬のいななきを認めると、直ちに風呂桶から飛び出し、素足のままひとっ飛びして馬に跨った。そして叔父ベルナール・ド・ナシルの元に早駆けすると直前でその身を翻し、悪戯《いたずら》に父の真似をしてみせた――「やあ老いた殿方よ、今日はくつろいでくれ給え」と。ベルナールは危うく落馬する程驚き、それを見てこの若者は腹を抱えて笑った。叔父は眉ひとつ動かさず、代わりに甥《おい》に次の説教をした。「喜んで寛ごうではないか――お前が次の三つの言いつけを守るならば。一つ、まずは拍車の使い方を覚え給え。二つ、年上の騎士を敬うことを覚え給え。そして三つ、貧者には惜しみなく分け与え給え！」叙任式はこのささやかな講話によって締めくくられ、盛大な宴が始まった。剣の授与式についてはその記述すら見当たらない。

ブローニュ伯ウスタシュ二世の息子ゴドフロワが騎士叙任の栄誉に浴した時代こそ、肩打ち儀礼《アコレイド》なき叙任式の最後の時代であり黄金期であった。ゴドフロワは父により、「いかなる王や将軍でさえも見たことのない程豪華な軍装」と共に叙任された。その上っ張りは最上級の品質のもので、大兜はトパーズ、エメラルド、サファイア、ダイアモンド、鉄磁石を始めとした貴石の数々がふんだんにあしらわれていた。そして彼は最後に剣を授与された。数多のキリスト教徒の敵を切り倒してきた、あの名刀アゴラントを。この名刀が名匠ガラントの手による、かのローランの愛剣デュランダルと双璧を成す伝説の剣であることは、今更読者諸氏には説明するまでもないであろう。そして彼は二匹の白き子獅子をあしらった盾を首から吊るし、地面まで垂れる白き装飾が施された軍馬が彼のため引き立てられた。ゴドフロワは並ぶ者のなき騎手であり、三羽の鷲を槍旗にはためかせたる太き槍を手にした姿は、まことに壮観であった。「さあ、戦場へ！」こう彼は叫ぶと、同時に叙任された騎士たちを率いてギャロップで走り去り、叙任式を締めくくった。それに続いたのは勿論大宴会であり、トゥルバドゥール〔一一～一三世紀に南仏などの貴族の館を巡った叙情詩人〕が歌い、遊芸人が語る中、盛大にご馳走が振る舞われ、夜明けと共にようやく宴はお開きとなった。

「肩打ち」の導入

かように肩打ち《コレ》あるいは「一撃」なしの叙任式を記録しているゴドフロワ・ド・ブイヨンを題材とした叙事詩であるが、その成立時期は一三世紀以前としか判明していない。一方フランスの一部地域においては、こうした年代のずっと以前から肩打ちが一般的に行われてきたことが分かっている。私の研究はかような風習が北方からフランスに齎《もたら》されたことを示唆しており、一一世紀からそう遠くない過去にこの地に定着したと考えられる。一二世紀の年代記と叙事詩には既に肩打ちによる「叙任」が汎く観察され、時代が下がるにつれその内容から粗暴さが消え、より洗練され優雅な様式へと変化していくことが見て取れる。

あまり知られていない一二世紀の歴史家ランベール・ダルドレは、自身の魅惑的な年代記の殆ど全てのページでこの殴打の儀式に言及していると言っても過言ではない。彼の記録したギネの地におけるアルヌルフ二世とアルドレ伯らの叙任式を読み解くことで、この野蛮なる儀式の随一の例を見ることが出来ると言ってよいだろう。彼はこの「軍事式強打」、つまり肩打ちの様子を端的に鮮やかに描写している。

場面は一一八一年のペンテコステの日、場所はギネである。この日を祈り祝うために集まった多くの人々の前で、若者に「反撃を許さぬ強打の一撃」が与えられたという！　この歴史家は、この儀式を神聖視するいかなる努力も払っていない。「反撃の許されぬ強打」という表現はあまりに世俗的過ぎ、この騎士階級への入団への儀礼に対する表現としてはあまりに簡素に思われる程である。

他にも軽く一ダースは類似の叙事詩の例を挙げることが出来ようが、ここではそれを控え、代わりに歴史の針を一気に一三世紀まで進め、より柔和に変化したこのゲルマン的儀式を見てみようではないか。

『ベルギー大年代記』の作者は、この時代の叙任式においては既に騎士志願者たちの大多数が首筋への全力の強打を嫌い、代わりに軽く叩かれることで満足したと記録しているのである。その一方で同じ年代記は、一二四七年神聖ローマ皇帝に選ばれしホラント伯ウィレム二世が神聖ローマ皇帝により首筋への酷い一撃と共に騎士に「叙任された」こともまた記録されている。このことから一三世紀には既に肩打ち儀式が浸透し終えたことが窺え、歴史上この儀式が社会に定着したのはランベール・ダルドレから『ベルギー大年代記』までの間と結論出来る。

叙任式に記録された肩打ち

我らが古の叙事詩もまた年代記に劣らず確かにこの粗野な儀式を記録しており、一三世紀の初めには、この強打の美しく芸術的な描写が見られる。エリー・ド・サン゠ジルが初登場する場面は、荒削りながら事実に即した傑作である。エリーの父ジュリアンは見事な白ひげを蓄えた誇り高き諸侯の一人であった。彼は一度たりとも不名誉な行いを犯したことなどなく、裏切り行為とも無縁であった。彼は聖職者を敬い、貧しき旅人たちのため避難所や橋の建設を命じている。この場面において彼は騎士に叙任されてから既に一〇〇年が過ぎており、ここにようやく引退し休息することを決意したのであった。

ジュリアンは息子を呼びつけ、彼の闘争心に火をつけるため、未だ何の手柄も上げていない不首尾を叱りつけた。彼は嘆いた——「私が貴様の年齢の時、私は既に星の数ほど城塞を、砦を、都市を攻め落としていたと言うのに！」と。しかし、それに続けて、貴様の居場所は城より修道院か牢獄が相応しかろう、などと煽ったのは行き過ぎであった。エリーはかような侮辱に耐えるより、直ちに城から出ることを決意したのである。老人は再び嘆いた——「口を慎め、哀れなる若造よ。武器も持たず、従者も連れずここを出る時、世の人々がいかほど貴様を馬鹿にするか想像出来ぬのか。〝彼の若者を見よ。彼は白ひげジュリアンの息子ではないか？　定めし勘当に疑いなし。〟こう言われるに決っておろう。いかん、発つことは許さぬ。代わりに貴様を騎士にしてやる。今ここでだ。」そして父は侍者たちに向かって、「クインティンを用意し、私の武具を持って来い」と命じた。

かくして叙任式が直ちに始まった。息子に剣を授与すると、この百年騎士は拳を固く握りしめ、首筋を全力で殴りつけた。これには若者もよろめいたという。この新任騎士はこの仕打ちを侮辱を感じ、顔を赤らめると小声で吐き捨てるがごとくこう呟いた。「ああ、もしこれが貴方でなければ。だが貴方は我が父なれば、耐える以外にいかんせん。」そして彼は外面上は平静を装い、誇り高くゆっくりと頭を上げると、一気に馬に跳び乗った。そしてクインティンを相手に見事な槍さばきを披露したのである。「彼は勇敢な騎士になろう！」と父は喜びに満ちて叫んだ。しかしその陰で母は、息子がもうすぐ家を出てしまうことに心を痛めていたのである！　この場面は実に中世的であり、人間的である。

肩打ち儀礼の定型

肩打ちは二つの行為と、一つの式辞により構成される。拳を握りしめる行為と、それを力強く騎士志願者の首筋に振り下ろす行為、そしてそれに続く一言か二言、あるいは厳しい軍事的な教戒である。「真の騎士として、敵の前で武勇あらんことを！」とか、「主君に忠誠たれ！」、場合によっては一層単純に「勇敢たれ！」などといった。この二言こそ、新任騎士たちが胸に銘記すべき全てを物語っている。

サン＝ジルの逸話よりは劣ると言わざるを得ないが、さりとて本書で取り上げる価値がある詩が、恐らく古の様式を復活させた素晴らしい中世騎士物語《ロマンス》『ジラール・ド・ヴィエンヌ』の次なる場面である。

「貴公子」アイメを叙さんため、ジラール公とその兄弟が平原に集えり
従騎士が美麗な鎖帷子《ホーバーク》をまとい一列に並びしその前で
ジラールは自らの愛剣を授与せり
而して固く握った拳を振り下ろせり
「私をゆめ忘れるなかれ。アイメよ、そして、勇敢たれ！」彼は叫ぶ
「感謝します、わが主君よ」若者が返す

「我は勇敢に戦わん、神に値する騎士たらんために。」
アラブの駿馬が引き立てられ、彼は跳び乗りし
首には円盾を下げ、その手には愛用の槍をしかと握り、馬の背には蜂蜜酒を括り付けて
人々は口々に言いけり、「彼こそ真に輝かしき騎士なり」と！

これこそが定型であり、これ以上の例を挙げる必要はないであろう。最後に一つ重要な観察を付記するなれば、この「肩打ち《コレ》」という元来叙任式の一部ですらなかった儀礼が、時代を経るにつれ他の儀礼を飲み込み、いつしか騎士叙任式そのものとなったという点であろうか。これより後の時代になると、奇妙だが、本当に「肩打ち儀礼《アコレイド》」のみにより騎士が叙任される例が見受けられるようになるのである。そして全力の強打は野蛮過ぎると見なされ、より柔和でエレガントな代替が導入される。拳の一撃とは！　なんとまあ！　野蛮な、無礼な！　とでも言うように。確かに、それに代わる「軍刀《サーベル》の平《ひら》で肩を軽く打つ」という新たな様式もまた十分軍事的であり、かつ疑いなくより優雅である。而して暴力を嫌う教会は、進んでこの新しい肩打ちの様式を取り入れた。粗野で無作法なる肩打ち《コレ》は拳からより詩的なる剣の平へと移り変わり、そしてある種の言葉遊びにより〔フランス語のaccoladeは祝福、抱擁の意味であり、語源はラテン語のcollum（首）〕、今日「肩打ち儀礼《アコレイド》」として知られる様式へと生まれ変わったのである。そして肩打ち儀礼《アコレイド》は、剣の平でなく、代わりに信義や秩序を象徴する接吻により授けられることさえ稀ではなくなったのである。

軍事式叙任式にかかる研究はこうした所で十分であろう。次は、キリスト教式叙任式を見ようではないか。

草木の息吹の中、ジラールが今まさにアイメを騎士に叙任しようとしている。「私をゆめ忘れるなかれ。そして、勇敢たれ！」『ジラール・ド・ヴィエンヌ』より　リュック＝オリヴィエ・メルソン作

キリスト教式叙任式

キリスト教式騎士叙任式は歴史上突如として観察されるようになった様式ではなく、また発明心に富んだ賢人により突然考案されたものでもない。むしろそれは徐々に浸透した風習であり、ある意味においてキリスト教の騎士道への進出とも取れる動きであった。軍事行動のことで頭が占められた諸侯たちが、信仰と敬虔さの具現たる存在となるまでには長き時が必要だったのである。しかし事実、この変化は起きた。時間をかけ、ゆっくりと。

　この変化の過程での最大の発明こそ、「武器の夜警」と名付けられた徹夜祈禱の儀式であろう。この発明は無から為されたものではない。なぜなら、我らの信心深き先祖たちは既に復活祭《イースター》とペンテコステの前日に徹夜祈禱を捧げる習慣を有していた上、一二世紀初頭の優れた作品群において描写されるように、騎士たちは古くから「寝ずの夜警」を行ってきたのであるから。ゆえにこの「武器の夜警」という儀式はある種の模倣とでも言おうか、既存の風習の「順応」に過ぎないのである。古の騎士たちは毎日ミサに参列することが習わしであったのだから、あとは武器を祭壇に供えさえすれば、岩の上に誓約を記した羊皮紙を置き祈る古代の誓いの儀式にも似た、新たな誓約の儀式が誕生したのである。

　さらに、肩打ちの授与に続く騎士による説教に神の御名が登場するようになり、宗教色が色濃く見られるようになったのも、ある意味では自然な成り行きであったと言える。「勇敢たれ」との言葉の後に、幾つかの段階を経て、「イエス様の愛と犠牲をゆめ忘れることなかれ！」との言葉が続くようになったことは、最早驚きではあるまい。

そしてもう一つ、騎士の剣の祝福という特別なる儀式についても触れねばなるまい。とは言え、教会は古くより、住居や新婚の部屋、大地の初穂、パン、卵、さらにはより日常的な物にも祝福を与えてきた慣習があり、キリスト教の敵を打ち倒す槍や剣、さらにはキリスト教の戦士を守る兜と鎧下に祝福を与えるのは、当然すぎる成り行きであったと言えよう。

我々はここで、第二と第三の騎士叙任式を正式に区別する必要がある。私が「キリスト教式」「典礼式」と注意深く異なる用語を用いたのは故なきことではないのである。剣に祝福を与える行為と、武器の授与そのものを祝福する行為は全くもってその意味合いが異なる。キリスト教式の様式において執り行われる剣の祝福は、聖職者が剣を前に十字を切るのみである。一方で典礼式の様式においては、平信徒でなく、聖油で清められし司祭その人の手により剣が授与され、新任騎士の腰に佩《は》かせられるのである。「強き者よ、大腿に剣を帯び給え」という文言と共に。そしてもう一つ、第二の叙任式と第三の叙任式を分ける決定的で間違えようのない差異が存在する。それは、キリスト教式叙任式は常にその国々の言語により執り行われた一方、典礼式叙任式では常にラテン語が用いられた点である！

騎士叙任式の三様式の内、最後に後世まで生き残ったのがキリスト教式であった。軍事式は粗野すぎ、典礼式は厳格過ぎた上、教会による騎士階級への介入として一部から忌み嫌われたのである。介入という批判は行き過ぎとは言え、騎士たちは自らの手で騎士を叙任することを好んだことは事実であり、その為には誠実に遂行されたキリスト教式儀礼で十分満足だったのである。

キリスト教式叙任式は、中世を通じ一度ならずその様式を変えている。叙事詩『騎士団』は儀式が表現する複雑なシンボリズムに関する記述で溢れており、そこにさらに一四・一五世紀になり、現代的騎士道にも通ずる、より機敏で洗練された要素が加えられた。我らが詩人たち、作家たち、画家たちは見たところお互いの作品を確認し合う作業とは無縁であったようで、各々の作品がキリスト教式叙任式について十人十色の描写をしている。ゆえに本書において我々に課された任務は、その歴史的な出発点を明らかにし、その上でいかに本儀式が発展したかを読み解くことであろう。

キリスト教式叙任式の五要素

有難きかな、我らが叙事詩はキリスト教式叙任式に関する記述で溢れている。しかし一方で、キリスト教式叙任式を特徴付ける五つの要素全てを含んだ叙事詩を見つけることは稀なのである。その五要素とは、武器の夜警、厳粛なミサ、武具の祭壇への供物、剣の祝福、そして剣での肩打ちとそれに続くささやかな説教を指す。もっとも、この点につき読者諸氏が深く考える必要はない。前述の要素のうち一つ二つでも観察されれば、その「叙任式」は一二・一三世紀においては科学的に軍事式から十分区別し得るのだから。

(1)武器の夜警　ブローニュ伯ウスタシュの長子は騎士階級への叙任に当たり、聖母マリアの名において徹夜で祈禱を捧げ続け、朝課の声が聞こえ始めるまで修道院を離れなかったという。エムリ・ド・ナルボンヌの甥ハーヴィス・ド・ロレーヌも、ジラールも、ギエランも、アンセイス・ド・カルタージュの息子ギーも、そして五〇以上の騎士志願者たちも同様に夜通し祈禱を捧げている。

(2)厳粛なミサ　ミサについては、ジラール・ド・ヴィエンヌにより、彼の時代の騎士志願者たちは武具を拝受する前に敬虔にミサに参列することが風習であったと記録されている。

(3)武具の祭壇への供物　しばしば互いに食い違うイングランド《ウィリアム》王側とフランス王側の記録である

が、武具をとこしえに神聖なものとするため、これを祭壇に供えたという心打つ逸話においては共通している。同時代の作家ジョン・オブ・ソールズベリーは、この儀式は古の昔に由来するものであり、当時は一般的に見られたとラテン語で書き残している。

（4）剣の祝福　とりわけラテン語の年代記において、この剣への祝福という儀式への言及が頻繁に見られる。そして先に見た古のカトリック典礼書と、そこに記された『新しい騎士のための祝別』は、世俗の者が剣を授与することを認める一方、武器の授与そのものを祝福出来るのは司教のみであると定めているのである。

（5）説教　こうして最後に説教が残ったが、この説教こそ、時代と共に最も大きく変わった部分である。それは初め非常に荒削りで短いものだった――「勇敢たれ！」と。しかし時が経つにつれ徐々に宗教色が加わり、よりキリスト教化が進んだのである。次に「神が汝に勇気を与えんことを！」と。それが暫くの後、いささかの紆余曲折の後、こんな敬虔な文言に変化したのである――「汝が剣を受けるのは、主の戦士たる為なり！」と。説教の文言には細かな表現の違いが見られるものの、これは歴史上の差異として理解さるるべきである。

キリスト教式叙任式における各儀式の意味

我々はここまで象徴的《シンボリック》な要素とは無縁であったが、実のところ象徴主義《シンボリズム》が儀式に登場するには今暫くの時間が必要なのである。一三世紀以前、叙任式は宗教的なものであり、象徴的な要素は存在しなかった。

しかし我々の手元には、あの学術的で、教義的な叙事詩、高尚かつ人を惹きつける『騎士団』がある。本作品はいささか強引なきらいはあるが、騎士叙任式のシンボリズムを魅力的に昇華させ花開かせた作品と言えよう。『騎士団』は芸術作品でありながら、ある種の学術論文でもあった。その内容はいかなる武勲詩や人気のある叙事詩においても類型が見当たらない。

　場面は聖地、作品は対話形式で綴られている。対話の片方は囚われの身となりしキリスト教徒の騎士ユー・ド・タバリー、そしてもう一方はかの強大なる異教徒の王子、征服者サラディンである。この叙事詩において、この征服者は囚われの騎士にまるで鉄が磁石に吸い寄せられるかのように惹かれている。理由は単純であった――彼は騎士になりたかったのである。これが詩の主題である。

「騎士とはいかに生み出されるか？」これこそ、不安の色が窺えるサラディンによる最初の真摯《しんし》なる問いであった。しかしこの騎士の返答は高慢であった――「騎士たる資質の第一はクリスチャンたることなり」と。この叙事詩において騎士ユー・ド・タバリーは、このスルタンには神聖なる騎士階級への道など存在しないことをあけすけに伝えたのである。「貴殿は正しき信仰を持たず、また洗礼を受けておらず。ゆえに貴殿を騎士に叙するなど、まるで馬糞の塊を絹の衣で包むがごとき愚行なり」と！　この騎士は礼儀の面では卓越していなかったようだが、この場面においてそれは何ら問題ではないだろう。さりとて、ここではサラディンこそ征服者であり、彼は自らを騎士に叙するよう重ねて強く命令した！　そして捕囚の身たる騎士はそれに従うほか選択肢などなく、仕方なくサラディンの騎士叙任式を始めたのである。一つ一つの儀式に、熱意を込めた解説を加えながら。

　初めに沐浴が行われた。騎士は告げた。「あたかも洗礼盤から出てきた赤子が洗礼後罪に汚れていない状態であるがごとく、貴殿も罪に汚れていない状態でこの沐浴から出てこなければならない。」この比喩は明快かつ高貴であり、読者諸氏の頭脳であればこの理解は容易であろう！　この「騎士志願者」は見違えたように晴れやかな表情で沐浴を終え、次に寝床に連れて行かれた。「貴殿は天国における休息所を自ら勝ち取るべく努力を怠らぬように——これこそ騎士道の本質なれば！」騎士は寝床での休息の意味をこう説明した。サラディンは注意深く耳を傾けつつ儀礼を尊重する姿勢を見せ、次に初代教会において洗礼志願者がまとった白きローブを着せられるがままに任せた。騎士は続けた。「貴殿は天に昇らんとする者なれば、その心と身体は須らく純白に保たれねばならない。」こうして純潔にかかる教戒が行われた後、騎士は次にその上から紅の衣をはおらせた。「そしてゆめお忘れにならぬよう。貴殿は聖なる教会の守護のため、その血を流すことを躊躇することがあってはならぬ！」そして支度の締めくくりとして彼は黒き靴を履かされた。これは彼が大地から生まれ、そしていずれ大地に帰ることを思い起こさせるものであり、虚栄心を戒める意味があった。

こうして支度が終わると、騎士の態度と振る舞いはより一層厳粛になった。その時が近づいていたのである。騎士の手により、サラディンの腰に剣帯が締められた。剣帯の色は純白であり、ここでも騎士がキリスト教の戦士であり、教会の守護者であり、純潔こそが肝要であることを思い起こさせた。そして黒き靴に、黄金の拍車が取り付けられた。これは騎士が、拍車を当てた軍馬と同じ位の速さで神の御意思に従うべきであると諭すものであった。そして遂に、騎士の騎士たる証の武器が授与される時が来た——諸刃の剣である。「貴殿が一方の刃において貧者を抑圧する富める者を打ち、もう一方の刃において弱者を抑圧する強き者を打たんことを！」これこそ騎士道の真の本質である。即ち我らが既に解き明かした通り、騎士とは武器を持たぬ真実の守護者なのである。

今暫く些末な儀式が続いた後、叙任式の終わりが到来した。終わりに、新任騎士の頭に白き帽子が被せられた。その意味するところはここまでと同様であり、最後に今一度、汚れなき魂を保つことの重要性が諭されたのである。罪を犯さず、もし過ちを犯せし時は悔恨により赦しを願う魂の重要性が。最後に騎士ユー・ド・タバリーによる肩打ちをもって叙任式は締めくくられるはずであったが、流石《さすが》に征服王を殴打することに気が引けたこの騎士は、代わりに次のささやかな説教を打つことで叙任式を締めくくっている。

騎士がその名誉のため命を賭して守るべき四つの命令あり。
一つ、裏切り者に与せざるべし
一つ、未婚と既婚とを問わず婦女子を敬いすべての侮辱から守るべし
一つ、断食日と禁欲日を厳格に守るべし
一つ、ミサに毎日参列し修道会への寄付を怠らぬべし

喜びに満ちたサラディンは真摯にこの説教を聞くと、学んだキリスト教精神を発揮し、高貴で立派な教戒を与えたこの捕虜を直ちに釈放したのであった！

これが叙事詩『騎士団』である。

キリスト教式叙任式の複雑化（～一五世紀）

まことにキリスト教的、霊的な記述が目立つこの『騎士団』は、作者の想像力に依る部分が大きいことが否定出来ず、ゆえにこの叙事詩で説明される象徴的意味合いについては全てを文字通り取るべきではない。またカトリック国家において全てこの通りに叙任式が理解されていたと見なさるるべき

ではない。一方で、少々神学的で突飛にも思える内容にも関わらず、この叙事詩が騎士道に多大なる影響を与えた作品であることもまた否定出来ない。否、より正確には、この叙事詩のみに限らず、一連の叙事詩で表現された一連の教義の影響と言うべきであろうか。いずれにせよ、正確さについてはいささかの疑問の残るこうした叙任式のシンボリズムを記述した作品群のお蔭で叙任式には次々と新たな儀式が追加され、叙任式は一四・一五世紀頃までには極めて複雑で、解説に労を要する儀式へと変容した。

初めに厳格な断食が、そしてそれに続けて聖職者と騎士推薦人を伴った何夜もの聖堂の側廊における祈禱が行われた。そこではゆるしと聖体拝領の秘蹟が実施され、騎士志願者が自らの信心深さと敬虔さを示す機会として利用された。その後、清純さを象徴する儀式へと完全に変容した沐浴が執り行われ、騎士志願者には初期の修練者を象徴する純白のローブが着せられた。そしてありとあらゆる論文を引用しての長い説教が聖職者により授けられた。こうした要素の全てが、後の時代には叙任式への盛大な支度の儀式の一貫として組み込まれるようになったのである。

しかしこれは全て叙任式の導入部であり、あくまで入り口に過ぎない。あたかも、騎士階級という門に向かって敷かれた道のように。そしてとうとう、騎士志願者が門に辿り着く。そう、荘厳なる叙任式の日の夜が明けたのである。志願者は厳粛に教会に入ると静かに祭壇に近づき、刃の部分を捧げ持ち剣を聖職者に捧げる。聖職者はそれを典礼に則って祝福すると、剣を若き志願者の首に下げた。叙任式の最後をそのまま教会で執り行うか、青空の下で行うか、それとも城で行うかは未来の騎士に任されていた。そしてどの場合においても、この見せ場は志願者が叙任者の元に赴き、剣を差し出すことで始まった。

「貴兄はいかなる理由にて騎士への叙任を望まれるか？　そして貴兄は、真に騎士たる名誉と信仰を求めることを誓うか。」この叙任者の問いかけに、若き諸侯は毅然とした口調で、観衆を満足させるべく予め考え抜いた返答を返した。叙任者は長い答辞を以てそれに答え、彼の騎士叙任を認めることを公衆に告げたのである。まず剣が腰に吊るされ、次に左の拍車が、次に右の拍車が取り付けられた。その後、貴婦人が陪席している場合には、彼女らの助けにより甲冑を装着した。鎖帷子と鎧下、次に胸当て、鎖手袋と籠手が装着された。こうした防具の数々は、美術館の展示品から想像するに、装着するには重く騒々しいものであったろう。

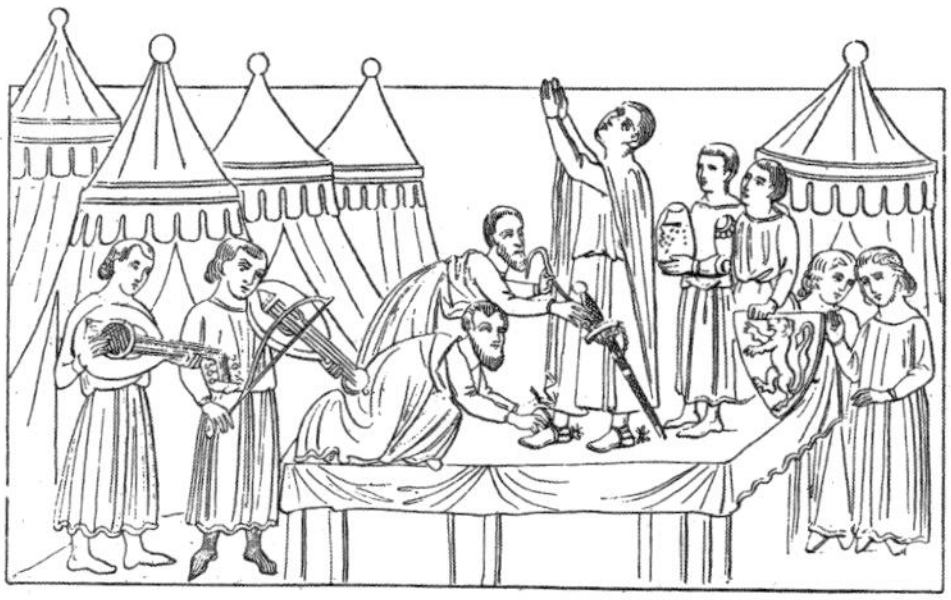

騎士叙任式（Bibl.nat., fr. 782 に基づく）

　そしていよいよその時が来た――新たなる男、騎士へと生まれ変わる時が！　志願者が跪くと、叙任者により剣の平で、肩か首筋が三度叩かれたのである。場合によっては古の風習に則り、素手が用いられた場合もある。しかしその場合でも最早殴打は行われず、単に頬に優しく触れるだけであった。時代を経て、全てが洗練されたのである。

　最後に叙任者が厳粛に告げた――「神と大天使ミカエル〔武器を扱う職業の守護者として崇められる天使〕と聖ゲオルギウス〔ドラゴンを倒し王女を救った伝説を持つ騎士の守護聖人〕の名のもとに、貴殿を騎士に叙する。」かようにして叙任式は終わりを迎え、ここに新たな騎士が一名誕生した！　この新任騎士は直ちに大兜を被り、盾を構え槍を手に取った。観衆は「さあ、馬へ！」と囃し立てた。若者は自らの愛馬へと走った。そしてもし誰の助けも借りずに彼が乗馬出来た時、観衆は一層熱狂した。騎乗せし若者は正に壮観であったろう！　彼は「自らの名誉に向け」駆け出し、貴婦人たちの熱い視線の中を壮麗に馬さばきを披露したのである。これこそ、より人間味を増した一五世紀の叙任式であり、慧眼なる読者諸氏は、一連の洗練された儀式の中に古の様式の残り香を感じるであろう。何層にも覆い隠されてはいるが、それでも。

しかし何という複雑さであろうか！　全く尊厳王フィリップの時代〔在位一一八〇―一二二三年〕が恋しくなる！　首筋への殴打の一撃と原始的な剣の授与、そして簡素な説教。それだけのシンプルで明快な叙任式が懐かしい！

典礼式叙任式

教会は、早くも一〇世紀から一一世紀頃には既に軍事式叙任式を無作法だと嫌い始め、より典礼式な様式に変えようと模索していた。この試みが自然に第三の叙任式、即ち典礼式叙任式の誕生に繋がったのである。その本質を定義することは容易《たやす》い――「叙任者は世俗にあってはならず、司教のみが騎士を叙し得る。」かくして全てが教会の祭壇にて、ラテン語で執り行われる叙任式が誕生した。

では、典礼式叙任式の誕生時期はいつ頃であったのだろうか？　この点に関しては学術的議論が未だ終わっておらず、ゆえに私が今からいかなる説を述べようと、おそらく異論が上がることであろう。代わりに、ここでは議論をより具体的に絞り込み、『新しい騎士のための祝別』の成立時期に着眼し研究をしてみよう。この問いについても未だ研究の決定的な答えは出ておらず、異論が上がるであろうことに変わりはない。しかしながら我々は、典礼式叙任式の創始時期という重要な問いに一つの答えを示さない訳にはいかない。

人々は往々にして新しい騎士の祝別と、武具の祝福と、剣の祝福とを混同する過ちを犯すものである。この三つの儀式は本質的に異なるものであり、カトリック教会の公式の典礼書においてもこの三つには時として別個に儀式が定められている。この典礼に従わば、初めに司教により槍と剣、槍旗、鎖帷子そして盾の祝福が執り行われる。この一連の祝福に続く儀式こそが、騎士への「戴冠式」とも言える、騎士の祝別である。肝要なのは、この祝別は典礼を執り行う司教が志願者に剣を授与することにより為され、そしてその後に典礼式に改変された肩打ちと「汝を騎士に叙する！」という詞が続いたという点である。

ゆえにここでの核心は、司教が歴史上いつから武具の祝福を始めたかでなく、司教が騎士を「祝別」するようになった時期を見出すことにこそ存在する。

典礼式叙任式の起源

ローマの信徒しかその道を見つけ得ない場所に、ビブリオテカ・ヴァリツェリアーナという名の小さな図書館が存在する。そこには古より数多くの学者たちに参照されし、『オルド・ロマヌス〈Ordo Romanus〉』と称され初期中世の数世紀に亘るカトリック典礼を記録した書が大切に所蔵されている。本書は、その出版が一〇世紀または一一世紀前半のロンバルディア地方の小出版所であることを示唆している。かの有名なジャン・マビヨン〔一六三二―一七〇七年、フランスの歴史家であり修道士。歴史考証学の父とも〕は本書の出版をオットー三世の統治時代、即ち九八三年から一〇〇二年の間であると結論している。事実、本書の中には文学的には凡庸ながら、歴史上の意味の大きい次のような二行連句が収められているのである。

オットー三世の統治時代は全てが恵まれ
人々はその知性の全てを享受した

さらに、この箇所の少し前には聖母にローマの人々とオットー三世の守護を祈る箇所も存在する。ゆえに、ローマ典礼〔カトリック教会で最も一般的な典礼様式〕の修正を目的とした本書は、恐らくローマで執筆され、たとえこの版が写本であるとした所で一〇五〇年以降に出版されたとは非常に考えにくいのである。では出版時期が確立されたところで、早速本書を読み解こうではないか。表紙を開くと、我々は一ページ目からやにわに騎士叙任式の只中に放り込まれる。最初に記録されている典礼こそ、「槍旗の祝福〈Benedictio vexilla bellici〉」である。それに続くのが剣の祝福の典礼であり、この古の雄大な典礼は今日でもローマ典礼書の中に見ることが出来る。そこに聖歌「美しき在り方〈Speciosus forma〉」の厳粛なる詠唱をはさみ、剣の授与が行われる。最後に「ああ、汝の奉仕者に剣をお与えになりし神よ」という祈りの後に「大腿に剣を佩かせよ〈Accingere gladio tuo super femur〉」という唱和短句が唱和され、叙任式は幕を閉じるとされている。

本書に記録された一連の典礼からは、剣の授与のタイミングが聖歌「美しき在り方」の詠唱中でなく、むしろそれに続く祈りのタイミングであることが明らかであろう。ここで問題となるのが、誰が剣を授与したのか？　そして誰が剣帯を帯びさせたのか？　という点である。本書はこの問いに明確な答えを与えてはくれず、ゆえに我々は別の典礼書を開いてようやくその答えを得るのである――それは司教その人であった可能性が高い、と。その典礼書にはこうある。「帯が締められし後、司教は告げた。この剣を取り給え、と！」ゆえに決定的な証拠が存在する訳ではないものの、私は剣の授与もまた司教により為された可能性が最も高いと結論する。無論その証拠は状況的であり、決定的ではないのだが。

ビブリオテカ・ヴァリツェリアーナの書を閉じると、次に騎士叙任の典礼に関する記述を見出すことが出来る記録の登場は一二世紀どころか一三世紀後半まで待たねばならない。この主題を他の誰よりも研究せしエドモンド・マーティン〔一六五四―一七三九年、フランスのベネディクト会修道士にして歴史家〕でさえ、「古の典礼書には一箇所たりとも『新しい騎士のための祝別』を見出すことが出来なかった」と記しているのである。ゆえにこの偉大なるベネディクト会修道士はその著作『古の教会典礼〈De antiquis Ecclesia ritibus〉』において、騎士叙任式を記述した文献として一三世紀後半のウィリアム・デュランドの手になる典礼書より古い文献を示せていない。

他の研究者は一六世紀に編纂された、より完全な『オルド・ブルガータス〈Ordo vulgatus〉』と呼ばれる典礼様式集を参照している。しかし本書は多くの典礼の未完成な「寄せ集め」に過ぎず、我々の研究の観点からは、より後の時代の典礼を知る上での参考文献としてしか機能し得ない。『オルド・ブルガータス』にビブリオテカ・ヴァリツェリアーナに収蔵の典礼書の影響を随所に見ることが出来るのは確かであるが、その確実な起源は定かでなく、ゆえに信頼性も担保出来ないのである。

ゆえに我々は、典礼式騎士叙任式の開始時期に関する研究の根拠としてビブリオテカ・ヴァリツェリアーナの書のみに頼らざるを得ないのである。そしてそこから導かれる結論は、『新しい騎士のための祝別』の典礼はおそらくローマ典礼に起源を発し、そこから周辺国に広まったという説である。加えてルイ九世の時代〔在位一二二六―一二七〇年〕までは一般に観察されないことを鑑みれば、本典礼がフランスに広まったのは一三世紀以降であることも推測される。

以上が、典礼式叙任式の発祥時期にかかる議論である。

典礼式叙任式の式次第

『新しい騎士のための祝別』の典礼は三つの文献を通じ現代に残されている。一つ目は先述の著名な『オルド・ブルガータス』であり、これはビブリオテカ・ヴァリツェリアーナに収蔵の典礼書に立脚していると推測される。二つ目は一三世紀後半のウィリアム・デュランドの手になる典礼書であり、この内容は今日でもカトリック教会のローマ典礼の中に殆どそのまま収録されるという名誉に浴している。最後が貴重なるヴァチカン文書第四七四八号であり、その年代は一三世紀以降と推測される。この三つのうち最後の文書の記す典礼こそ最もカトリック的であり、これはサン・ピエトロ大聖堂における騎士叙任の儀式を体系立て記録したものである。無論、今後研究が進むにつれ新たな第四の文献が発見されることも十分考えられ、私は新たな芸術や素晴らしい思想が発見されるのを望むのと同様、それを願うものである。

（1）ウィリアム・デュランドの書に記録された典礼

読者諸氏は、私がこの三文書の中から手始めにウィリアム・デュランドの手で記録された典礼書を取り上げることに驚かれないで欲しい。これは、本典礼書こそ騎士の祝別という壮麗なる儀式を最も完全に記録したものであり、そして何より他の二文書より「フランス的」なる文献である為である。

式典場は新築の大聖堂であり、今まさに司教その人によりミサが執り行われている。そう、中世において一国の王に比類する権力と尊敬を集めた、司教その人により。聖堂にミサの終わりを告げるハレルヤの声が響き渡った時、騎士叙任の荘厳なドラマの第一幕が上がる。初めは、真実を守り神に仕えるため抜かれる宿命にある剣の祝福である。栄光あるカトリック文学の響きをもって、司教が厳粛に祈りを捧げる。

この剣に祝福あれ
汝の僕《しもべ》が異端者と異教徒の暴虐に立ち向かわんため
教会と寡婦、孤児、そして神を敬う万民を守護せんため

司教は続ける。

聖なる主よ、全能なる父よ、とこしえなる神よ
主イエス・キリストの名のもと、聖霊の降臨をもって
この剣に祝福を与え給え
汝の僕に愛という甲冑を与え給え
彼が敵をくじき、あらゆる危機に打ち克たんために

この厳粛で高貴なる詞は、異教徒の最も尊敬さるる古の哲学者や詩人たちでさえ畏敬させるに十分な美麗さであろう。彼らには、かようなる崇高な理想を達することなど能わぬのだから。そして司教は旧約聖書に基づく

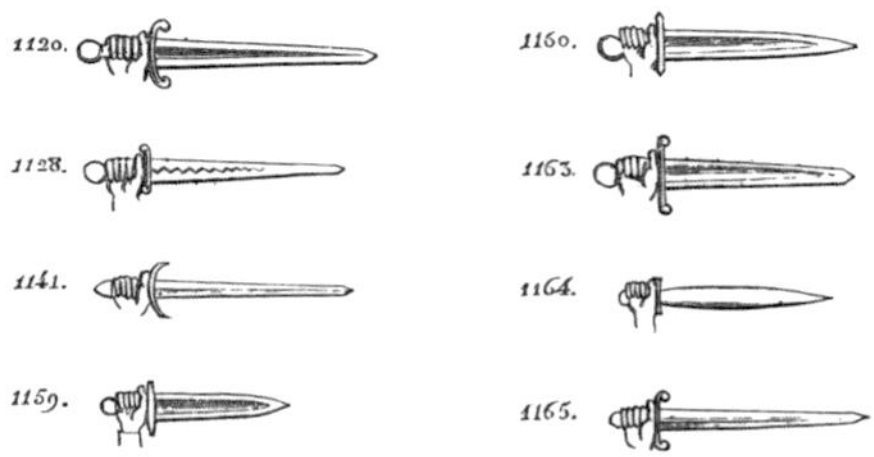

12世紀に観察される剣の形状

次の祈禱に進む。

主たる神に栄光あれ
我らに拳で戦い、指で抗うことを教えし神よ
我らが拠り所にして救世主、守護者たる神よ！

続いて司教と聖歌隊の間で答唱が行われた後、司教による厳かなゆったりとした祈りが再び捧げられる。

聖なる神よ、全能なる父よ、とこしえなる神よ
万物を司り地上の正義を実現し、悪の暴虐を抑えし神よ
汝はその命をもって人が剣を振るうことを許された
人々の守護のため騎士という階級を設けられし神よ
古の時代にダビデがゴリアテに勝つことを定められし神よ
ユダ・マカバイの手を取り、汝の名を敬わぬ国々を打ち倒されし神よ
ここにありし汝の従僕をご照覧あれ
軍のくびきの前に頭を垂れし従僕を
その高みから真実と正義の守護に必要な強さと武勇を与え給え
彼の者の信仰を高め、希望を強くし、寛大さを励まし

彼の者に汝への畏怖を与え、謙虚さと忍耐、従順と根気を与え
彼の者に正しき全てを与え
須らく正義と善を守り、正しき目的のみのためこの剣を振るうことを許し給え

この祈禱の間、光輝く剣は抜き身のまま祭壇に横たえられている。司教は祈禱を終えるとこの剣を手に取り、香油を塗り聖別を行うと、騎士志願者の右手にそれを握らせこう告げたのである。

父と子と聖霊の御名のもと、この剣を取るがよい

司教は武器を鞘に納め、ついに神聖なるその時を迎える。跪く志願者の腰に厳粛に剣を佩かせるその時が。

ああ力強き者よ、汝にこの剣を佩かせん

こう告げられた若者は剣を抜き放ち、誇りと自信、喜びをもって剣を一閃してみせる。そしてあたかも敵の血を払うかのごとく、左腕の下方で剣を拭い再び鞘に納めるのである。そうして新任騎士と司教は平和の接吻を交わし、司教はこう告げる。

汝が平和を愛し、勇敢で、信心深く、神への献身を惜しまぬ戦士たらんことを

司教は最後に、古の「強打」の名残りたる儀式を執り行う――しかし粗暴な拳ではなく、その優しき指をもって。司教は新任騎士の頬に優しく触れると、こう告げたのである。

愚鈍なる眠りから、神の信仰と名誉へと目覚め給え！

もしその場に他の騎士が陪席していた場合、彼等によりこの新たなる正義の守護者のかかとに拍車が取り付けられた。こうして、このウィリアム・デュランドの典礼は槍旗の祝福と次の一行の典礼注記で幕を閉じる。

かくして平和にありて、かの者は戦士となった！

（2）ビブリオテカ・ヴァリツェリアーナの書に記録された典礼

第二に読み解くのは、『オルド・ロマヌス』に規定された騎士叙任式である。歴史の古さから見ればこちらを先に解説するのが筋というものであったかもしれないが、本典礼書においては必ずしも各要素の解説が整っていないために、二番手に回ってもらったのである。先述の通り、この書にはビブリオテカ・ヴァリツェリアーナの書から補完、拡張され、尾ひれの付けられた典礼が記録されている。初めに武具の祝福の長々とした典礼が、次に剣の授与が、最後に騎士の祝別式が。そしてこの一連の典礼につけられた題こそ「教会の守護者、または騎士に武器を帯びさせる儀式」という単刀直入なものなのである。この題からも分かる通り、本書に記録された叙任式はデュランドの典礼よりさらに教会的である。

最初に祝福が授けられる武具は槍旗である。司教は、この儀式を「勝利者の真の力の根源」たる神に祈禱を捧げることから始めた。そして槍旗を「神の御名によって縁取り」、槍旗に包囲されたキリスト教の敵に恐怖を与えよと諭した。次は槍の番であり、ここで司教は祝福にあたり、十字架に掛けられしキリストが、槍によって貫かれた事実を聴衆に今一度思い起こさせた。そして天上における全ての騎士の守護者たる大天使ミカエルの名において、そしてアブラハムとダビデの名において、この神聖なる槍旗を掲げし騎士に加護が与えられんことを神に懇願した。

続く剣の聖別は、先のウィリアム・デュランドの記録する典礼とほぼ同様と言って良い。もっとも、これは驚くにはあたらないことである。なぜなら剣の聖別は非常に定型的な典礼であり、変化の余地はあまりないのであるから。

最後に騎士志願者が跪くと、司教により祝福が授けられた。そして秘蹟を授ける時が来た。司教が剣を授与し、厳粛にこう告げるのである。

神に祝福されしこの剣を取るがよい
そして聖霊の賜物により、この剣で今にも汝と聖なる教会のあらゆる敵を撃退せよ

ここで詩篇第四四篇からとられた次の美しい聖歌が高らかに歌われた。

ああ神よ、貴方の美しき御顔《みかお》の光、それは真実の光

その後も祈禱は続くが、読者諸氏はここまで騎士志願者には武器のみしか与えられていないことに気づかれただろう。次に守りを固める時が来た。初めに騎士の身を固く守る盾に祝福が与えられた。そして聖マウリツィオ〔三世紀のローマ軍団指揮官であり、キリスト教徒を迫害する命令を拒否し殉教したとされる聖人〕、聖セバスティアヌス〔キリスト教信仰のために一度は処刑されるも生き返り、ローマ皇帝にキリスト教徒の迫害中止を直訴したとされる聖人〕、聖ゲオルギウスという騎士の三守護聖人の名のもとに、詩篇第一九篇〔第一八篇の誤りと思われる〕から取った次の聖歌と共に盾が授けられたのである。

「救いの盾を構えなさい」――さすれば汝は矢の雨からも守られん、と。

この時点で既に典礼は一日続いており、この儀式を締めくくらんため、司教は天を仰ぎ、この世の喜びのために祈り、そして騎士志願者のために祈った。

（3）ローマ典礼

最後に、ローマ典礼の叙任式に眼を転じよう。式典場は、あの時代を超えて崇敬されるサン・ピエトロ大聖堂、それも今日我々が愛する一六世紀のあの美麗なる聖堂でなく、ミケランジェロが取り壊せし、今日のものに劣らず美しきバシリカ式の旧聖堂である。

ヴァチカン文書第四七四八号は次の典礼注記から始まる。「ここにサン・ピエトロ大聖堂における騎士の叙任を記す。」この儀礼において騎士志願者は使徒その人らにより祝別される。即ち使徒ペテロとパウロにより武器が授けられるのであり、叙任式そのものが教会的というより極めて典礼的である。

この儀式は終始壮麗に執り行われ、剣の授与に伴う説教もまた、誇り高く品格の漂う美しさを備えている。

汝この剣を取り、正義を為し給え、不正を斬り伏せ給え
神の教会と信心深き者たちを護り給え
キリストの敵を打ち倒し給え
地上において汝が立てし高みを守り給え
不当なる者を懲らしめ、良き者を助け給え
誇り高く輝く美徳の勝利を為し給え
さすれば汝、死してなおキリストと共に神の王国にとこしえに君臨せん！

かように格調高き詞が他に存在するであろうか。騎士叙任式という尊い儀式の解説を、かような格調高き詞で締めくくることが出来るのは正しく幸運以外の何物でもない。この高みから下りることなく、このあたりで筆を置こうではないか。

騎士叙任式のまとめ

何とも長き道のりであった。時には解明が難しく、時には障害にぶつかりつつも、我々は何とか古の騎士叙任式の理論的探求という難行を終えたのである。読者諸氏の中に「骨が折れたが、それに値する旅であった」思われる方がおられたら幸いに思う。この探求で発見した肝要な点は多く存在した。

最後にこれらを振り返ろうではないか。

古の戦士への剣の授与、それこそ騎士階級の原点であった。そして古の〔民族の《ゲルマン》〕武器授与式、それこそ騎士叙任式の起点であった。そこに後の時代、若き志願者の首筋を拳で殴打する儀式と、「勇敢たれ！」と告げる説教が加わったのであった。

これに続き、キリスト教化が始まった。少しずつ、ゆっくりと。我々はこの原始的で粗野な儀式が、徐々に暴力のくびきから解かれる様を目撃した。教会と母親の教えにより教化された若き貴公子たちは、自らの剣と槍、鎖帷子を祭壇に供えることで、これらの武具に天の祝福が齎されると信ずるようになった。そして程なく、この祝福が聖職者たちにより授けられるように変化したのである。

騎士志願者たちにとってミサへの参列とは義務でなく、喜びと共に自発的に行うものとなっていた。こうして、叙任という秘蹟を授かる前日に、家族と共に夜通し祈禱を捧げその身を準備するという儀式が生まれた。そして最も信仰心が薄く暴力的な者にさえキリスト教精神が浸透し、騎士志願者たちは「汝、勇敢な騎士たれ」という訓示では満足せぬよう変化したのである。こうして訓示は生まれ変わった――「汝、イエス・キリストの戦士たれ」と！

但し、ここまで叙任者はあくまで世俗の人間である。しかしここに、当時の世情を背景として、司教が騎士を聖別により生み出す時代が到来する。そして古から続く叙任の儀式は、ついに祝別の儀式としてカトリック教会の典礼に組み込まれたのである。

これが、我々の長き旅路の終着点である。

ロンスヴォーでの戦いの果てとうとう愛馬も失ったローランとテュルパン大司教は、徒歩で味方の遺体を探し求めると一箇所に集め横たえた。大司教は涙にむせびながら戦死者に最後の祝福を与えた――『ローランの歌』より　リュック＝オリヴィエ・メルソン作

結言

筆者はここまで中世の叙事詩を頼りに筆を進めてきた訳であるが、その過程で本書の結言とするに相応しい、勇気づけられる真実に何度も邂逅《かいこう》することが出来た。それは「真実は創作に勝る」という一事である。騎士道においても、そして世の中の万事においても、事実は空想より優れているのである！

史実上のシャルルマーニュは、伝説上のシャルルマーニュに優った。そして武勲詩に登場する他の英雄たちもまた同様である。史記に現れる彼らの姿こそ、最優の姿なのである。

十字軍の果てに捕虜となったルイ九世は、『アリスカン』に現れるギヨーム・ドランジュより立派な王であった。捕囚の身となった時フランスの全女性が紡ぎ車に向かって身代金を積み立てたと伝えられる司令官デュ・ゲクランは、『エイモンの四人の息子』の騎士ルノー・ド・モントーバンより偉大であった。そして善良騎士バヤールは、『オジエ・ル・ダノワ』の騎士オジエ・ル・ダノワよりずっと秀でていた。さてジャンヌ・ダルクについてはここで何を述べたものだろうか？　この魅力的で比類なき聖人の前では、あらゆる人物がくすんでしまう。彼女のような尊き光の下では、あらゆる存在が精彩を欠いて見えるのである。

これ以上続けると、人類を悪し様に批判することに喜びを見出す哲学者たちを立腹させるかもしれないが、敢えて続けよう。騎士道は特定の年代のみに属するものには非ず、また特有の地域性を有す

捕囚の身となりながら祈りを捧げる聖ルイ　リュック＝オリヴィエ・メルソン作

る規範でもない。社会階級としての騎士はもはや存在しないが、その精神は今もなお人々に息づいているのである。フランス騎士の名誉を受け継いだあらゆる地域に、騎士は今も生きている。国境を越えて！

そして今日を生きる我々も、本書でつぶさに見た騎士の十戒を実践することにより、古の騎士と同様に騎士としての矜持《きょうじ》を持って生きることが可能である。これは現代でも十分実現可能な真実である。

封建主義が歴史に消え去ったことは疑いなく、主君の命を忠実に遂行する臣従関係もまた、社会の枠組みでなくなり久しい。しかし今日でもなお教会はか弱い存在であり、この高貴なる弱さの守護への献身は今まで以上に求められえている。確かに、イスラムの原理は既にキリスト教の永遠の敵ではないであろう。而《しか》してなお教会を脅かす多くの脅威に対し、今なお騎士道こそいかに強力な小銃より、大砲より優れた対抗手段なのである。

社会構造は中世から根本的に変容した。革命により、この国はたった数年前と比してさえ異なる国となった。しかしフランスは健在である。人々は以前より団結し、国家としての輪郭はより明瞭となり、そして剣のみでなく知性をも頼りに生きる国民が存在する。

巷《ちまた》には、再興した人類の幸福追求こそが目的であるなどと取り繕う名のある学派が溢れている。しかし彼ら学者は大きな思い違いをしている！　贅沢を第一に考えるような国家は、既に滅亡への道を辿っているのである。かような国家はより剛健で勇ましい民族に追いやられ、滅ぼされるのが歴史の常であるのだ。而してそれを救えるのは、そして事実救ったのは、騎士道のみなのである！　騎士道は、空虚な贅沢を、弱々しい生き方を、思案に暮れ迷うことを叱責する。これこそが騎士道の本質なのである。つまり――古からの言い方をするならば――雄々しくあれ〈Esto Vir〉！

本書で見た十戒の最後の三戒律こそ、今日の社会に最も求められる規律ではないだろうか。それは「嘘をついてはならぬ！」という教えであり、どうか読者諸氏も誠実たらんことを！　世間にはびこる策略、空虚な綺麗事、そして惨めな不誠実さにより、今日の我々の生活はくすんでしまっている。騎士道は、当てこすりや根拠のない陰口を最も戒めるものである。そして騎士道は、日々の生活に潜むこうした危険に、栄光ある実直さをもって対抗することを教える。騎士は、自らの紋章や軍旗を決して隠さない。故にもし読者諸氏がキリスト教徒であるならば、古の殉教者たちのように、こう宣言するがよい。「私はクリスチャンだ！」と。そして開かれた頭と透き通った心をもって、騎士道から学ぼうではないか。真実のために命を捧げる生き方を。そしてより困難な、真実の中に生きる生き方を！

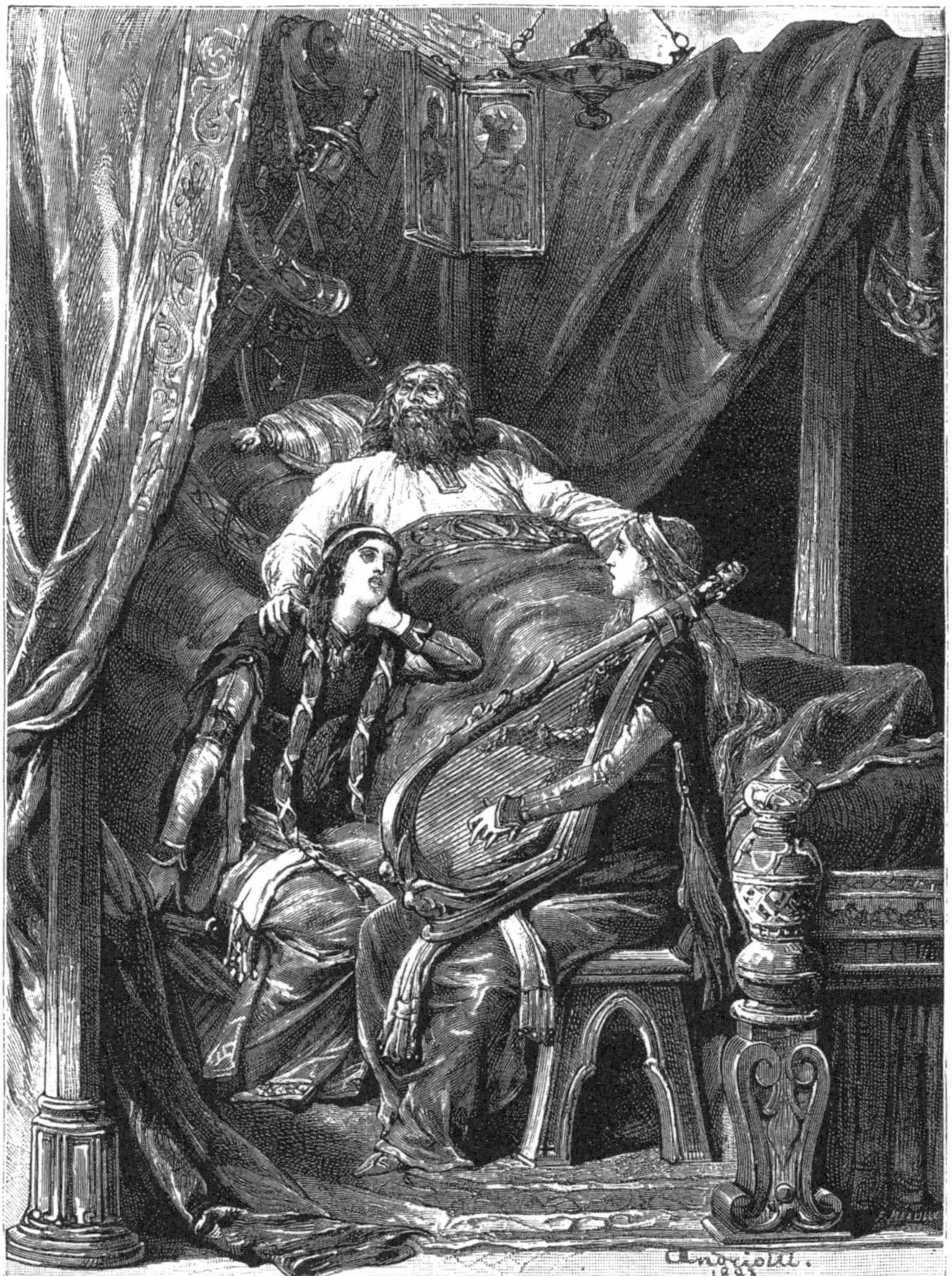

12世紀の騎士ギヨーム・ル・マレシャルは華々しく活躍した史実の英雄である。彼はイングランド王家に仕え栄達し、その生涯における５００の戦いで一度も敗れたことがないと伝わる。彼は今際において、愛する妻と娘に見守られ、神への信仰を歌いながら息を引き取った――『ギヨーム・ル・マレシャル伝』より　ミチャウ・エルウィロ・アンドリオリ作

第二部　騎士道の書

——騎士による、騎士のための一三世紀騎士必携

ラモン・リュイ著『Llibre de L'Orde de Cavalleria』（一二七五頃）全訳

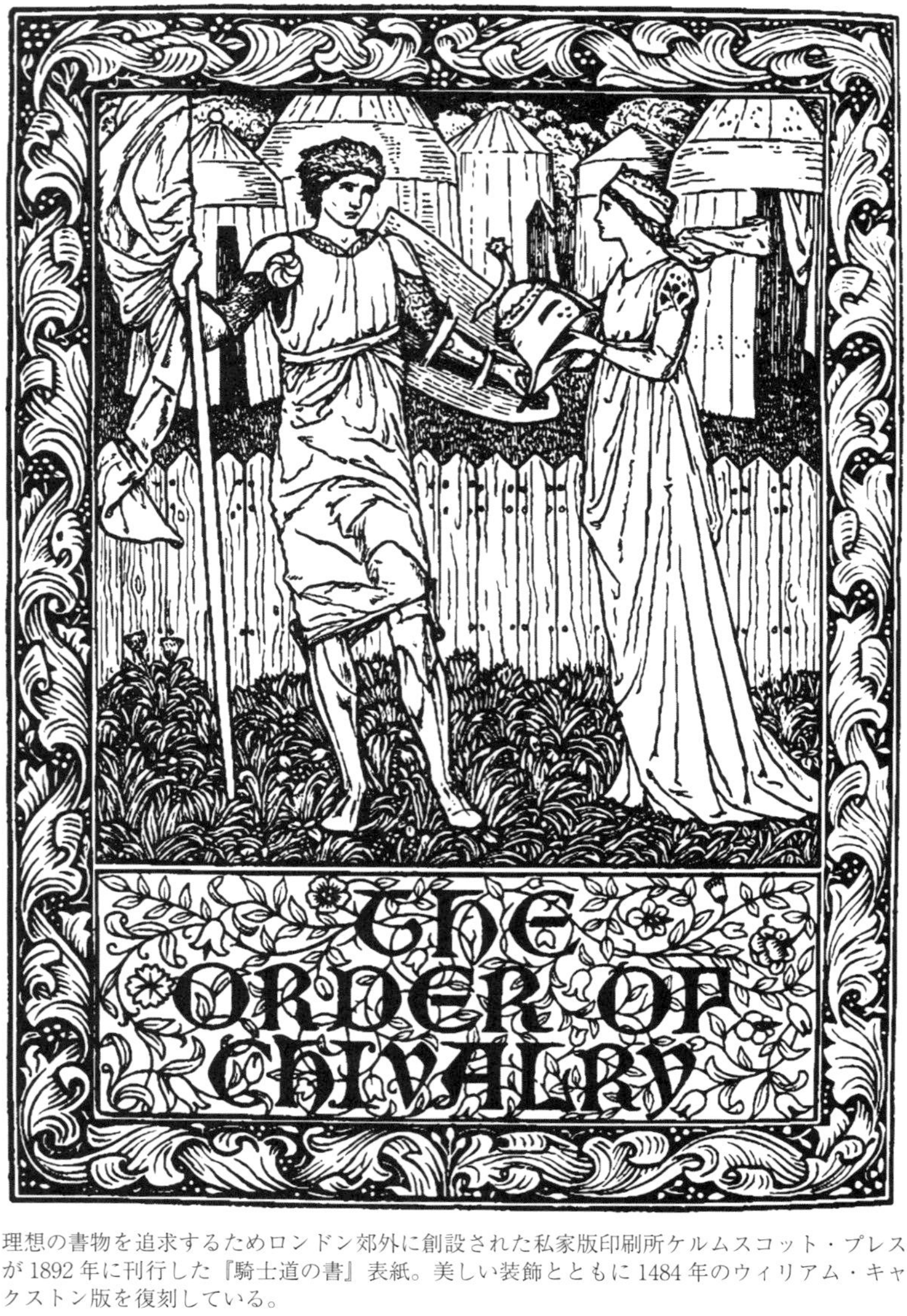

理想の書物を追求するためロンドン郊外に創設された私家版印刷所ケルムスコット・プレスが 1892 年に刊行した『騎士道の書』表紙。美しい装飾とともに 1484 年のウィリアム・キャクストン版を復刻している。

ここに、『騎士道の書』と題す本書の目次を記す。

神の栄光を讃えよ。天と地の全てを司りし主、その栄光を。

全能の神は、天上界の七の惑星を統べられ、その影響を以て地上界を治められる。そして正統な国王陛下、大公殿下《プリンス》、偉大な諸侯《ロード》たちもまた、騎士たちを統べられ、その影響を以て民衆を治められる。よって本書もまた、この対比に基づいて、七の章に分け記される。

序章、いかにしてある隠遁騎士《ハーミット》が、従騎士《スクワイヤー》〔騎士見習い〕に対し騎士道の名誉と規範を教えるに至ったかを説く。

第一の章、騎士の起源を説く。

第二の章、騎士たる者の責務を説く。

第三の章、従騎士が騎士階級に入る際の審査について述べる。

第四の章、従騎士の騎士叙任式を説明する。

第五の章、騎士に授けられる武具の意味を論ずる。

第六の章、騎士たる者に相応しい善行を詳述する。

第七の章、騎士の名誉を論ずる。

ここに、目次を閉じる。

序章　隠遁騎士と従騎士

ここに、本文を始める。序章は、いかにしてある隠遁騎士《ハーミット》が、従騎士《スクワイヤー》に騎士道の規律を教えるに至ったかを説くものである。

ある時、ある国に、騎士道に長年身を捧げた秀英な一名の騎士がいた。彼は力強く気高い武勇をもって、幾つもの戦争、一騎打ち、トーナメント〔中世に流行した騎士たちの模擬戦、競技会〕を求め諸国を渡り歩いた。しかしある時、死期の遠くないことを悟った彼は隠遁を選び、衰えの末、遂に慣れ親しんだ武器を携えることもままならなくなってしまった。そこで彼は財産を子らに譲り、水と果実の豊かな深い森を住居とした。彼は自らの身体に弱さを見て、長年その身を捧げ勝ち取った武勲と冒険の名誉を、老いにより汚さぬよう世を捨てることを選んだのである。この騎士は隠遁の中、死を思い、この世を去るにあたって、我等が主キリストが最後の審判を下されるという聖句を思い起こした。

この森の一角に美しき牧草地があり、そこに季節の果実をたわわに実らせた一本の大樹があった。騎士は、この果実を日頃の糧《かて》として生きた。この大樹の下、美しく澄んだ湧き水が流れ、牧草地全てを潤おしていた。騎士はこの地を毎日訪れ、全知全能の神に祈りを捧げ崇敬し、生涯を通じて恵まれた全ての名誉に感謝した。

厳しき冬が訪れようとしていたある日、いと賢明で高潔な国王が御前会議の開催を宣し、各地から大勢の貴族《ノーブル》を招集した。それを耳にしたある従騎士もまた、騎士にならんがため王の宮廷に赴くことを決意した。この従騎士は一人馬に跨《また》がり森を駆けたが、いつしか長旅の疲れにより鞍の上で居眠りをしてしまう。馬は本来の道を逸れ、いつしか隠遁騎士の住まう森へ分け入った。こうして、隠遁騎士が償いのため世の虚栄を離れ、日々の祈りを一人捧げている丁度その時、従騎士を乗せた馬が湧き水の元に辿り着いたのである。

馬の姿を認めた隠遁騎士は、一旦祈りを止め、木陰に座り、ある小さな書を膝に広げて読み始めた。馬は湧き水に辿り着くやその喉を潤おし始め、その動きにより従騎士がようやく目覚めた。隠遁騎士は従騎士に気付き、立ち上がると歩み寄った。騎士は既に年老い、長い口髭を生やし、使い古しほつれたローブに身を包んでいた。そして痩せこけ、日々の悔悛の祈りにより肌はかなり変色し、その目は聖なる生活を反映して、過去に流した涙でくぼんでいるように見えた。双方、この邂逅《かいこう》に心底驚いていた。騎士は既に隠遁して長く、これが初めての人との出会いであった。一方従騎士は、この地に辿り着いたことそれ自体に驚嘆していた。

従騎士は馬から下り騎士に一礼し、騎士は礼節正しくこれを受け入れた。二人は草の上に隣り合って腰を下ろすと、しばしお互いに無言で顔を見つめ合った。礼儀により従騎士から口を開くことはないと知る騎士が、先に口を開いた。「佳き友人よ、貴兄の意図は何かね？　何処に向かっていたのかね？　そして何故、この地に来たのかね？」

「サー」と彼は答えた。「賢明で高貴なる王が、御前会議を招集したとの知らせが国中を巡っています。陛下はその場で騎士となられ、続いて多くの者が騎士に叙されるだろうとのこと。ゆえに私も宮廷に赴き、騎士に叙されようとしていたのです。しかし私は長き旅の疲れから眠ってしまい、馬が勝手に道を外れ、この地に辿り着いたのです。」

騎士は叙任の話を耳にすると、自らがその身を捧げた騎士道を思い起こし、その責務と名誉を思い、ため息とともに黙考してしまった。

暫しの沈黙の後、何を憂いているのかと従騎士が訊ねた。騎士は答えた。「佳き息子よ、我の思いは偉大なる騎士道と、騎士が守るべきその名誉にあるのだ。」と。

これを聞いた従騎士、人が高い尊敬の念を持って崇め銘記すべき騎士道とその規範について、神の定めに従い是非伝授してくれるよう騎士に懇願した。

「何を申すか、息子よ」と騎士は言う。「貴兄は今より騎士になろうとしながら、騎士道を未だ知らざると言うのか？　貴兄がその規範を知らずして、畏れ多くも騎士になろうとしていることに、我はただ驚くのみである。騎士道の規範を知らずして、騎士とその責務を愛することなどいかに出来ようか。そして騎士道を知らぬ騎士が、他の騎士を叙任するなどあってはならぬ。騎士の慣習を教えることが能わぬ者が新たな騎士を生むというのは、世の道理を乱す行為なのだから。」

教えを請うた従騎士、これを聞くとこう返答した。「サー、もし能うなら、是非騎士道の教えを私にご伝授願えないでしょうか。私が残りの人生を捧げようとする規範について知ることは然《しか》るべく必然であるように思われ、これを学ぶことに熱意を感じているのです。そして、もし貴方が私にその教えを伝授頂けたなら、自らの力の及ぶ限りそれに従うことを誓いましょう。」

「友よ」と騎士は答えた。「騎士道の教えは、全て我の手の内に収まるこの小さな書の中に記されている。我は時折この書を開いては、騎士道にその身を捧げた功績により我に与えられた神の恩寵《おんちょう》と御恵みに思いを馳せてきた。騎士道こそ騎士の存在意義であり、騎士はその全力をもって、騎士道の名誉を守る責務を負うのである。」

騎士はこう語ると従騎士に小さな書を手渡した。従騎士はこの書を読み、なぜ騎士が幾千もの人間から選ばれた、畏敬すべき存在なのかを認識した。こうして彼は、騎士道を理解したのである。

暫しの後、思い出したかのように従騎士が口を開いた。「ああ、サー、本書を私にもたらし、真の騎士道を伝えられたことに祝福あれ。主なる神が騎士にもたらされた騎士道の真の高貴さを私は知らずして、それを学ぶことを永きに亘って渇望していたのです」と。

騎士は応じた。「佳き息子よ、我は年老い、弱った者であり、もはや長く生きることは叶わないだろう。よって忠誠と献身、そして騎士たる者の正しき行いを記した本書は、貴兄が持つがいい。御前会議まで携えて、騎士に叙される全ての同胞に見せるがいい。そして貴兄が新たに騎士に叙され、自らの国への帰途に着く時、必ずまたこの地に立ち寄り、新たに騎士道の教えに従おうとする者たちの話を聞かせておくれ。」

騎士は、従騎士に祝福を与え送り出した。従騎士は本書を固く握りしめ馬に跨がると、御前会議へと先を急いだ。

王の御前に到着した従騎士は、上述の書を恭しく高貴な王に献上した。加えて、彼は騎士に叙されようとする者たちが真の騎士道を学べるよう、本書を全ての貴公子たちに写し与えたのであった。

第一章　騎士の起源

博愛心、忠誠心、品格、正義、そして真実が世に陰る時、残虐さ、暴力、不実と偽りが姿を表す。こうして、神を知り、愛し、仕え、畏れ、そして敬うべく神が人のために創造された世の中に、過ちと苦難がもたらされた。しかし幸いかな、神の法が曖昧になったその時、恐れが人々の中に生じ、世の中は秩序ある以前の気高き姿に戻ったのである〔暗黒時代とそれに続く封建制の定着を表現〕。

こうして、人々は千人ごとに分かたれた。そして毎千人ごとに、最も忠誠で力強く、気高き武勇を誇り、血筋と礼節の良い者が選ばれた。次にかの者に、最も相応しい四足獣《ビースト》が探された。力強く働き、人に忠実で良く仕える四足獣が。最も適すると判断された四足獣こそが、馬であった。こうしてあらゆる四足獣から選ばれた馬が、同じく千人から選ばれた人間に授けられた。馬を表す詞がシュヴァル〈cheval〉であったので、馬に跨がりしかの男はシュヴァリエ（騎士）〈chevalier〉と名付けられた。かようにして、最も高貴な者に、最も高貴な四足獣が与えられたのである。そして最後に、この最も高貴な者に、戦いに適した最も貴い武器と、その身を死から守る最も優れた武具が選び授けられた。

騎士の序列に加わろうとする者は、この高貴な騎士の起源にその思いを馳せねばならない。そして、自らの気高き武勇と良き血筋が、騎士の起源と違わぬものであることを確かめよ。こうした行いを欠く者は、騎士道とその起源に背くものなのだから。そして騎士とは、騎士道に反する者も、その起源に反する者も受け入れることのない身分なのである。

愛と尊敬、それは憎しみと不正義の対極である。ゆえに騎士は、その気高い勇気、善い振る舞い、寛大さ、そして名誉をもって、人々より愛され畏敬される存在たらねばならない。そうして騎士は、愛によって博愛と秩序を世に回復させ、畏敬によって、正義と真実を世に取り戻すのである。

男は女より生まれながらに優れた理性と理解力そして強い肉体を持つのだから、女を名誉心で凌駕せねばならない。もし男が女と変わらぬ威厳と勇気しか持たないならば、男はその生来のたくましさに見合う数々の武勇と善行とを成し得ないのだから。しかし遺憾なるかな、男は生まれながらに気高い武勇において女より優れる一方、同時に女より残虐な者が甚《はなは》だ多い。ゆえに男は、善い行いを通じてそれを獲得した場合のみ女より優れた地位に値することを銘記せよ。

剣を掲げ馬に跨る12世紀の騎士（Le Costume de guerre et d'apparat に基づく）

従騎士よ、もし汝《なんじ》が騎士の序列に加わりたいのなら、自らの行いに気をつけるがよい。騎士には皆、真の騎士道に相応しい名誉が授けられるのだから。騎士は、人々より輝かしい血筋と優れた名誉とを有する者であり、ゆえに神と人々に対し、より誠実に、より快く接する責務を有する。そしてもし汝が悪事を働くならば、汝は騎士道に背いたかどで、騎士の敵となるのである。

騎士の高貴さは卓絶しているがゆえ、騎士身分が最も気高き者たちで占められ、最も高貴なる四足獣を与えられ、最も栄えある武具が授けられたのみでは、その名誉に釣り合うものとは言えないだろう。こうして騎士は、多くの領民を抱える領主《ロード》となる権利を与えられた。領主の権力は強大で、その統治には服従が求められるものであるから、もし騎士が卑劣にも悪事に手を染めた時、いかに大きな辱めが善良なる領民と僚友たちにもたらされるかは想像に難くないだろう。かように卑劣で自らの利益のため他者に媚《こ》びへつらう騎士は、騎士と称される資格を持たないと知れ。

騎士が授けられる馬も、武具も、そして騎士が選ばれし者という事実それ自体すら、騎士の高き名誉の対価としては十分でない。代わりに騎士には、従騎士と馬の世話をする従者を従える権利が与えられる。加えるに民もまた、騎士とその馬のため、作物を日々育てる責務を負う。これにより、騎士は任地に駐在し休むことも、また馬に跨がり主に娯楽のため狩りを楽しむことも可能となるのである。全ては、従者と民の骨折りと奉公に支えられて。

聖職者は、神とその御業《みわざ》を知り、我等が主なる神を愛し、仕え、讃え、人々に教え伝え、人々の良い模範にならんがため、神学と教義を学ぶ。そして叙階を授からんがため、彼等は学校に通い、講義を受ける。こうして聖職者たちは、学びによって誠実な生活と良き模範とを守り、人々を善き生活と信仰へと導く責任を受け入れるのである。であれば騎士もまた、気高き武勇と武具の力によって騎士道を守り、その身分に身を捧げ、人々の争いを抑止しようではないか。

騎士の教育において肝要なのは、幼い頃から乗馬を学ぶことである。若い時に馬を乗りこなせぬ者は、老いてもそれを能わぬものなのだから。ゆえに騎士の子息たる者、従騎士である間に馬の世話をもまた学ばねばならない。

加えて、騎士の子息たる者、従騎士である間に奉公をもまた学ばねばならない。主君たる前に臣下たることを学ばぬ者は、騎士に叙された時、その卓越した地位を正当に理解し得ないものなのだから。ゆえに騎士になろうとする全ての者は、若き時に食卓での肉の切り分け方、給仕のやり方、騎士への武具の装着法、そして武装した騎士の装備の整え方について学ぶ責務を有する。たとえるなら、仕立て屋が縫製を学び、大工が木の切断を学ぶように。そしてどちらの職業にも熟達した熟練工が教育に欠かせぬように、騎士道を愛し騎士となろうと志す若者には、それに相応しい騎士が教師として欠かせないのである。縫製を学ぼうとする者が、もし大工に弟子入りしたなら実に奇妙であろう。ゆえに同じく、優れた騎士道と儀礼を学ぼうとする従騎士が、騎士以外からこれを学ぶのは実に奇妙な話なのである。

王と従騎士（Hortus deliciarum に基づく）

法学者、神学者、聖職者は、学問体系と書籍とを備え、読書を通じて自らの身分に相応しい知識を学ぶものである。同様に、騎士の受ける名誉と崇敬が極めて大きいものである以上、従騎士が単に馬を世話し、騎士に仕え、トーナメントや戦いに付き従ったのみでは、それに相応しい騎士道を学ぶことなど叶わないのである。ゆえに騎士もまた、法学者や神学者のように体系的に教育されねばならず、そして騎士道もまた他の学問と同様に書籍として書き残されねばならない。こうして初めて、騎士の子息が始めに騎士道の教えを学んだ後、従騎士となり、騎士に付き従い諸国を巡ることが可能となるだろう。

もし聖職者と騎士が過ちを犯すことがなければ、庶民もまた過ちを犯さない。なぜなら聖職者が庶民に神への愛と献身を示し、騎士が悪行や裏切り、内紛を恐れるべきことを示すであろうから。神学には教師がおり、教育が確立され、知識体系が整備され、学校に行かねば聖職者になれない。にも関わらず、騎士道には教育に用いるに足る同等の知識体系と書籍とが存在しないことは、社会の損失である。著者は、高貴なる国王陛下と、御前会議に集いし騎士諸兄が、この過ちを近い将来に補われることを望むものである。

第二章　騎士たる者の責務

騎士に与えられた責務こそ、騎士道の根源であり、同時にその目的である。ゆえにもし騎士が自らの責務を履行せぬのなら、彼は自らの身分と騎士道の根源の両方に背いているのである。かくなる騎士は真の騎士ではない。たとえ人々が彼を騎士と呼んだところで、その品位は己れの職務を忠実に履行する鍛冶屋《かじや》や大工より卑しいものだということを銘記せよ。

騎士たる者の責務、それは父なる神が栄光の聖母マリアよりからだを受け、人となられて地上において宣《の》べ伝えられた、聖なる普遍の教会の信仰を護《まも》り支えることである。我らが主は福音を世界に広げんがため、多くの試練と苦しみを経験され、痛ましい死を迎えられた。そして主は、聖書に記された聖なる信仰を異端者や不信心者から守らんがため、神学者と聖職者をお選びになられた。同様に、父なる神は、聖なる教会を破壊せんと活動する異端者を武力で制さんがため、騎士をお選びになられたのである。かくして神は、人々を救う神の教えの守護者たる騎士に、この世と来世での名誉をお与え給うたのである。

ゆえに信仰心を持たず、護るべき教会にて祈りを捧げぬ騎士は、あたかも神から理性を与えられながらも愚かなる行いを繰り返す人間がごとし。他方、信仰心を持ち、救いを求めながらも、求められる宗教的献身を捧げぬ騎士もまた、劣らず自らを毀損《きそん》しているのである。こうした行いは異端に繋がる、信仰と救いから離れる道なのであるから。こうした異端、偽りの信仰は、とこしえの非難と終わりなき辛苦をもたらすものと心得よ。

神が人にお与えになられた役割は数あるが、中でも最も高貴で優れたものこそ、聖職者（神学者及び神父）と騎士の二身分である〔三身分論に基づく〕。ゆえに地上で最も深き友情は、騎士と聖職者との間にこそ見出し得るべきである。聖職者が叙階されるのは、騎士に反目するためではない。ゆえに騎士もまた、自らの力を聖職者に向けてはならぬ。聖職者こそ、騎士を愛し騎士道を支えることを定められた存在なのだから。

身分は、自らの身分のみを愛するために与えられるものではなく、あらゆる身分を須《すべか》らく愛するために与えられるものである。ゆえに騎士のみを愛し、他の身分を愛さぬ者は、騎士道を愛する者とは言えぬ。神は、全ての身分を調和するようお作りになられた。ゆえにもし聖職者が自らの会のみを愛し他の会に敵対するならば、その者は真の聖職者とも、聖職者の規律に従っている者とも言えぬ。これは騎士も同様である。自らの身分を過剰に誇り他の身分を貶《おとし》める者は、真に騎士道を愛する者ではない。もし騎士が騎士身分を愛しつつも他の身分に仇なすならば、それは神への冒瀆《ぼうとく》であり、神によりもたらされた身分の者として矛盾を生む行いと言えよう。

騎士たる者の責務はこれほどに高貴なものなので、地上の土地の不足から現実には難しいものの、全ての騎士には封土を持ち、領主となる資格がある。そして皇帝陛下こそ、自らも騎士として、全ての騎士の主君たるべき存在である。さりとて皇帝陛下が御自ら全ての騎士を直接統治することは難しいゆえに、騎士の中から王を任命し、これをもって騎士道の護持を助けさせるのが道理であろう。こうして王は自らの下に、公、伯、陪臣、その他の諸侯を任命する。そして、自らも騎士道にその身を捧げる諸侯《バロン》により、騎士が任命されるのである。

ゆえにかくなる階級の数々は、栄光ある主なる神の卓越、威光、力そして智慧を明らかに示すために存在するのだと言える。主は聖三位唯一の神、全能の父、全ての者の支配者にして、主の支配、知恵、そして力こそ至高である。ゆえにたった一人の騎士が、地上の万民の支配者となることなど不可能である。なぜならそうしたことは、全能の父なる神の支配、知恵、そして力のみによって可能なことなのだから。従って、地上の統治に多くの騎士が必要な現状は、神の御心《みこころ》に沿ったものである。ゆえに、もし君主が騎士でない者を自らの副官や、ベイリ〔王や大公が城を空ける際にその代理を務める役職〕などに任じたとすれば、それは騎士道に反した行いである。なぜなら、騎士こそが、騎士道の栄誉によって、統治者に相応《ふさわ》しき身分なのだから。加えるに、騎士道の栄誉と、その高貴なる心、高潔なる武勇、そして汚職、偽り、邪なる行いへの抵抗により、騎士には他のいかなる身分の者よりも敬意が払われねばならない。

　騎士たる者の責務、それは自らの主君に仕え、これを護ることである。いかなる王や高位の諸侯であっても、援助《エイド》や助けなく人々に正義をもたらす力など持たないのであるから。そして、人が王か大公の命令に背いた時にこそ、騎士は主君を助けねばならない。主君もまた、畢竟《ひっきょう》一介の人間に過ぎないのであるから。よって、正統な主君をその座から下ろそうと企む者に手を貸す邪《よこしま》な騎士は、騎士たる者の責務を放棄した者である。

　正義こそ、全ての騎士がその身を捧げるべき理念である。裁判官が人を裁くことを任務とするように、騎士は暴力から裁判官を護り、世の中の正義を保つことを責務とする。よって、もし騎士が読書に通じ、学識により裁判官に任官出来るとすれば、彼は他のいかなる身分の者より裁判官として相応しい者と言えよう。正義を守る者こそ裁判官に相応しく、ゆえに騎士とは騎士と裁判官の二職を兼ねるに相応しい身分なのである。

騎士たる者、馬を駆り、馬上槍試合とトーナメントに挑まねばならぬ。汎《ひろ》く人々を招き、盛大な宴を開かねばならぬ。武具に熟達し常に騎士としての技量を保つため、牡鹿《おじか》や猪、その他の野生の獣を狩らねばならぬ。

騎士たる者の責務を怠り、正義を遂行せぬ者は、騎士の名を汚す者と心得よ。上述の訓練は騎士の肉体と正義、知恵、博愛心、忠誠心、真実、謙虚さ、堅固さ、希望、武勇、そしてその他の美徳を鍛えるものであり、ひいては騎士の魂を鍛えるものである。肉体のみを鍛錬し、騎士の魂たる美徳を鍛えぬ者は、騎士道にその身を捧げる者にあらず。魂の鍛錬を怠る者は、肉体と魂は一体でないという明らかに誤った考えを信じているのだから。

騎士たる者の責務、それは封土を護り、自らへの畏れを生じさせ、庶民が働き土地を耕すよう保護することである。庶民が騎士を畏れる時、庶民は騎士に力を与えた王をもまた畏れるであろう。ゆえに主君の危機に駆けつけない不実な騎士は、自らの身分を放棄した者であると知れ。かような行いは行いを欠く信仰〔ヤコブの手紙二・一四―二六〕であり、真の信仰に反した、悪党と何ら変わりなき行いである。ゆえに、主君から目を背けその助けを拒む騎士は、正義のため命を賭して戦う騎士たちの名を貶める

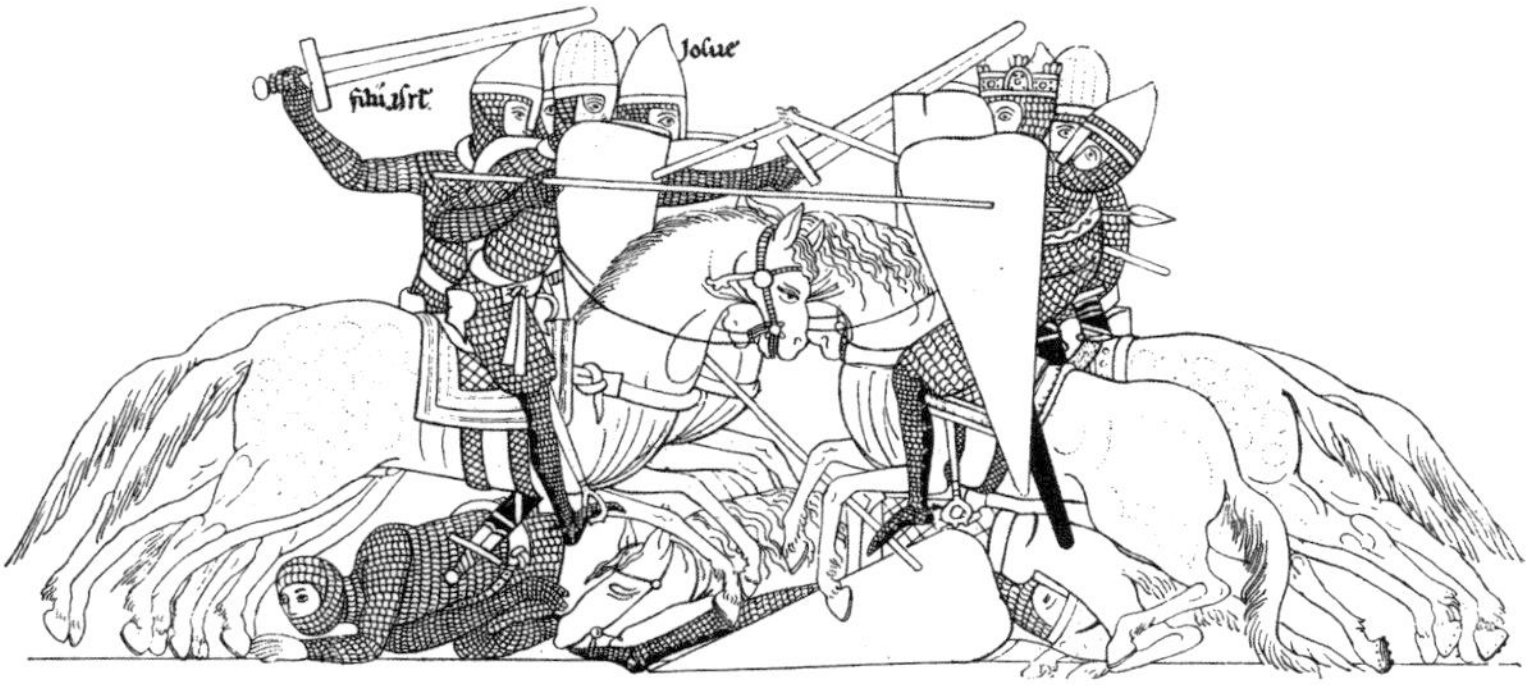

馬上槍試合（Hortus deliciarum に基づく）

者なのである。

　人間に与えられた身分や役割に、剝奪し取り消せぬものなど存在しない。もし無効にも破棄も出来ない身分があるとするなら、それは誰からも創造された存在でない神に類する身分である。騎士とは神により叙され、騎士道を愛する騎士により支えられた身分である。しかし騎士道を愛さぬ邪《よこしま》な騎士が、真の騎士を打ち負かした時、この者はもはや騎士でなくただの殺人者である。

　君主が騎士身分から追放された時、かの者の身分が剝奪されるのみならず、その臣下の騎士たちもまた騎士身分から追放されるべきである。なぜなら、こうした臣下の騎士たちは、君主に愛され、君主の悪しき模範に従い、君主の邪なる命令に従い、騎士道に反する者たちなのだから。よって騎士道を外れる君主は自らの道に背くのみならず、臣下たちにもまた背くものなのである。一人の騎士の追放さえ大いなる恥辱と不名誉の極みなのだから、一団の騎士の追放とはいかに酷い恥辱だろうか。

　もし自らの臣下に邪で不実な叛逆騎士がおり、彼が贈賄を、裏切りを、そして脅迫をいかに強く勧めてきても、高貴なる君主、高位の諸侯は騎士道への愛によりこれを打ち払わねばならない。そう、騎士道の名誉を守るために。こうした主君は高貴で高潔な勇気を備える者であり、それを奪わんとする敵を打ち倒した時、自らが騎士道の真の味方であることが証明されるのである。

もし騎士道の本質が勇気でなく腕力にあるとすれば、騎士道とは魂でなく身体に宿るものということになるだろう。そしてもしそうだとするならば、身体こそ魂より高貴な存在ということになるだろう。しかし魂の高潔さはいかなる人間によっても侵すことが出来ない一方で、身体とはたった一人の人間により打ち倒され捕らわれてしまうものである。ゆえに勇敢な魂こそ、それが宿る身体よりずっと力強い存在だということは、明らかなのである。

主君に従い戦場に赴くも、持ち場を放棄し敵前に逃亡する腰抜け騎士は、自らの武名が汚れることより身体の痛みを恐れる者であり、ゆえに騎士本来の役割に背く者である。のみならず、かような行いは臣下としての役割を放棄し、武勇の上に成り立つ騎士道そのものの存在意義を弱体化する。もし騎士道とは勇猛でなく気弱に立ち振る舞うことであったなら、騎士道の本質は力強さと武勇でなく、怠惰と臆病ということになってしまう。そしてもしそうならば、騎士の責務とは怠惰と臆病であり、勇敢な行いなど問題外という結論になろう。無論、その真逆こそが真実なのである。

ゆえに騎士は、同胞騎士たちからの助けが少ない時にこそ、また携える武具《アームズ》が粗末な時にこそ、真の騎士道を発揮し、その敵に対し揺らがぬ勇気と威風堂々とした姿勢を示さねばならぬ。そしてもし騎士道に身を捧げ殉死したならば、その騎士は騎士道へのとこしえの献身と愛を世界に示すのである。

騎士道とは何より勇気に宿るものであり、命を捧げる以上の愛と名誉の表現など存在しないのであるから。

騎士道と勇気、それは知力と思慮深さがあって初めて両立が可能なものである。もし騎士道の教えに無知と愚行が含まれるとするならば、知力と思慮深さとは騎士と相容れない素質ということになるだろうが、それは有り得ない。騎士道への愛こそ、騎士の備える知力と思慮深さの証明なのだから。騎士道を敬うことは智慧を愛することであり、危険や死を顧みず内なる勇気を武勇として発露することは、騎士道の教えに従うことなのである。こうして知力と思慮深さを備えた真の騎士は、自らの愚かさ、無知、無学の結果として間違った騎士道に従い、風紀を乱す悪しき者たちを指弾することが出来るのである。

騎士たる者の責務、それは婦女子を、寡婦を、孤児を、病める者を、衰弱せし者を護ることである。強く卓越した者が弱く劣った者を助けるのは当然なだけでなく、理に適ったことなのだから。そして弱き者は、強き者に救いを求めることに気後れをしてはならない。よって卓越し、強く、尊敬を受ける騎士もまた、弱く尊ばれない低き身分の者を助け援助するのに気後れがあってはならないのである。

換言するならば、婦女子、助けを求める寡婦、保護を求める孤児の権利を虐げること、または力を持たぬ弱き者から収奪することが騎士道に沿うなど、あり得ないことである。こうした行いは単なる悪行、非道、圧政に過ぎない。こうした不道徳から離れ、美徳に満ちた者のみが、真の騎士と言えるものである。

神が職人に自らの作品を見るため眼をお与えになられたように、神は罪人に自らの罪を悔いるために眼をお与えになられた。そして神は、騎士には心をお与えになられたのである。その心に慈悲を宿し、勇気の力で同情心と情けを発露出来るように。ゆえに騎士は、涙ながらに助けと慈悲を求めてやって来る、弱き者を助け支えねばならぬ。かような境遇においても弱き者を見る眼を持たず、不幸な者の窮状を理解する心と力を持たぬ者は、騎士に値しないと知れ。もし騎士の崇高な責務が、弱き者から奪い、壊し、婦女子と無防備な寡婦を辱めることだとするならば、騎士の責務の本質は美徳でなく悪徳ということになるのだから。

騎士たる者の責務、それは自らの城と馬を保ち、道を防衛し、土地を耕す者たちを護ることである。加えて人々の公正な生活を保証し、真っ当な生活に欠かせざる種々の職人たちが集う場を提供せんがため、騎士は町や都市を興さねばならない。騎士たちが高く讃えられ報いられるのも、自らの崇高なる責務に従い、城を、町を、都市を、そして人々を地上に増やした功績によるのである。ゆえにもし騎士が城を、町を、都市を破壊し、家々を焼き、木々を切り倒し、獣を虐殺し、道を往来する人々を襲うことが自らの仕事であるなどと考えた時、かの騎士は真の騎士道に正面から背くものである。かくなる行いを騎士道が認めるとするならば、善い機能と悪い機能が一つの身分の内に共存することになるだろう。それは物の理に反することである。

騎士たる者の今一つの責務、それは盗人を、賊を、悪人を探し出し罰することである。あたかも斧《おの》

12 世紀の騎士の住居（M・コーモンによるデッサン）

という道具が価値のない木々を採伐するため存在するように、騎士もまた、邪悪なる者と無法者とを懲らしめるため存在するのである。

神と騎士とは不可分な関係にあるがため、騎士道を奉じる者は、偽りの宣誓や誓約をすることがあってはならない。

もし好色と正義が両立するというのなら、正義と不可分である騎士道もまた、好色と両立するということになろう。そしてもし騎士道と好色とが両立するというのなら、純潔とは騎士道の名誉と相反する美徳ということになろう。それは、馬鹿げた誤りである。

騎士が虚栄心に呑まれ、高慢な振る舞いこそ騎士道の名誉を守るものだと考えた時、かの騎士はその実騎士道を汚しているのである。騎士道とは、高慢な者から弱き者を守る正義と謙虚の道なのだから。この理想が厳密に守られていたならば、今日騎士と呼ばれている多くの者たちが、叙任の栄誉を受けることなどなかったであろう。実のところ、高慢で無作法で、邪《よこしま》な考えに満ちた世の中の多くの騎士たちに、騎士の名誉は値しないのである。かような者たちは、ただのごくつぶしに過ぎぬと知れ。

一体、正義と謙虚はどこへ行ってしまったのだろうか？　その目的は何だったたであろうか？　そしてそれらは何の役に立つのだろうか？　もし、正義と平和が相容れないと言うのなら、正義と不可分である騎士道は、平和と相反する存在ということになるだろう。だとするならば戦争を、盗みを、強盗を愛するものこそ正しき騎士であり、謀略と悪行を避け善き人々に調和をもたらす騎士こそ悪徳騎士ということになってしまう。しかしながら、王であるキリストは全てをお見通しであられ、これが世界の在るべき姿でないことをご存知である。罪人と悪人は、騎士道とその名誉の敵なのだから。ゆえに私は問いたい。正義と平和を信じ、武器の力をもって正義を為し、そして平和を為した最初の騎士は誰であったのだろうか。騎士の職務は元来、武力により人々に平和と調和をもたらすためだったはずである。ではなぜ、今日の世界では、騎士道を誓っておきながらその名誉を損なう、邪な騎士たちがこんなにも栄えているのであろうか。

騎士たる者が神から与えられた責務は幅広く多岐に亘るものだが、私は、礼儀正しく、忠実で、良く教育された従騎士が騎士道を学ぼうとする熱意に応じ、本書の筆を執ったものである。騎士に叙されるまでの時間が限られる者たちのため、本書もまた手短に著されている。

第三章　従騎士の試験

　騎士への叙任を望む従騎士につき、相応しい試験を実施せねばならないのは全く当然である。その試験官は、第一に神を、そして何より騎士道を愛する騎士のみが務め得る。なぜなら世間には、善き者のみで小さき集団を成すより、たとえ邪《よこしま》で悪なりとも大集団を成すことを好む者が多いものだから。けれども騎士とは、数の多さではない。卓越した武勇と善行に満たされた者のみを愛する者の集団なのである。ゆえに、もし試験官が騎士道の名誉よりも集団の数を重視するならば、彼は試験官として不適である。むしろ彼自身、騎士道に反したかどにより、試験を受けるのが適切と言えよう。

　まず試験官は、従騎士に対し、神を愛し、畏敬するかを問わねばならない。この素質を持たざる者は、何人《なんぴと》たりとも騎士の栄誉に値しない。神を畏敬する者は、その畏敬により騎士道に泥を塗る過ちを犯すことを躊躇《ためら》うものなのだから。

　もし神を畏れぬ従騎士が叙任を受けてしまった時、従騎士には騎士の名誉と、神を敬わないにもかかわらず儀式を受けた不名誉が同時にもたらされる。騎士の名誉とは、全て神がお授けなったものである。ゆえに神に無関心な従騎士は、悪人を懲罰する責務を負いし騎士身分に値しない者である。

　ある騎士が、たまたま邪な賊や裏切り者であったとする。騎士の責務とは盗人や賊を処刑することであるから、この者は、あたかも他の騎士がそうするように、その悪行により汚されている自分自身を処罰せねばならないことになろう。そしてもしそれが出来ぬとすれば、彼は騎士道より自分自身を愛する者なのである。よしんばそれが出来たとしても、騎士に自刃は許されていない。ゆえに盗みや強盗を働いた騎士は、他の騎士の下に出頭し、処刑されねばならないのである。

同僚が盗みを働くことを許し、それを助ける騎士もまた、本来の責務に背くものと知れ。かくなる不実な裏切り者はまがいものの騎士であり、ゆえに打ち倒されねばならない。騎士よ、もし貴兄のその手に汚れがあるのなら、その汚れは他のいかなる身分の者より貴兄に重くのしかかるのである。騎士道への不義は、騎士自身に最も重要な問題であって、騎士でない他の人々の問題ではない。そして貴兄の同僚が罪に手を染めたのは、貴兄が騎士の責務に背いたためである。同僚が罪を犯したことを嘆くくらいなら、なぜ貴兄は真の騎士道の敵であるその者を、自身の手で懲らしめずに平気でいられるのか？　だがしかし、貴兄はどういうものか、騎士でない者の罪を咎めて回り、それで満足しているのである。

盗人である騎士たち、彼等が真に盗んでいるのは金銭でも財宝でもなく、騎士道の高き名誉である。彼等は最も褒《ほ》め称えられるべき騎士道に責任をなすりつけ、これを貶める者なのだから。名誉とは、金銀とは全く比較にならぬほど貴なるものである。もしそうでないとするならば、金銭と財宝こそ名誉より価値のあるものということになってしまおう。

もし自らの主君を殺すか、あるいはその妻と不義を働き、あるいはその城を裏切る者に騎士と呼ばれる資格があるとすれば、名誉のため、主君のため、武器を手に殉死した者たちには一体何と呼ばれる資格があるというのか？　加えるに、もしかような者たちが、その悪逆を許され騎士としての名誉と地位を剝奪されないとするならば、一体叛逆以上の何の罪をもって主君は彼を罰するというのか？　そしてもし主君がかような騎士を罰することが出来ないならば、彼の主君はいつ誰に対し騎士道を発揮出来るというのだろうか？　かような叛逆者を打ち倒さぬなら、誰を打ち倒すというのだろうか？　叛逆者に復讐を果たさぬ者が、何故《なにゆえ》に主君として権力を持つというのだろうか？

真の騎士の責務、それは裏切り者を告発し、これと戦うことである。翻《ひるがえ》って叛逆騎士の本分こそ、裏切りの告発を忌避し、告発者と争うことである。かくして両者は正面から対峙する宿命なのである。しかし叛逆騎士の勇気は悪に侵されたものであるならば、彼はただ善き騎士の優れた勇気の前に敗れ去るのみである。叛逆騎士がどれだけ鼻持ちならない高慢さにより勝利を確信したところで、正義のため戦う真の騎士を倒すなど不可能なのだから。万が一にも真の騎士道の信奉者が敗れるなど、全くもって騎士道の栄光に反することである。

もし強奪が騎士の正当な職務だとするならば、分け与えることは騎士道の信条に反する行いということになるだろう。そしてもし、神が創造された善良なる神の民から騎士が奪うなら、一体善き人々は誰に護られれば良いのだろうか？

狼に羊を任せる羊飼いは愚か者である。そして不実な騎士に自らの美しき妻を任せる者、貪欲な騎士に自らの城を任せる者もまた、同様である。愚かにして自らの財産も守れぬ者が、いかにして他者の財産を守れるというのだろうか？

騎士の職務の一つとして、自らをよく知り、武具と馬の世話を怠らないことがある。換言するならば、騎士は主人として善い行いを保ち、それにより必要に応じ同胞たちの悪行を償わねばならないのである。また、もし騎士が武具のみを持ち、馬を持たぬとすれば、全ての任務が騎士という言葉そのものとばかげた矛盾をきたす。シュヴァリエでありながら、シュヴァリエでない〔騎士でありながら、騎兵でない〕ということは不可能なのだから。同様に、武具を持たぬ騎士というのもまた不可能であり、かような者が騎士に叙されてはならない。

我々の授かった神の戒律の一つに、クリスチャンたる者、偽証してはならない、というものがある。同様に騎士道もまた、偽証を戒める。偽証をする者は、騎士に叙されるに値しない。

勇気を備えぬにも関わらず騎士の序列に加わることを望む従騎士は、まさに自らが加わらんとする身分を破壊せんと望む者である。なぜこうした従騎士は、愛してもいない身分に加わり、道義に反した自らの性格でもってこれを壊そうなどと試みるのであろうか。ある従騎士が臆病者と判明したにも関わらず、えこひいきをもってかような者に叙任を授ける行為、それは騎士道に背き自らの良心を傷つける行いであると銘記せよ。

試験官は、口先の威勢良さに惑わされてはならない。口とは、必ずしも真実を語らないものなのだから。同様に、綺羅《きら》びやかな服装にも惑わされてはならない。美しい服の下に隠れるのは、横暴で邪《よこしま》な臆病者かもしれないのだから。同様に、馬の有する胆力にも惑わされてはならない。馬は、語る言葉を持たぬのだから。そして同様に、輝く甲冑にも惑わされてはならない。見事な武具は、時として怯《おび》え歪んだ心を覆うものなのだから。ゆえに、真の勇気を測る者、相手の信仰心、博愛心、希望、公平さ、知力、忠誠心を始めとした美徳のみを精査せよ。こうした素質により、誇り高き騎士の心は悪や不実、そして騎士道の敵から守られるのである。

騎士に叙される者は、適切な年齢でなければならない。あまりに若い従騎士は、騎士の身分に値しない。なぜなら幼い者は、騎士となるのに必要な教えを学ぶ知力を備えていないかもしれないのだから。また幼くして騎士に叙された者、叙任に際して行う誓約の数々を後々思い出すことが出来ないかもしれないのだから。

逆に、もし従騎士が加齢により既に身体が弱り始めていた場合、彼が騎士の序列に加わることは、力強き戦士たちにより築かれた騎士身分に罪と損害をもたらすことである。臆病で弱い心を持った意気地のなき逃亡者こそ、騎士の名誉を貶めるものなのだから。

ゆえに、あたかも中庸こそ傲慢と凶暴という両極端の中間に位置する美徳〔アリストテレスの挙げた徳であるメソテースへの言及〕であるがごとく、騎士もまた、両極端の中間に位置する適した年齢の間に叙任を受け、訓練を施されなければならない。もしそうしないならば、騎士道とは中庸と相反する、美徳の敵ということになるだろう。そして騎士道が美徳の敵ならば、叙任を極端に急ぎ、または遅らせた従騎士よ、貴兄はそもそもなぜ騎士になりたいと思うのか？

もし美しく着飾り、体つきが良く、綺麗な髪を備え、鏡に映る自らの姿を褒める類の従騎士が叙任に値すると言うのなら、生まれの低き卑しい農民の子でも、見目麗しいという理由のみで騎士に値する者がいることになるだろう。しかし、こうした者の叙任を認めることは、自らの血筋の名誉を汚すことである。そしてこうした基準が全てなら、その手に鏡を持った女性もまた騎士となることが可能であろう。しかし神は女性より男性により高貴な血を授けるものであり、女性を騎士に除することは、騎士道の品位を落とすことである。

騎士道は、高貴な生まれと不可分な概念である。高貴な生まれとは古に授けられた栄誉の印であり、一方騎士道とは、古から今日まで育まれた名誉ある生き様なのだから。そして良い血筋と騎士道とが不可分である以上、もし汝《なんじ》が高貴な血筋でない者を騎士に叙したなら、汝は騎士道と血筋の間に矛盾を生み出す者である。同様に貴兄が血筋を備えぬものを騎士に叙したところで、その者に騎士に相応しい血筋がもたらされるものではないと知らねばならぬ。同様に、貴兄は下劣な臆病者を騎士にする力など備えていないことを知れ。もし、貴兄が騎士道を護持せんとする者ならば。

ここで身体に宿る特性について考えよう。特性とは、人と劣らず樹木や獣においても重要とされるものである。しかし人は優れた理性の心を持ち、それゆえに人の特性は動物のそれよりずっと美徳に満ちたものである。であるがゆえに騎士道は、幾多の高貴な振る舞いと行動とを示した者につき、たとえその者が新興の血筋であった場合であっても君主の高貴なる血筋の力をもって騎士に叙することを認めているのである。もしそうでないとするならば、騎士道とは魂の美徳よりも身体を重視する道ということになってしまうのだから。騎士道とは身体でなく魂に宿るものである。そして高貴な魂こそ、明白に騎士道の本質である。

騎士叙任を求める従騎士の試験にあたっては、その者の礼儀と立ち居振る舞いを問わねばならない。他者の悪しき例となる邪《よこしま》な騎士は、その身分から追放される。そして邪な従騎士は、たとえ騎士に叙されたとていずれ悪行を働き追放される運命であり、ゆえに始めから騎士に叙されるべきでない。騎士とは、須《すべか》らく名誉の敵を排し、武勇と誠実を示す者のみを受け入れる身分なのだから。もしそうせぬならば、騎士道は下劣な騎士たちの中に沈み、その栄光を取り戻すことは叶わなくなるだろう。それは誤った道である。

ゆえに従騎士の試験を託されし騎士よ、汝は他のあらゆる人より高い水準の美徳と武勇とを志願者に求めねばならぬ。加えて、従騎士の試験にあたっては、従騎士が単に諸国漫遊の機会と名誉のみを欲し、騎士道とそれを信ずる者たちに敬意を払わない者でないことを確認する責務を負う。そして、もし従騎士が正にこの理由によって騎士叙任を望むと判明したならば、この者は騎士と騎士道に値せぬと判断せよ。あたかもシモニア〔聖職売買〕を犯した聖職者が、叙階の正しき目的を備えていないと判断されるように。邪な従騎士が騎士道に背いてまで騎士に叙されようとする時、その目的と意志とは歪んだものである。そして騎士の責務に気高い姿勢で望まぬ従騎士は、その行動の全てにおいて騎士道を蝕《むしば》むものである。

騎士の序列に加わろうとする従騎士には、騎士道を貫く者にもたらされる重大な責任と危険とを良く知らせねばならない。騎士とは、自らの死の危機より、人々からの非難と不名誉を恐れるべき存在なのだから。騎士は、自らの肉体が直面する飢えと渇き、暑さと寒さの苦痛より、自らの武勇を保つことに意識を向けねばならない。ゆえに従騎士にもまた、叙任に先立ち、こうした危険を説明し明示せねばならないのである。

騎士道への献身は、騎士に相応しい武具と高貴な出費を求める。武具も、金銭も持たぬ従騎士は、たとえ騎士に叙されたとて、後々必要に駆られて裏切り、奪い、盗み、偽り、物乞い、またその他の悪事に手を染め騎士道より外れるかもしれないものと心得よ。

歩行が困難な者、過剰に肥えた者、身体的に不自由な者は騎士に求められる責務を果たすことが能わないがゆえに、騎士には適さない。ゆえに、不自由な者と虚弱な者を騎士身分に迎え入れるのは不適切な行いである。騎士とはことに気高き身分であって、五体を満足せぬものは、たとえ徳に溢れ豊かで血筋のよい者であったとしても、叙任には適さないのである。

騎士の序列に加わろうとする従騎士に対しては、騎士道に対して不実や裏切りを以前に為したことがあるかを加えて問わねばならない。かくなる行いを為しながらそれを気にかけぬ者、それは既にその良心が蝕まれた者であり、騎士への叙任に値しない。良心の侵食こそが、騎士の卓越した勇気に瓦解のきっかけを与えるものなのだから。つまるところ、虚栄心に満ちた者、誤った教育を受けた者、悪意に満ちた言葉を用いる者、意気地のない者、貪欲な者、二枚舌を用いる者、怠惰な者、大食の者、嘘吐きの者、その他類似の悪徳を備えた者は、騎士道に何ら貢献するところがないのである。

第四章　騎士の叙任

騎士の叙任にあたり、従騎士は神の前に全ての罪を告解せねばならない。そして我等が主なる神にその身を捧げる確固たる意志を確認せよ。かくして全ての罪が赦された後、聖体を拝領すべし。騎士の叙任は、通例として偉大なる祝祭日、即ち降誕祭《クリスマス》、復活祭《イースター》、ペンテコステ、あるいは他の荘厳なる日に執り行われるものである。こうした日には、祝祭の栄光により、大勢の人々が従騎士の叙任式に集まると期待されるのだから。

全ての観衆が集ったならば、皆で神を賛美し、騎士志願者が騎士道に従って生きられるよう、神の恩寵を願わねばならない。そして従騎士は、徹夜祭において、その祝祭日の聖人に断食を捧げねばならない。加えてこの者は、神の助けを求めるため、教会へ赴き夜通しで祈禱を捧げねばならない。叙任式の前夜にはこうして騎士道に関する神の教えを思い起こす責務があるのであって、もし下卑た語り部の物語などを聞いてその夜を過ごしたならば、この者は既に騎士道を汚しているのである。

徹夜祈禱明けの朝、騎士に叙されんとする者はミサを挙げねばならない。そして祭壇の前に進み出て、主の教えを宣べ伝える聖職者を讃えた後に、騎士道の威厳を全力をもって護り抜くことを誓うべし。

同日中に、騎士に叙されんとする者は、聖なる教会の礎を成す十四条の信条〔三八一年の公会議で定められたニケア・コンスタンチノープル信条を指すと思われる〕、モーセの十戒、七つの秘蹟、そして信仰の教えの数々を伝える説教を受ける場を設けよ。この者が、騎士道の責務と信仰との関わりとを勤勉に聞き、心にとこしえに留めんがために。

十四条の信条には神が唯一の存在であり、父と子と聖霊の三位《さんみ》はとこしえに一体であり神であるとの信条が含まれる。これらが最初の四条である。第五の信条は、主がすべての造り主であることである。第六の信条は、主こそ、我々の原初の父と母、アダムとイブの原罪により地獄に苦しむ定めから人々をお救いになる救世主であることである。第七は、天に昇りし主が神のもとで栄光を与えられたことである。これらの七条は神に係る信条である。

残りは神の子が人として聖母マリアより体を受け下られたことに関する信条である。これらの第一は聖母マリアに大天使ガブリエルが降り、イエス・キリストの受胎を告知したことに関する信条。第二と第三はイエスが我々の罪を贖《あがな》うため十字架につけられ苦しみを受けられたことに関する信条。第四は主の魂が天の国は近づいたと信じるアダム、アブラハム、他の預言者たちを導くため黄泉《よみ》へ下られたことに関する信条。第五は主が死から復活されたことに関する信条。第六は主が天に昇られたことに関する信条。第七はイエス・キリストが裁きの日に来たりて全ての死者が蘇り、善き者、邪悪な者を苦しみあるいは栄光に帰すか、移ろいやすい世で裁かれることに関する信条。全てのクリスチャンは神とその御業《みわざ》を伝えるこれらの信条を信じねばならない。これらの信条を信じることなくして、救われることはないのであるから。

シナイ山においてモーセに授けられし神の律法、その数は十であった。第一の戒律は、人々が主を唯一の神として崇め、愛し、仕えねばならないことを教える。続いて偽証をしてはならないこと、安息日を守ること、父母を敬うこと、殺人をしてはならないこと、盗みや姦淫をしてはならないこと、隣人の妻や財産を欲《ほっ》してはならないことが教えられる。神から授かりしこの十戒は、全ての騎士が知らねばならない戒律である。

聖なる教会の秘蹟は七つあり、それは洗礼、堅信、聖体、叙階、結婚、ゆるし、病者の塗油である。この七つの秘蹟を通じ、我々の希望が護られる。騎士は、誓約によりこれら七つの秘蹟を敬い、これを遵守することが求められる。ゆえに、騎士という身分も秘蹟と言える以上、従騎士は自らの責務をよく学び遵守せねばならない。

説教を行う聖職者は、従騎士を前にして、これらの責務を伝えねばならない。そして従騎士に神の恩寵と祝福が与えられ、彼が残りの人生を通じ善い騎士であるよう、敬虔に祈りを捧げねばならない。

騎士の叙任者たる君主あるいは諸侯もまた、騎士道の美徳を備えていなくてはならない。騎士を叙する騎士が騎士道の美徳を持たないとするなら、自ら持たないものをいかに他者に授けることが出来ようか？　こうした美徳を持たぬ騎士は、植物よりも価値のない存在だと言わねばならない。少なくとも植物は、薬としての益を備えているのだから。かような騎士は邪《よこしま》で間違った存在であり、その妥当性も顧みず騎士の数のみを増やす存在である。かように邪な騎士から叙任された従騎士は、正統な騎士により叙任が授けられた者と違い神の恩寵を受けられず、ゆえにただの道化に過ぎないのである。これは、道を外れた騎士から叙任を受けた全ての者に当てはまるものである。

説教の後、従騎士は祭壇の前に跪《ひざまず》き、その眼と手とを天へと向けるべし。そこで臨場する騎士により、正義と高潔、寛大の象徴である剣が授けられる。騎士は従騎士に口づけをし、その拳《こぶし》を肩に置く。この新任騎士が、受けた名誉と、騎士道の責務と、栄光を護るため為した誓いを忘れぬように。そうして、霊的な騎士、即ち聖職者と、地上の騎士により叙任の儀式が続けられ、最後に新任騎士が町の中を馬で駆け抜けることで式が締めくくられる。新任騎士の、その姿と新たな身分を人々に披露するために。人々が皆、この者が騎士道の栄光を支え、護る責務を負うと知る時、この騎士は悪に立ち向かう更なる力を得るのである。なぜなら彼は、衆目の知るところとなった誓約を破る不名誉を避けようとするであろうから。

同日、新任騎士は盛大な祝宴を開き、寛大に人々に施しを行い、馬上槍試合を開催し、その技量を披露し、騎士身分に関わるあらゆる催しを開け。加えて、新任騎士が紋章官に寄付を行うこともまた慣わしである。同様に、この者を騎士に推薦した主君が新任騎士に記念品を贈り、新任騎士により贈答が返されるのもまた、慣わしである。高貴な贈り物を受けた時、それに相応しく返せない者は、騎士道に外れた者なのだから。

第五章　騎士に授けられる武具《アームズ》の意味

ミサで聖職者が着用する祭服には、各々の階位に相応しい霊的な意味が込められている。そして聖職者と騎士には多くの類似点が認められるが故に、騎士道は騎士が職務遂行に要する全ての武具に、その高潔さの象徴たることを求める。

騎士に授けられる剣《ソード》、それはアダムの原罪を背負いし主が磔《はりつけ》られた、十字架の象徴である。ゆえに騎士は、その剣によって十字架の敵を打ち砕く責務を負う。騎士とは正義の維持のための存在だからこそ、その携える剣は両刃である。騎士道と正義、その二つを共に護持せんがため。

騎士に授けられる槍《ランス》、それは真実の象徴である。真実とは、曲がりなく一様で、不実を貫き事実に到達するものなのだから。鋼の穂先は、真実が偽りを圧倒して持つべき力強さを表す。槍旗は、真実が偽りや裏切りを恐れないことを表す。ゆえに槍は、希望をはためかせる真実の象徴なのである。

騎士に授けられる鋼か鉄の大兜《ヘルム》、それは騎士が不名誉を恐れるべきことの象徴である。こうした恐れを持たない騎士は、騎士道を厳格に貫くことが出来ないものなのだから。人は罪悪感を感じた時、恥によってその視線を地面に落とす。そして大兜もまた、人が天を仰ぐことを阻むものである。大兜を被った騎士は、その視線を自然に地面に落とす。よって大兜とは、天と地の仲介者であるとも言えよう。大兜とは人体で最も高く高貴なる頭を守るものであり、それはあたかも、人間社会で聖職者を除き最も高く高貴なる騎士を、邪《よこしま》で恐ろしい行いから、贈賄から、悪行から、大兜が守ることの象徴なのである。

騎士に授けられる鎖帷子《ホーバーク》、それは悪と弱さから騎士を守る城と砦《とりで》の象徴である。城と砦が城壁に囲われるがごとく、鎖帷子は高貴な騎士を全方位からしっかりと固守して囲い、その勇気が裏切りや悪徳に陥らせぬよう守るのである。

騎士の脚を危険から守る鉄の鎖靴《ショウス》、それは騎士が悪人を懲らしめるため進まねばならない鉄の道、即ち剣と槍とメイス〔金属製の棍棒の一種、鎚矛〕の道の象徴である。

騎士に授けられる拍車《スパー》、それは騎士が騎士道の気高き名誉を守るために備えるべき勤勉さと素早さの象徴である。騎士が拍車をかけ馬を走らせるがごとく、勤勉さが騎士を備えへ向け走らせる。不意打ちを受けないための備えへと。

騎士に授けられる頸当《アヴァンテイル》〔鎧の喉を保護する防具〕、それは騎士の従順さの象徴である。主君と騎士道への従順を欠く騎士は、主君と騎士道双方の名誉を汚すものなのだから。ゆえに首当てが致命傷から騎士を守るがごとく、従順もまた欲や虚栄心に目が眩み、主君と騎士道とを裏切ることから騎士を守るのである。

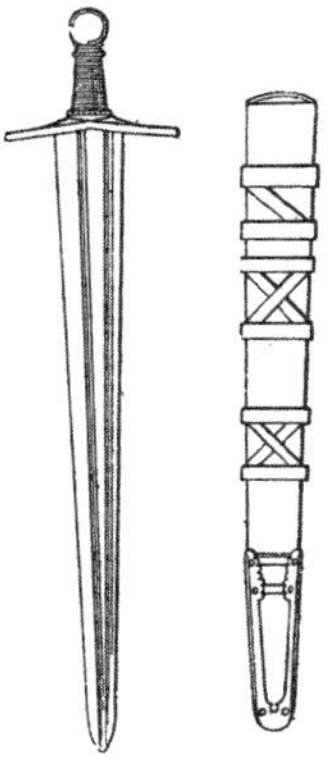

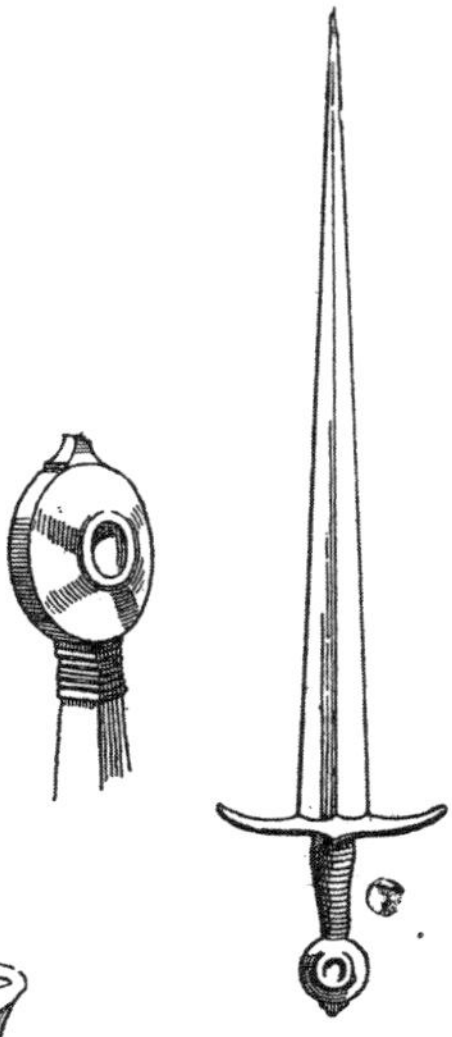

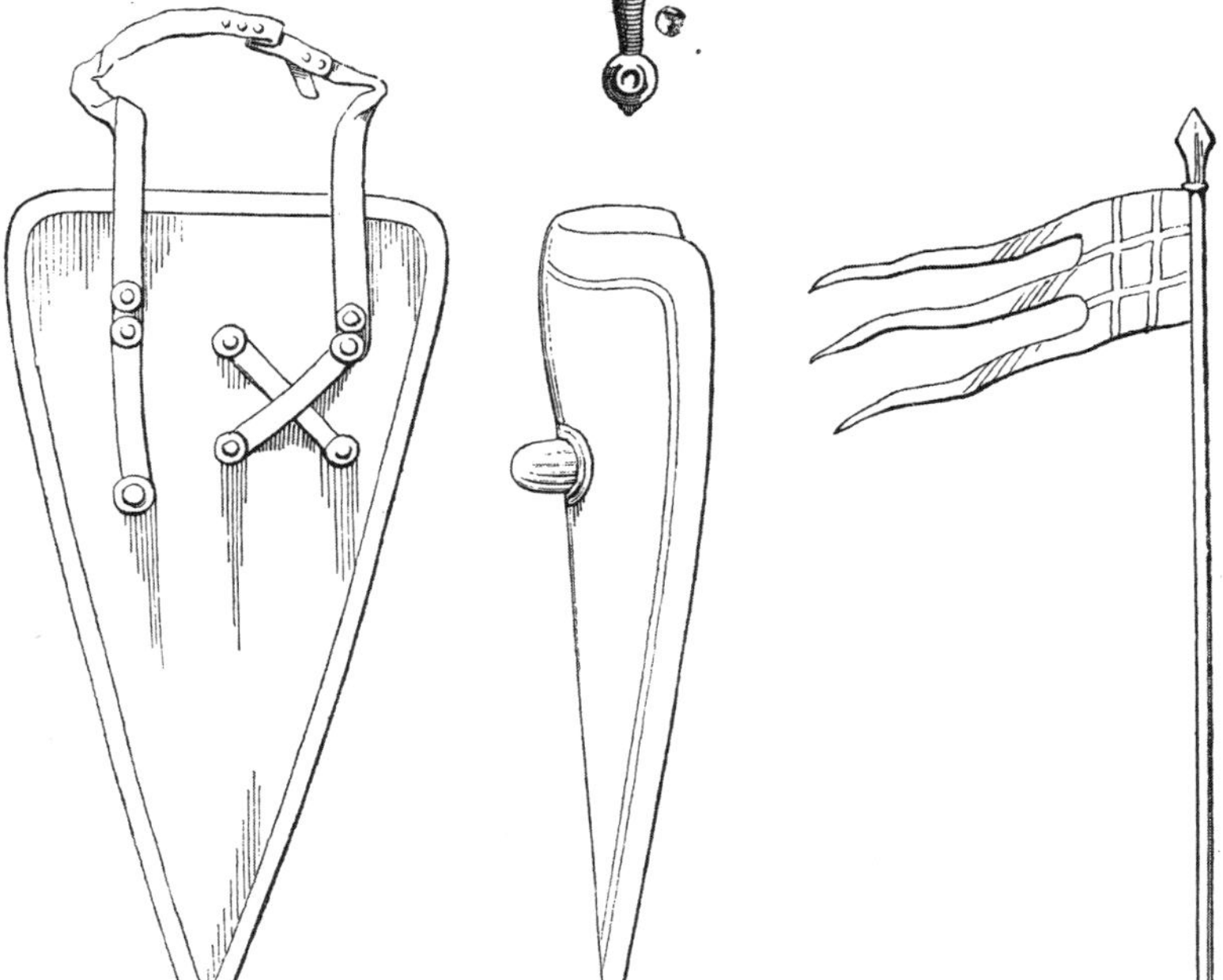

剣と鞘のデッサン——ヴィオレ・ル・デュクによる（左）
剣と柄のデッサン——ヴィオレ・ル・デュクによる（右）
騎士の盾（Dictionnaire du mobilier, V, p.348 に基づく）とウェルマンドア伯の軍旗（1116 年）（下）

騎士に授けられるメイス、それは騎士の備える力強き武勇の象徴である。メイスや長柄斧《ポラックス》がいかなる敵にいかなる角度から振るわれても破壊的であるように、武勇もまた、いかなる悪徳をも打ち砕き、かくして騎士道を輝かせる美徳と善行の数々に騎士が殉ずることを可能とするのだから。

騎士に授けられるミゼリコード〔主に致命傷を負った兵士にとどめを刺すことを目的とした短剣。慈悲の短剣とも〕、それは全ての武器が果てた時、騎士が最後の拠り所とする武器である。また騎士は、敵と至近まで近づき槍や剣が有用でなくなった時、この短剣の力で敵を打ち倒す。ゆえにこの武器は、騎士は決して自らの武器や筋力を過信せず、神のみを信じ、普段より善良なる行いを心がけ、そうして神の扶助を得て、騎士道のあらゆる敵を打ち倒すべきであると教えるのである。

騎士に授けられる盾《シールド》、それは騎士の責務の象徴である。あたかも盾が騎士と敵との間にあるように、騎士とは主君と人々の間にあるべき存在である。然《しか》してあたかも盾が剣戟を受け止めるがごとく、騎士もまた、主君の身に危険が生ぜし時はその身を呈してこれを守られねばならぬ。

騎士に授けられる籠手《ガントレット》〔ゴートゥリット〕、それはもし鎧かぶと諸々が欠損した時も、最後まで一撃から騎士を守るものである。また籠手《こて》は、騎士が槍や剣を素手より確実に保持する事を可能にする。そして騎士が勝利を祝い手を天に突き上げる時、籠手もまた、天に突き上げられる。即ち籠手は、神への勝利の祈りの象徴である。ゆえに籠手は騎士に、その手で偽りの誓約を捧げ、また悪事や過ち、不実を扱わぬよう思い起こさせるのである。

騎士が跨がる鞍《サドル》、それは騎士の揺るがぬ勇気と騎士道の持つ重い責務の象徴である。あたかも鞍が騎士に安定して馬に揺るがず乗ることを可能とするように、揺るがぬ勇気もまた、騎士を戦闘の最前線へと運ぶ。この揺るがぬ勇気は、騎士道の友である冒険心をもたらし騎士を助ける。この揺るがぬ勇気により、騎士は多くの臆病者と見掛け倒しの高慢な者を捕らえることが出来るのである。

鞍が象徴するもう一つのこと、それは騎士道が帯びる責務である。先にも述べた通り、鞍とは騎士を揺るがず馬に据え、その高みから滑り落ちることのないようにするものなのだから。そして鞍の重みは、騎士道の背負う責務の重みの象徴であり、騎士に少しのことで動じぬことを教える。騎士が動く時とは、敵に対して偉大な武勇を発露し、騎士道の名誉を守る時なのだから。

騎士に授けられる馬、それは高貴な武勇の象徴である。遠くからでもその気高い姿が分かるよう、騎士は馬に跨がらねばならない。ゆえに乗馬とは、騎士道が求める通り、騎士が常に即応の構えを保っていることの象徴なのである。

馬には頭絡《ブライダル》〔おもがい・くつわ・手綱の総称〕がつけられ、その手綱《たづな》は騎士の手に握られる。馬を従わせ、抑えるために。ゆえに頭絡とは騎士がその言説を抑え、下卑た言葉や偽証を避けねばならないことの象徴である。加えて頭絡は、騎士が蛮勇を抑え、理性に従わねばならぬことをも象徴する。

手綱は、騎士が騎士道の求める所、どこへでも向かわねばならないことの象徴である。寛大さが求められた時、騎士はその名誉に相応しく人々にその手で与え、金銭を惜しんではならないのである。

もし騎士がこうした規範を守れないなら、馬の方が騎士より騎士に相応しいと言わざるを得ない。

馬に装着するシャフロン〔馬の前額にあてる防具〕、それは騎士が頭で考えることなく戦ってはならないことの象徴である。あたかも馬の頭が常に騎士より先を行くように、騎士の行動には常に先に理性が先立たなくてはならない。理性のない行動は、不道徳と見なされ得るものなのだから。ゆえに、シャフロンが馬の頭を守るように、理性こそ騎士を非難と不名誉から守るものである。

ホースアーマー〔重装騎兵が用いた馬の胴体を守る防具。バードと呼ばれる〕とは馬を負傷から守るものであり、騎士道への献身に必要な財産を、騎士が自ら守らねばならないことの象徴である。あたかもホースアーマーが馬を致命傷と成り得る剣撃や打撃から守るように、財産とは騎士の身と騎士道の名誉を危険から守るものである。貧困は贈賄と裏切りの誘惑を生み、聖書にあるように、「多くの者たちは、利益を求めて罪を犯し、裕福になろうと躍起になっている者は、悪いことにも目をつぶる。〔シラ書二七・一〕」のだから。こうして多くの者が、貧困のため過ちを犯してきたのだ。

騎士に授けられる上っ張り《コート》〔サーカウト、タバードとも〕、それは騎士道の名誉を守るために騎士が経験せねばならぬ厳しい試練の象徴である。上っ張りとは全ての鉄の鎧の上に羽織るものであり、雨を受け、敵の刃をホーバークや他の防具《アーマー》より先に受け止めるものなのだから。騎士とは、他の人々より大きな責任を負う者である。騎士に仕え、騎士の庇護下にある者たちは、必要が生じた時はいつでも騎士に助けを求めねばならない。そして騎士は、その全力をもって、彼らを守護する責務を負うのである。騎士たる者、人々が苦しむ運命より、自ら捕えられ、傷つき、そして殉死することを選ばねばならない。そして王と諸侯もまた、同様の騎士道をより高みにて発揮し、自らの領土と領民とを守る責務を有するのである。

騎士に授けられる紋章《ヘラルドリー》、それは盾と上っ張りに表して正体を明らかにすることで、戦場で騎士の上げた武勇と武勲を讃えるためのものである。そして戦場で不正不実に振る舞った時、その名を咎めるためのものである。ゆえに騎士が帯びた紋章により、人々は騎士道の味方と敵とを区別する。それゆえ全ての騎士は、自らの紋章が決して不名誉と結びつくことのないよう、敬意をもってこれを扱わねばならない。

軍旗《バナー》は、国王陛下、大公殿下、諸侯並びに旗手たる上級騎士に授けられるものであり、主君と封土の名誉を守る責務の象徴である。軍旗を携える者たちは王国の地位のある人々より愛され名誉を授けられた者たちであるがゆえに、もし彼等が封土や主君に不名誉をもたらしたる時は、その分より大きな責めを負うべきなのである。

第六章　騎士たる者の美徳と善行

卓絶した勇気、それこそ騎士が人々の上に立つ者として選ばれた理由である。加えて比類なき立ち居振る舞いと躾《しつけ》もまた、騎士に求められる素養である。なぜなら、美徳と善行に基づく騎士の選抜なくして、類い稀なる勇気のみでは騎士道の名声を保つことなど出来ないのだから。ゆえに騎士は、善き立ち居振る舞いと礼節に溢れる存在でなくてはならない。

全ての騎士は、自らをとこしえの天の栄光へと導くあらゆる善行の源泉かつ根源たる次の七つの美徳を心に銘記せよ。七つの美徳の内、三つは「対神徳」あるいは「キリスト教的徳」〔いずれも神学的徳〕であり、残りは「枢要徳」である。「対神徳」とは信仰、希望、博愛〔新約聖書コリントの信徒への手紙に由来〕である。「枢要徳」とは正義、思慮、節制、そして勇気である。

信仰なくして、騎士が善き行いを為すことなど出来ない。なぜなら信仰により、人々は希望と博愛、そして忠誠心を獲得し、誠実さと真実の奉仕者たり得るのだから。そして信仰により、人々は神とその御業を霊的に理解し、目に見えない存在を信じるのだから。信仰心の無き者は、神の顕現とその御業を信じない。故に彼等には、目に見えぬ存在を理解することも知ることも不可能なのである。

信仰により善行が形作られた騎士は、聖なる教会の教えに殉じて戦う者であり、しばしば海を越え聖地への旅路に着き、十字架の敵を前に自らの力と騎士道を発揮し、死して殉教者となる。加えて教会の聖職者たちもまた、信仰に殉じる騎士により、悪人から、詐欺から、強盗から、廃嫡《はいちゃく》から可能な限り護られるのである。

希望こそ、騎士たる者の職務において肝要なる役割を果たす美徳である。なぜなら神に対する望みによって、騎士は戦いの勝利を確信するものなのだから。神への信仰とは、自らの身体あるいは武具に対する信頼より偉大なものであり、神への望みにより騎士は敵に打ち克つのである。即ち希望により騎士に勇気がもたらされ、怠惰と臆病心が克服されるのである。そして希望は騎士に苦難を耐え、またしばし直面する危険な難行への一歩を踏み出すことを可能とするのである。そして希望はまた、城を、都市を、砦を防衛する際の飢えと渇きの苦しみを凌ぐ糧《かて》ともなる。希望の火が消えた時、騎士はその責務を遂行する力を失う。ゆえに、あたかも大工の技が手から生み出されるように、騎士の業は希望から生み出されるのである。

博愛心無き騎士は、いずれ残虐さに蝕まれ、悪に染まる。残虐さと悪とは、騎士道とは共存し得ぬものなのである。もし騎士が隣人と神への博愛心を持たないならば、彼はいかにして神を愛することが出来ようか？　そしてもし騎士が貧者、弱者、障害者への慈しみを持たないならば、戦場で打ち負かし捕虜にした敵が身代金を持たず、にもかかわらず命を懇願した時、いかにこれに情けをかけることが出来ようか？　そう、もし騎士が寛大でなければ、いかに彼は騎士たることが出来ようか？

博愛こそ全ての不徳を打破する、美徳の中の美徳である。博愛こそ騎士がその責務を果たすにあたり求められる愛の形である。ゆえに博愛こそ、騎士の背負った重責を軽くする美徳なのである。あたかも脚のない馬が騎士を運べないように、博愛心のない騎士はその職務の重責と重荷を負えない。ゆえに博愛心によって、騎士道は名声を得て、そしてその名を高めることが出来るのである。

もし身体がなくとも人は人だというのなら、人とは目に見えぬものだということになるだろう。しかしある人が目に見えないのならば、それは人間でも、個人でも有り得ない。同様に、正義がなくとも騎士は騎士だというのは、騎士道として有り得ない考えである。ある不道徳な騎士が少しばかりの正義を備え、それをもって自らを騎士だと任じたところで、真実は変わらない。彼は、騎士ではないのである。騎士道とは正義と密接に織り成されたものであり、正義なくして騎士道は存在し得ない。悪徳騎士は正義の敵として裁かれ、騎士身分から追放され打ちのめされねばならないのだ。

思慮の美徳、それは善と悪とを見分ける分別を持ち、それにより善を助け悪の敵となる名誉を得ることである。思慮とは、現在の状況を見ることで、将来にいかなることが起こり得るかを知る技量である。ゆえに人は思慮により、将来の物理的、霊的な損害からその身を護るのだ。騎士とは悪を捕え打ち負かすために叙される身分である以上、その身は他の身分とは比較にならない程大きな危険に晒される。ゆえに騎士にとって、思慮より肝要なる美徳はないと言えよう。

無論、騎士は武装を保ち、時として戦わねばならない。しかしこうした行いより、理性、分別、そして正しき意志の力の方が、騎士道にとってはより本質なのである。なぜなら多くの戦いは、実のところ、騎士の数でも、その武具の質でもなく、その智慧と勤勉にて勝敗が分かたれるのだから。

まさにこの点につき、古の勇猛なる騎士ユダ・マカバイが、六倍もの数の敵の軍勢を前に自らの兵にこう諭している。「敵どもは武器と大胆さに、我々は全能の神の力に依り頼む。神は我々に襲いかかってくる者どもはもちろん、全世界さえも、一度《ひとたび》首を振るだけで打ち倒すことがおできになるのだ〔マカバイ記二 八・一八〕」と。かくして、知力と思慮により、ユダ・マカバイは敵を打ち倒し、輝かしき勝利の栄光を掴んだのである。

ゆえに騎士よ、もし汝が自らの子息を騎士に叙さんとするならば、まずかの者に理性と分別とを教えよ。加えて、かの者が善の味方となるよう、自らの全力をもって導き給え。こうした善行と思慮により、騎士道の名誉が生まれるのだから。

乱戦形式の馬上槍試合（Bibl.nat., fr. 749 に基づく）

勇気、それは高貴な心に宿り、人を地獄へと誘う七つの大罪に抗《あらが》う美徳である。七つの大罪とは貪食、色欲、貪欲、高慢、怠惰、嫉妬、怒りである。このいずれの誘惑に負けた騎士も、高貴な心を持つ者たちの序列に加わることは許されぬものと知れ。

貪食、それは過剰な飲食により肉体に弱さを生じさせる罪である。過ぎたる飲酒は肥満を生み、肥満は怠惰と倦怠感を生み、そして魂を蝕《むしば》む。これら不道徳は全て騎士道の敵である。ゆえに騎士は我慢強さの勇気をもち、禁欲、思慮、節制の美徳を発揮し、貪食に断固として抗がわねばならない。

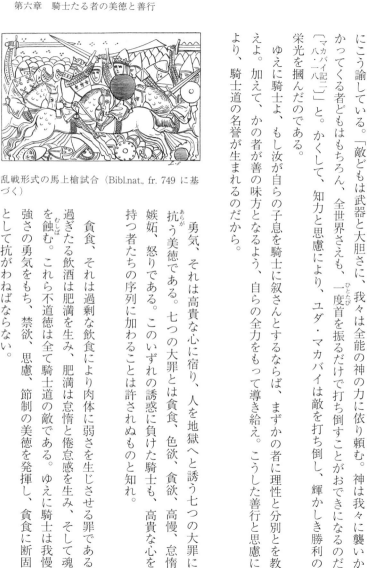

色欲、それは純潔と相容れない罪である。しかし色欲は、若さ、美貌、過ぎたる飲酒、大食、綺羅びやかな服と扇情的な嘘、裏切り、不実、神の栄光への軽蔑の力を借りて、純潔を試す。一方純潔は、知の力を借りて神の律法を思い起こし、神を愛し、讃え、仕えた者にもたらされる栄光と、地獄での終わりなき苦痛を知ることで、色欲を打ち払う。

加えて信心を持つ者は、神を憎み、その教えを信じぬ者たちの一部を成す悪と苦痛とを忘れることがない。故に純潔により、悪に屈せず、邪《よこしま》な考えを退け、高潔なる名誉が貶められることを防ぎ、美徳に満ちた心をもって色欲に打ち克つことが可能となるのである。騎士とはかような不道徳に高貴な勇気をもって対抗する者だからこそ、騎士と呼ばれるのである。ゆえにこうした美徳を備えぬ者、騎士とは言えぬものと知れ。

貪欲、それは高貴な勇気を陰らせ、下劣で誤った目的に導く罪である。貪欲に打ち勝つ力と勇気を持たぬ多くの者が、この罪に呑まれ意地汚い強欲者に成り果ててきた。強欲により、彼等は過ちを犯し、富ある人々の下にその身を投げ出し、そして財の奴隷と化してしまったのである。財とは、神が与えたものであることも忘れ。

勇気とは、その敵の助けになる者にも、その助けを呼ぶことを拒む者にも、決して舞い降りることのない美徳である。この内なる強さこそ高潔で卓越し重きをなす枢要な徳であり、我々が窮状に陥り危険が生じた時には、その助けを求めねばならない。ゆえに自らの心が、諸悪と裏切りの根源と原因である貪欲に呑まれそうになった時、騎士はこの内なる強さである勇気を頼らねばならない。さすれば彼は、臆病、怠惰、弱さ、孤立無援から解き放たれるであろう。この内なる強さの助けをもって、高貴なる心は諸悪を打ち破るのである。

　強欲なる騎士諸君に問う。なぜ汝らは、貪欲を軽蔑し、常に臣下の騎士を助けるため手を伸ばし続けた、あの最も卓越した力強きアレキサンドロス〔アレキサンダー〕大王のように勇気を持とうとしないのか？　事実、彼の寛大さに心打たれた敵兵たちが、強欲な王を捨てアレキサンドロスに帰順し、そしてその王を打ち倒したというのは広く知られた話ではないか。ゆえに汝も、貪欲に負け、騎士道に背く邪な考えの奴隷と化してはならない。もし貪欲が騎士の人生の一部だと言うならば、色欲もまた、その一部ということになってしまうではないか。

　怠惰あるいは諦観、それは人を悪と不道徳の讃美者へと、善を嫌う者へと変える罪である。この悪徳ほど、地獄への道を歩む人間をはっきり示すものはない。翻って、勇気ほど、救いへの道を歩む人間を示す美徳はないのである。ゆえに、アダムの原罪により生まれつき悪へ傾いてしまう肉体の性向に打ち克ち、精神的無気力という罪を乗り越えるためには、勇気の力が必要なのである。

　怠惰あるいは諦観に呑まれた人間は、他人の人生が上手く運んでいると聞くと悲しみと怒りを感じる。そしてかような人間は、他人の人生が上手く行っていないと聞いた時でもなお、より悪い状況に陥らなかったことに、悲しみと怒りを感じるのである。ゆえにかような者たちは、他人の良い知らせにも悪い知らせにも、不幸を感じる。怒りと不愉快により感情が掻き立てられて、身体と魂の双方を苦しめるのだから。

　ゆえに騎士よ、この罪に打ち克たんがため、絶望を打ち払う勇気の強さを求め祈るがよい。そして忘れるな、もし神が他人に幸運をもたらしたとしても、それは神が汝に幸運をもたらさないことを意味しないのだと。神がある人間に何かを与えたとして、そのことは、神が別の人間に別の何かを与える力をなんら弱めるものではない。まさにこのことを示すため、主はぶどう園の主人のたとえ〔マタイ二〇・一―一六〕をなされたのである。一日中働いた労働者と午後遅い一時間しか働かなかった労働者に同じ額の賃金が支払われた時、まる一日働いた者はぶどう園の主人に抗議の声を上げた。しかし主人は、半日しか働かなかった者に対して自分が気前の良さを示したところで、まる一日働いた者たちに何ら損害を与えるものではなく、ゆえに全員与えられた賃金に満足して帰るべきだと反論したのであった。

高慢、それは不平等を愛し、他者よりも特別でありたいと望む罪である。高慢な男は仲間も対等の友も持たず、孤独であることを愛する。対照的に、勇気と謙虚さは平等を愛する美徳であり、ゆえに高慢の真逆に位置するものと言えよう。ゆえに高慢な騎士よ、もし汝が自らの自惚《うぬぼ》れに打ち克とうとするならば、内にある勇気と謙虚さを掻き集めるがよい。謙虚さは、勇気と合わさり初めて高慢に打ち克つ力を持つのであるから。そうした後、汝が武具に身を固め、立派な馬の背に跨がることで初めて高慢を克服することが出来よう。中には、かくなる地位そのものによって高漫が生じる者もいるだろう。その時は謙虚に再び思い起こすがよい。騎士たる目的と、その存在意義を。さすれば、高慢さの付け入る隙など消え失せるだろう。

もし汝が一度高慢に染まりきってしまえば、もはや汝の勇気は高慢に打ち克つ力を持たないであろう。そして戦いで敵に倒され、汝が捕えられ征服された時に初めて、その高慢さが打ち砕かれるのだ。なぜならそれは他の騎士の力強き肉体が、自惚れに満ちた汝の魂を圧倒したということなのだから。もし魂が高貴であったなら、肉体により魂が圧倒されることなどなかった筈である。ゆえに騎士よ、勇気と謙虚さをもって、汝の高貴な魂から高慢を追い出すのだ。

嫉妬、それは真の騎士道に欠かせざる正義、博愛、寛大さと折り合わない罪である。怠惰な心を持ち、勇気の欠けた騎士は時として、騎士道を放棄する。かくなる者は、正義、博愛、寛大さをもまた失う。そしてこうした騎士は、嫉妬に取り憑《つ》かれ、他者の幸運を妬み、自らの武勲は遅々として積み上がらないのである。こうした騎士は邪《よこしま》な考えに走り、もとより自分の物でない物を、他者からいかに奪うかに考えを巡らせ始める。かくして彼は、富を得るためにいかに賄賂を贈ろうか、嘘をつこうかと考え巡らせるようになり、騎士道の名誉を汚すのである。

怒り、それは隠れた邪な願望が表出して生じる心の暴走である。怒りに震える者の心は制御が不能な状態にあり、ゆえに彼は自らの責務を思い起こすことが出来ない。しかし責務を思い起こし、それを噛み締めることこそが、真の騎士道への道を照らす行いである。ゆえに自らの心を鎮めようとする者は、内なる強さ、博愛、節制、そして忍耐を呼び戻さねばならない。こうした美徳により、怒りを乗り越え、収拾し、そして怒りにより生じた苦しみと衝動から解放されることが可能となるのだから。怒りとはかように強力なものであり、これを克服したいと思うものは、心を強く持ち、博愛、自制、慈善心、忍耐、そして謙虚さの力を借りねばならない。かくなる美徳により怒りは克服でき、そして同時に、邪な願望、復讐心、短気とその他の不徳もまた消し去れるのである。そして不徳が消え去った時、正義や智慧を始めとした道徳が強まる。そして正義と智慧が広まった時、騎士道の質が高まるのである。

騎士がいかに勇気をはたらかせて七つの大罪を跳ね除けるかを述べたところで、次は節制の美徳について述べよう。節制とは、二つの悪徳の間に位置する美徳である。一つは過剰の悪徳、即ち「多すぎる」罪。今一つは過小の悪徳、即ち「少なすぎる」罪。ゆえに節制とは、中間に位置する妥当な量や手段を選択出来る美徳と定義出来よう。もしこの両極端の間に美徳がないのなら、「中間」という概念は存在し得ないのであり、それは道理に反することである。ゆえに良く訓練された騎士は、戦場においても、食べる時も、飲む時も、話す時も、金銭を使う時も、その他あらゆる場面で節制し善き行いを示すものなのである。

騎士はミサに参禱し説教を聞き、礼拝と祈りを捧げ、神を愛し、これを畏れねばならない。この善行を通じて騎士は、この世が腐敗した世界であり、死の運命は逃れ得ないことを知る。そして天において栄光が授与され地獄での苦しみを免れられるよう、神に祈る。かくして騎士は、騎士道に定められた善行の数々を積む習慣を身につけるのである。

しかし、これを怠り、神託や、鳥の飛び方に基づいた予言〔オーギュリィと呼ばれる古代ローマ起源の占い〕などを信じる騎士は、神に反する行いを為すものである。かようなものに信頼を置く者は、神とその御業でなく、自らの気まぐれな感情や、鳥の行動や神託者に重きを置く者なのであるから。それゆえに、かくなる騎士は神の名を冒瀆するものであり、騎士道に反するものである。

大工や仕立て屋やその他類似の職人は、その職業に相応しい技芸と知識を身につけることなく仕事をすることが出来ない。同様な理由で、神は、騎士が相応しい分別と判断力を身につけることなくその役割を全う出来ないようお定めになられた。ゆえに分別と判断力を損なった騎士とは、その本来の役割を果たすことが出来ない者なのである。よって、もし騎士が鳥の飛び方に基づく神託などというものを信じたならば、それは自らの優れた魂を完全に捨て去ることと知れ。かくなる騎士は、まるで何の理性も持たず全てを運任せに生きる愚かな村人のごとき者である。かくなる騎士は、神に背いた者である。ゆえにかくなる騎士は、神を信じ、理性と思慮を備えた敵により打ち倒されて当然なのである。もしかくなる騎士が騎士道に背いていないとするならば、騎士道とは神、理性、思慮、希望、信仰、高貴なる勇気よりも、鳥を使った神託とその理論と共にあることになろう。そして当然、それは間違いである。私がここで叱責しているのは、占い師を信じ込み、頭に何も被らずにいる婦人を朝に見るのは不吉の兆しなどとして、妻や他の女性が頭に何も被っていなかった日に、武器を取る行為を控えるような騎士である。

あたかも裁判官がその職務を執行する際に慣習に従うように、騎士も本来の騎士道に基づき理性と判断力に従わねばならない。そして、あたかも裁判官が証言を聞いた後、鳥の飛び方や犬の鳴き方に基づき判決を下せば誤った判決をもたらすように、もし騎士が理性と判断力を用いず、鳥の飛び方に基づき自らの行動を決めたならば、それは騎士の職務の品位を貶めるものである。鳥とはそもそもでたらめに飛ぶものであり、ゆえにその者の行動もでたらめにしか成り得ないのであるから。ゆえに騎士は、偶然の出来事になど注意を払わず、自らが背負う誇り高き紋章に相応しい理性と分別をもって行動せよ。

騎士は公共の利益を愛さねばならない。なぜなら、社会とは騎士により創設され確立されたものなのだから。そして公共の利益こそ、いかなる特定の集団の利益より重要で本質的なのだから。

気高く、堂々と話し、美麗な鎧を抜かりなく着用し、善く誠実な家庭を保つことこそ、騎士のあるべき姿である。こうした善行こそ、騎士道の名誉を保つものである。礼節は騎士道と不可分である。悪意に満ち下卑た言葉は、騎士道に反するものと銘記せよ。忠誠、真実、忍耐、寛容、良識、謙虚、慈悲、そしてそれに類する美徳もまた、騎士道に欠かせぬものである。

馬の世話と調教は、真の騎士にとって重要ではない。重要なのは、騎士自身と、その子息の訓練と養育である。なぜなら、騎士道とは馬を所有することや、武器を備えることにはないのだから。代わりに騎士道とは、自らとその子息を正しき行いに向かって鍛錬する、騎士その人の精神にある。自らとその子息を邪《よこしま》な意図に従って訓練する邪悪な騎士は、自らが獣なのであり、逆に馬の方が騎士として相応しいと言えよう。

第七章　騎士の名誉

神は騎士に名誉をお与えになられ、そして民もまた、本書で詳述したように騎士を崇敬する。騎士とは、祭壇にその身を献げる聖職者を除き、この世のあらゆる身分より誉れ高い身分なのである。騎士はこの世の統治に欠かせない身分であり、ゆえに騎士は、民より崇敬されねばならない。騎士道の美徳を備えず、騎士でない者は、国の王たる、君主たる資格も主君たる資格も持たない。本来こうした人物にこそ、騎士道は守られねばならないのだから。ゆえに王や大諸侯もまた、騎士を崇敬せねばならない。あたかも騎士が高位の諸侯を民より敬うように、王や諸侯もまた、騎士を民より敬わねばならないのである。

騎士道と寛大さは不可分である。そして寛大さこそ主君に求められる資質である以上、騎士と主君の責務とは不可分なものであると言えよう。騎士は、自らの主君に劣らず公明かつ寛大でなくてはならない。そして騎士はその善良な心により愛され、その強さにより畏れられ、その善行により讃えられねばならない。そして王、君主、他の高位の諸侯から相談相手とされているということで、人々から賞されねばならない。

もし諸侯もまた人に過ぎぬという理由で彼等を低く見る者は、かような騎士の美徳を軽蔑する者である。臣下の騎士に礼を持って接する高貴な諸侯や高位の主君は、宮廷で自らに敬意を払う者である。騎士を自らの使者や特派とする主君は、自らの名誉を騎士道の武勇に託す者である。

騎士の妻を誘惑し、また彼女を不義へと導く者は、騎士道を尊ぶ者ではない。同様に低き身分の男との間に非嫡出子を儲けし騎士の妻は、騎士道を尊ぶどころか、それを無に帰し、その血筋を破滅へと導く者である。同じく、卑しき身分の女と子を儲けし騎士は、騎士道の名を汚す者である。

騎士でない者さえ騎士と騎士道とに敬意を払うべきなのだから、騎士はより一層の敬意を騎士と騎士道に払わねばならない。騎士が手入れされた装備を携え、馬に跨がり、美麗な甲冑を身にまとうことで自らの身体に敬意を払うなら、その何倍もの敬意を自らの高貴な魂に払わねばならない。悪や裏切り、邪《よこしま》なる考えに魂を侵された騎士は、自らの名誉を汚すものと知れ。かように自らや、自らの兄弟である騎士たちの名誉を汚す者は、人々の崇敬に値しない。騎士道とは騎士に宿る精神なのだから、騎士ほど騎士道の名声を高めることが可能な者も、それを貶めることが可能な者も、他に存在しないのである。

騎士道の摘要を説く本書も、この辺りで閉じたいと思う。神、栄光なる主、そして我らが聖母マリアを賛美し、本書を締めくくる。アーメン。

武勲詩要覧

シャルルマーニュ詩群
『ローランの歌』（一一世紀末）／『アスプルモンの歌』（一二世紀末）／『大足の王妃ベルト』（一三世紀後半）／『スペイン侵攻』（一四世紀）

ギヨーム・ドランジュ詩群
『ルイの戴冠』（一二世紀前半）／『ニームの荷車隊』（一二世紀中葉）／『オランジュの陥落』（一二世紀末）／『アリスカン』（一二世紀末）

ドーン・ド・マイヤンス詩群
『ジラール・ド・ルシヨン』（一二世紀中葉）／『ラウール・ド・カンブレー』（一二世紀末）／『ルノー・ド・モントーバン（エイモンの四人の息子）』（一二世紀末）／『オジエ・ル・ダノワ』（一三世紀前半）／『ジラール・ド・ヴィエンヌ』（一二世紀末）／『ドーン・ド・マイヤンス』（一三世紀中葉）

ロレーヌ詩群
『ガラン・ル・ロレーヌ』（一二世紀後半）

その他の武勲詩
『アミとアミル』（一二世紀）／『エヨール』（一二世紀末）／『騎士団』（一三世紀前半）／『オーベリ・ル・ブルゴワン』（一三世紀後半）

シャルルマーニュ詩群

最も成立の早い武勲詩の一つである『ローランの歌』から派生した作品群。中世のシャルルマーニュ伝説の形成に大きな影響を与えた。「王の詩群」とも。

収録作品：『ローランの歌』（一一世紀末）／『アスプルモンの歌』（一二世紀末）／『大足の王妃ベルト』（一三世紀後半）／『スペイン侵攻』（一四世紀）

ローランの歌　作者不詳（テュロルドとも）一一世紀末

解説

最も成立の早い武勲詩の一つにして、四〇〇二行の一〇音綴から成る比較的短い武勲詩。テュロルドという名の人物が作詞に関わったとされるが、この人物の正体も、果たした役割も未解明のままである。シャルルマーニュ率いるフランク王国軍とムスリムのバスク軍が七七八年に衝突した史実のロンスヴォーの戦いを題材にしている。

あらすじ

ガヌロンの裏切り（第一—七〇二行）

大帝シャルルマーニュとその部下たちは、異教徒を相手に連戦連勝を続けていた。イスラム教徒により征服されていたスペインはその領土をほぼ回復し、異教徒勢はサラゴッサの街に追い詰められ、後は全滅を待つばかりであった。

サラゴッサに座した異教徒王、その名はマルシルといった。もはやまっとうな戦法では敗北を避け得ぬと判断した彼は、臣下ブランカンドランによる進言を受け、謀略によりフランク王国軍を崩壊させることを決意する。かくしてイスラム陣営からブランカンドランと一〇人の軍使が選ばれ、偽りの提案と膨大な貢物と共にシャルルマーニュの陣に派遣された。

　軍使たちはかつてイスラムの美しい都であったコルドルの城門をくぐり、破壊された都の姿に胸を痛めつつ、シャルルマーニュの玉座に辿り着いた。シャルルマーニュはこの破壊された都の中、黄金の玉座に座して軍使を待っていた。その傍らには甥のローラン、名高きオリヴィエが控え、その後ろには一万五〇〇〇もの兵が参集していた。

　軍使たちはシャルルマーニュにこう提案した。「陛下がもしエックスの都に退却されましたら、我が王とその臣下は全てキリスト教に改宗致しましょう」と。もちろん、この提案は偽りであり、よく考えられた罠であった。

　次の朝、シャルルマーニュは臣下を集め、この提案について評議を始めた。一二勇士の一人にしてシャルルマーニュの甥のローランは、議論が始まると口火を切り、烈火のごとくこの提案に反対した。「マルシルなど信じられぬ！」と。それに対し、ローランの義父でありながらこれを酷く憎むガヌロンは、「かような提案を拒むとは、おごり高ぶった狂人の言葉なり！」とローランをこきおろす。殺気立った空気が漂う中、仲裁に割入ったのはシャルルマーニュの最も信頼篤き忠臣ネーム公であった。彼は異教徒勢が人質を出すと提案していることを理由に、王マルシルへの慈悲を進言したのである。かくして、シャルルマーニュは提案を受諾し和平へと進むことを決意した。

　議題は次に軍使の人選へと移った。初めにネーム公、次にローランがそれぞれ志願したが、シャルルマーニュは一二勇士を軍使とはせぬとしてこれを却下する。ここでローランが、意外にもガヌロンを推薦したのである。皆も賛成し、軍使はガヌロンと決まったが、気に食わないのは当のガヌロン。「よくも我を死地に追いやったな！」と公然とローランに怒りを顕《あらわ》にして隠さない。しかし最後はシャルルマーニュ本人にたしなめられ、ようやくガヌロンはサラゴッサへ出発したのであった。

　サラゴッサに着いたガヌロンは、ローランへの恨みから道を外れ、ローランをいかに貶めるかの策略の考案に熱中する。そしてローランこそが、この和平の邪魔者だと話術巧みに王マルシルに信じさせることに成功したのであった。こうしてガヌロンは、唾棄すべき裏切りの計略を異教徒に持ちかけた。それは、上辺だけ和平を受け入れ、多くの貢物と人質を差し出してシャルルマーニュの本隊をフランスに帰還させ、後衛だけの手薄になったところを襲ってローランを殺してはどうかという策略であった。「ローラン死せばシャルルマーニュはその右腕を失わん。さすれば戦いを続けること能わず、この世界は貴殿のものなり」というのが、この薄汚い裏切り者の提案であった！

王マルシルはこれを受け、ここに醜い誓約が交わされた。ガヌロンは膨大な量の貢物と人質と、偽りの返答とを携えてシャルルマーニュの本陣に帰還したのであった。

ロンスヴォーの戦い（第七〇三―三六七五行）

策略通り、シャルルマーニュはガヌロンの言葉を信じ、喜びの中を直ちに母国への凱旋を命じた。そして後衛軍の司令選びの議論に差し掛かった時、ガヌロンがこう進言した。「後衛軍の指揮、これ勇士ローランをおいて他になし！」と。後衛軍指揮の危険をよく承知するローランは、ガヌロンの悪意を見抜き苦々しく思ったものの、騎士としての矜持を貫きこう答えた。「後衛軍司令への推挙、まことに光栄なり！」このやり取りを見た一二勇士のオリヴィエ、ジェリエ、オトン、ベランジエ、アストール、ジラール・ド・ルシヨン、そして大司教テュルパンがローランに続き、後衛軍に志願した。

ローランは仲間の騎士たちと共に二万の精鋭を率いて殿《しんがり》を務めた。しかし、彼の軍勢が「茨の谷」との異名を持つロンスヴォーの峠道へと差し掛かったその時、異教徒の吹き鳴らすラッパの音が辺りに響いたのである。ローランとオリヴィエは、歴戦の経験からこれが待ち伏せだと直ちに悟った。

初めに異教徒軍をその目にしたのはオリヴィエであった。地上を埋め尽くさんばかりの異教徒軍を前に、キリスト教軍が数で完全に劣勢であることを悟った彼は、「我が友ローランよ、直ちに角笛を吹かれよ」と進言する。オリファンという名のこの角笛の音により、本隊が救援に駆けつける手はずになっていたのである。しかしローランは、この提案を一顧だにせず、「馬鹿げたことを！　我とフランスの名誉を汚せと申すか！」と拒絶してしまう。

この時フランスを大嵐が襲い、サン＝ミシェルからクサンテンまで、ブザンソンからヴィッサンまでを揺るがす大地震が発生した。白昼の大地が、一瞬にして暗闇に包まれた。自然が、大地が、ローランの死を予知し、嘆き悲しんだのであった。

かくして、キリスト教徒と異教徒の決戦の火蓋が切られた。初めに一騎打ちが繰り広げられた。ローランとオリヴィエは敵の勇士を立て続けに蹴散らし、これに味方は「モンジョワ！」と奮い立つ。続けて大司教テュルパンも聖職者ながら卓越した武勇を示し、敵の勇士を見事討ち取る。これを見たキリスト教軍はさらに奮い立ち、ついに異教徒軍は「一〇万の軍団中、生き残りしは僅か二万」という状況にまで追い込まれる。ロンスヴォーの地に「モンジョワ！」の声がこだました。

しかし後衛軍の優勢もここまでであった。王マルシルの本隊が到着し、突然割れんばかりのラッパの音が辺りに鳴り響いたのである。これを聞いたローランは、直ちに自らの状況を悟った。もはや、死を覚悟して戦う他に道は残されていなかった。

一二勇士が、一人、また一人と討ち取られていった。ローランは獅子奮迅の働きで戦うが、時を追うごとに敗戦は濃厚となり、数度の合戦の後、とうとう後衛軍は六〇人を数えるのみになってしまう。ここに来て遂に、ローランは角笛を吹く決意を固めた。もはや自らは助からなくとも、その仇をシャルルマーニュにとってもらうために。ローランは口から血を流すほどありったけの力で角笛を吹き、その音は三〇マイル離れた本隊にまで届いた。

シャルルマーニュは角笛の音を耳にすると、その音色から愛するローランの悲愴な立場を理解した。そして直ちにガヌロンを捕らえ、鉄鎖に引いて連行させた。ローランの角笛の一声で、シャルルマーニュはガヌロンの裏切りの全てを悟ったのである。そして全軍は馬首をめぐらせ、スペインの方角へとひた走りに引き返した。

その頃ロンスヴォーでは、ローランとオリヴィエが最後の奮戦を続けていた。ついに王マルシルが満身創痍のローランに迫ったものの、ローランはたちまち王マルシルの右手を切り落とす。そして返す刀で王子ジュルファルーの首をも刎《は》ねたのであった。

多くの兵がこれに恐れ逃げ去ったが、戦場にはなお五万の敵兵が残っていた。そしてとうとう、オリヴィエが敵将の槍に貫かれ、壮絶な戦死を遂げる。残るテュルパン大司教もまた、降り注ぐ矢と槍に貫かれ、全身血まみれであった。戦いの果て、愛馬をも失ったローランとテュルパン大司教は、最後の力を振り絞り、徒歩で味方の遺体を探し求め一箇所に集め横たえた。大司教は涙にむせびながら戦死者に最後の祝福を与えると、自らも息を引き取ったのであった。

シャルルマーニュの本隊が近くに迫り、「モンジョワ！」の鬨《とき》の声が遠くにかすかに聞こえる中、一人残ったローランもまた、自らの死期を悟った。彼は聖剣デュランダルが敵の手に渡らぬよう岩にこれを叩きつけ割ろうと試みたものの、聖剣は刃こぼれ一つしなかった。これを見たローランは改めて愛剣を愛でると、剣と共に身体を横たえた。そして最期に今一度フランスの方角を眺め、美《うま》し母国を想うと、ローランは眠るように死んだ。その魂は、天使と聖人により天国に引き上げられた。

シャルルマーニュの本隊がロンスヴォーの地に着いたのはまさにその時であった。シャルルマーニュはローランの名を、一二勇士の名を繰り返し呼んだが、誰一人返事をする者はなかった。悲しみに暮れるシャルルマーニュの姿を見て、悲哀のあまり二万のフランス兵が卒倒したという。

シャルルマーニュは事態を理解し、直ちに異教徒軍を追撃するよう全軍に命じた。既に日は傾き、今にも夜の帳が下りようとしていた。しかし、シャルルマーニュが天に祈りを捧げたその時、太陽の動きが止まり、キリスト教軍に追撃を許したのである。復讐心に駆られたシャルルマーニュ軍は怒濤のごとく攻め、逃走していた異教徒軍をことごとくエブロ川に沈めた。シャルルマーニュが感謝の祈りを天に捧げると、太陽は再び西の地平へと沈んでいった。

一夜明け、ローランと将兵の亡骸を弔っていたシャルルマーニュの前に、王マルシルの求めに応じてバビロニアから進軍してきた王バリガンの軍勢が立ちはだかった。王バリガンの軍勢は一五〇万、対峙するシャルルマーニュ軍は一〇万であった。こうして、キリスト教軍と異教徒軍の弔い合戦の火蓋が切られた。

ネーム公、騎士オジエ、アンジュー侯ジョフロワらの助けを得て、シャルルマーニュは若者のように戦場を暴れまわる。死闘は終日続き、夕暮れ時、とうとう両軍の総大将が相まみえた。大天使ガブリエルの加護を受けたシャルルマーニュは一刀のもとにバリガンの兜を打ち砕き、その脳髄を撒き散らした。それを見た異教徒軍はにわかに士気を失い、日没と共に次々と退却した。その悲報を聞いた王マルシルもまた、希望を失い落命した。

こうして、シャルルマーニュは月の光を浴びながら、ついにサラゴッサに入城した。城内に残っていた異教徒らには全てキリスト教の洗礼が授けられた。こうし異教徒の王妃ブラミモンドは捕らえられた。こうして、七年の長きに亘ったスペイン侵攻は幕を閉じたのであった。

ガヌロンの裁判（第三六七五―四〇〇二行）

母国フランスに戻ったシャルルマーニュは、ローランの許嫁であったオード姫に彼の戦死を伝える。代わりに別の良い男を紹介すると提案するも、オード姫はただ一言「彼がいなくてどうして生きていられましょう！」と叫ぶや悲哀のあまり卒倒し、そのまま亡くなってしまった。

シャルルマーニュによりガヌロンの処遇を決める裁判が招集された。シャルルマーニュは叛逆の罪でガヌロンを告発するも、ガヌロンとその弁護人のピナベルは、時には言葉巧みに弁明し、また時には威圧し、無罪判決の寸前にまで裁判官たちを操ってしまう。

ただ一人アンジュー侯ジョフロワの弟チエリーのみが、ガヌロンの裏切りを強く主張し続けた。そして遂にチエリーは、正しい裁きのため命を賭ける用意があると申し出る。体格に自信のあるピナベルはこれを受け、ついにガヌロンの判決は、決闘による神明裁判により決せられることとなった。

決闘の舞台にはエックス城のはずれの草原が選ばれた。裁判に先立ち、両人は司祭に罪を告解し、ゆるしの秘蹟を受け、ミサに与り聖体を拝領した。一〇万の騎士たちが固唾を呑んで見守る中、決闘が始まった。ピナベルは並外れた体格を持ち、身のこなしも俊敏で、チエリーはただ正義の裁きを神に祈るのみであった。予想に違わずピナベルがチエリーに一撃を叩き込み、鮮血がほとばしった。誰もが勝負が決したと思ったその時、神の加護を得たチエリーが死の運命を免れ剣を打ち返し、ピナベルの兜を叩き割ったのである。断末魔の叫びが響き、こうして裁判は決した。

ガヌロンと、その弁護をした一族に死刑が宣された。ガヌロンの一族三〇名は鈴なりに木に吊るされて死んだ。ガヌロンは、その手足を四頭の軍馬にくくりつけられ、八つ裂きにされ死んだ。こうしてシャルルマーニュの復讐は為された。

シャルルマーニュにはこの日、もう一つ重要な仕事があった。捕囚の身であった異教徒の王妃ブラミモンドが、自らの意志によりクリスチャンになろうとしていたのである。シャルルマーニュはブラミモンドに洗礼を授け、彼女にはジュリエンヌという洗礼名が与えられた。

かくして、シャルルマーニュはスペインをキリスト教徒の手に奪還し、キリスト教世界を拡大するという一大事業を成し遂げたのである。

その夜、シャルルマーニュの枕元に立つものがあった。大天使ガブリエルであった。大天使ガブリエルはシャルルマーニュにこう告げた。「ビール国の地において、王ヴィヴィアンが異教徒に攻囲されている。かの地に赴き、キリスト教徒を救援せよ！」と。これを聞いたシャルルマーニュは独りこう嘆くのであった。「わが生涯にはなんと苦労の多いことか！」

〈底本：橋口倫介（一九七〇）、キャサリン・M・ジョーンズ（二〇一四）〉

アスプルモンの歌　作者不詳　一二世紀末

解説

ローランの若き頃の活躍と騎士叙任を描いた作品。現存する原稿から当時特にイギリスで人気を博したと推測される。

あらすじ

異教徒王バリガンが南イタリアに侵攻を開始した。王バリガンはバランを使節として差し向け、キリスト教徒側にその要求を伝える。それは、息子の王子オーモンをローマにおいて戴冠させよ、という無理な内容であった。これを聞いたシャルルマーニュの軍勢は、直ちに南イタリアに向け出立する。こうしてアスプルモンの地において、キリスト教世界の命運を決する激戦の火蓋が切られた。

しかしローランはその頃、「遠征に参加するにはまだ若すぎる」としてシャルルマーニュによりローマで軟禁されていた。しかし血気盛んな彼はこれを無理やり抜け出し、仲間を率いて戦場へと急いだのであった。

駆けつけたアスプルモンの地において、ローランは人生最初の武勲を挙げる。彼は異教徒の王子オーモンを討ち取り、シャルルマーニュを見事危機から救い出すと、後にロンスヴォーの戦いへと携える運命となる豪華な戦利品の数々を鹵獲《ろかく》したのであった――角笛オリファン、愛馬ブリリアドロ、そして聖剣デュランダルを。

かくしてローランの活躍により、シャルルマーニユの軍勢は決戦に勝利した。「良き異教徒」使節バランは、シャルルマーニュの右腕ネーム公の説得により、キリスト教とシャルルマーニュの正しさを認め、キリスト教に改宗した。戦利品の聖剣デュランダルはローランに授けられ、シャルルマーニュにより彼は騎士に叙されたのであった。
〈底本：キャサリン・M・ジョーンズ（二〇一四）〉

大足の王妃ベルト　アドネ・ル・ロワ作　一三世紀後半

解説

シャルルマーニュ誕生の逸話を描いた作品。元となった叙事詩が別に存在するとされるが、現存していない。

あらすじ

ハンガリー王の娘ベルトは生まれつき大きな足を持っていた。彼女は大切に育てられると、やがてピピン三世と結婚の運びとなった。しかし結婚初夜、邪《よこしま》な老家庭教師が一計を案じ、自分の娘をベルトと入れ替えてしまう。こうして偽のベルトが王と結ばれる一方、本物のベルトは殺人者の濡れ衣を着せられ、城を追われる運命となった。彼女は森の奥深くで王の牛飼いに匿《かくま》われ、四年もの間、彼の小屋で身を潜めて暮らしたのであった。

偽ベルトは、王との間に二人の息子を儲けていた。しかし偽ベルトの素行の悪さは日々酷さを増し、それを不審に思ったベルトの実の母親がある日、偽ベルトを探るため城を訪れる。そしてとうとう、偽ベルトの足が大きくないことを見抜いた母親により、詭計の全てが明るみにされたのであった。

家庭教師は火刑に処された。王ピピンは真の王妃を探しに森へと入り、ついに牛飼いに保護されていたベルトを見つける。二人はお互いの身分を明かすと、その夜、その場にあった荷車《シャリオ》の上で結ばれたのであった。明くる日二人はパリへと戻り、王は正当なる王妃の帰還を宣言した。そしてこの時なされた子供には、荷車《シャリオ》からとってシャルルという名が付けられたのだった。
〈底本：アーバン・T・ホームズ（一九四六）、マイケル・ニュース（二〇一四）〉

スペイン侵攻　作者不詳　一四世紀

解説

『ローランの歌』の前日譚であり、ローランが遍歴の騎士として活躍する。レオン・ゴーティエがヴェネチアで発見した国立マルチャーナ図書館所蔵の一篇のみしか現存しておらず、作品の二割程度が散佚している。

あらすじ

シャルルマーニュがエックスで御前会議を招集し、スペインを異教徒の手から奪還することを宣した。戦いが避け得ぬことを悟った異教徒の王マルシルは、ナヘラの街を一万の兵をもって押さえ、シャルルマーニュを迎え撃つ態勢を整えた。

シャルルマーニュ率いるフランス軍は遂にスペインに侵攻を開始した。しかし堅く守られたナヘラの街での激戦の末、一二勇士のうち実に一一人までもが捕囚の身となってしまう。残ったのはただ一人、ローランだけであった。にも関わらず、神を信ずるローランに恐れの色などなく、敵と大立ち回りを演じると、見事敵将を討ち取ったのだった。ナヘラの街は陥落し、捕囚の勇士たちは解放され、住民には洗礼が授けられた。

フランス軍は次にパンプローナの街を攻囲する。しかし身内では叛乱が起き、築いた攻城兵器は異教徒軍に破壊された上、敵の援軍が到着し、なかなか城を落とすことが出来ない。特にローランは、援軍の到着を防げなかったことをシャルルマーニュからきつく譴責される。暫くの籠城戦の後、とうとうフランス軍はパンプローナを攻略するが、その喜びは束の間に終わる。なんとあのローランが、軍を脱走したという知らせが入ったのである。若く血気盛んなローランは、シャルルマーニュに叱責され殴られたことがどうしても許せなかったのだった。

ローランはスペインを出ると遍歴の騎士となり、聖地への漫遊の旅に出る。道中でペルシア王スーダンからベイリに任命されたローランは、ペルシアの地に赴き、かの国でも武勲を重ねた。

功成り名遂げたローランは、ペルシアの王子サンソンと共にスペインに戻る。フランス軍は歓喜した。シャルルマーニュはローランにスペイン王の座を提案するが、ローランはこれを断り、今後は一生シャルルマーニュの臣下として軍を率いることを誓ったのであった。

〈底本：アンソニー・トマス（一九一三）〉

ギヨーム・ドランジュ詩群

英雄ギヨーム・ドランジュ（オランジュ伯ギヨーム）とその家門の武功を歌った二四の武勲詩群。ガラン・ド・モングラーヌ詩群とも。

収録作品：『ルイの戴冠』（一二世紀前半）／『ニームの荷車隊』（一二世紀中葉）／『オランジュの陥落』（一二世紀末）／『アリスカン』（一二世紀末）

ルイの戴冠　作者不詳　一二世紀前半

解説

シャルルマーニュの息子であるルイ（ルイ一世、敬虔王）とギヨーム・ドランジュの、長くも薄情な臣従関係の始まりを描いた作品。ギヨーム・ドランジュは、史実の人物であるトゥールーズ伯ギヨーム〔七五五―八一二年頃。オルビューの地において一度は異教徒に敗れたが、その後バルセロナの地を奪還した〕を基に描かれている。

あらすじ

ルイの戴冠（第一―二七一行）

シャルルマーニュは自らの息子ルイの帝位継承を確かなものとするため、未だ幼いうちからルイを王位につけようと思い立った。シャルルマーニュはルイを教会に呼び出し、王冠を前にこう告げる。「臣下の孤児と貧しい寡婦たちを飢えさせず、異教徒らを打ち倒すことを約束するなら、あの王冠はお前のものだ」と。しかしルイは、王冠に向け足を踏み出すことが出来ない。シャルルマーニュは激怒した。それを見ていた臣下のエルナイスは、私が三年間王冠を預かり、それまでにルイが王として相応しく成長すれば王冠を返還しましょう、などと提案する。大胆にも仲介を装い王位の簒奪《さんだつ》を企てたのである。そしてシャルルマーニュは怒りで目が曇ったのか、これを了承してしまう。

このいきさつを耳にした武人《フィエラブラ》ギヨームは直ちに教会に駆けつけ、エルナイスを撲殺し、叛逆の企てを未然に阻止した。そして王冠を手に取ると、ルイの頭に戴冠させた。かくしてルイは王となった。

シャルルマーニュはギヨームへの信頼を篤くし、彼をルイの後見人に指名した。ギヨームはこれを受けたが、長年の夢であったローマ巡礼を諦められず、一時の暇を乞うとルイをフランスに残しローマに向け旅立ったのだった。

ローマ巡礼（第二七二―一四四九行）

ローマでギヨームを待っていたのは、異教徒の王ガラフルと王コルソルトが南イタリアに侵攻してきたという凶報であった。異教徒勢は教皇に対し、ローマを賭け、王コルソルトとキリスト教徒との一騎打ちを提案する。ローマ教皇はこれを受け、ギヨームを代表として指名した。

ギヨームと王コルソルトの一騎打ちは誠に壮絶であった。しかし最後の一撃を決めたのは、ギヨームだった。ギヨームは頭蓋を貫通する強烈な一撃を王コルソルトに見舞うと、その首を兜ごと切り落としたのであった。

かくしてローマは守られた。一騎打ちの際に王コルソルトに鼻を少し削がれたギヨームには、次の渾名がつけられた。短鼻のギヨーム、と。

捕虜の身から解放された王ゲフィエは自分の娘とギヨームが結婚することを提案し、教皇により結婚式が執り行われることとなった。しかしギヨームが新婦に指輪をはめようとしたまさにその時、教会の扉を破り一人の使者が駆け込んできた。「シャルルマーニュが崩御し、叛逆者共によってルイが王位を追われようとしている」という凶報と共に。

「我が主君ルイが危ない！」そう叫んだギヨームは、涙に暮れる新婦を置いて直ちにフランスへと引き返した。新郎と新婦が再会することは二度となかった。

リシャール一族の叛逆（第一四五〇―二二〇九行）

ルイはトゥールの街に潜伏していると噂されていた。しかしギヨームがトゥールに辿り着いた時、既にこの街は叛逆者リシャールの手に落ちていた。しかしトゥールの門番は、リシャールの臣下にも関わらず、ギヨームの姿を認めるとどちらが正義かを直ちに悟り門を開いた。この門番は騎士に叙された。ギヨームたちは瞬く間にトゥールを奪還し、ルイを救出した。リシャールはその日運良く教会に居たため殺される運命を免れ、ギヨームと和議を結ぶと解放された。

その後ギヨームは、フランス各地を平定する遠征の旅に出た。数年の後、サン＝ジルを平定したギヨームはようやく軍を解散し、ルイのもとへと引き返す帰路についたのであった。

帰路の途中、リシャールの所領であるルーアンを通りかかった時であった。和議が結ばれていたにも関わらず、リシャールは卑怯にもこれをないがしろにし、ギヨームの暗殺を試みる。しかしギヨームは瞬時にそれを返り討ちにすると、リシャールを捕虜としたのであった。

ギ・ダルマーニュの反逆（第二二一〇―二六九五行）

オルレアンに帰り着いたギヨームは、ルイと再会を果たし、リシャールを塔に幽閉した。リシャールはそのまま塔の中で死んだ。ギヨームはようやく戦いから引退し、これでゆっくりとした余生を送れると一息ついていた。しかしそんなところに、ローマから二人の使者が訪れる。彼らは、教皇が帰天し、ローマがギ・ダルマーニュの手に落ちたという凶報をもたらしたのであった。ルイは狼狽のあまり泣き出してしまうが、ギヨームは再び彼を支え、二人はローマ奪還に出立した。

ギヨームとルイの軍勢はアルプスを越え、ローマの城壁に辿り着いた。小競り合いの末に劣勢を悟ったギ・ダルマーニュは、ルイに対して一騎打ちを申し入れる。ルイはまたもや涙を流し始め、それを見たギヨームが、ルイの代わりに戦うことを申し出たのであった。

こうして、ローマを賭けたギヨームの一騎打ちが今一度繰り広げられた。今度は、ギ・ダルマーニュを相手として。両者は一歩も譲らぬ白兵戦を繰り広げるが、ついにギヨームが、シャルルマーニュより受け継いだ名剣ジョワユーズでもってギ・ダルマーニュの兜を割り、そのまま胸まで両断する。こうして勝負は決した。主君を失った軍はローマの城門を開き、ルイを正当なる君主として受け入れた。

ギヨームはルイをローマの玉座に座らせ、冠を戴冠させた。かくして、ルイは皇帝となった。ギヨームはその後もルイを危機から救い、ルイはギヨームの妹を娶った。しかしルイは、自らが強大になると、ギヨームへの感謝を忘れてしまったのであった。
〈底本：小栗栖等（二〇〇六）〉

ニームの荷車隊　作者不詳　一二世紀中葉

解説

『ルイの戴冠』に続く出来事を描いた作品。劇場的かつユーモラスな描写で文学として高く評価されている。一四八六行とギヨーム・ドランジュ詩群で最も短い武勲詩。

あらすじ

ギヨームの怒り（第一―七六九行）

皇帝となったルイは臣下たちに封土を与えた。にも関わらず、あろうことか、ルイは肝心のギヨームのことをすっかり忘れ、封土を与えなかったのである。ギヨームは激怒した。彼はルイのもとに赴き、自らの権利を主張する。それを聞いたルイもまた激昂し、二人は互いに一歩も譲らぬ口論に白熱してしまう。ついにギヨームが、ルイの腹心四〇人全員を決闘で殺してやると言うに至って、ルイはようやくギヨームの怒りを理解したのであった。

ルイはまず、領主が死にかけている封土のどれかでも与えよう、と冷笑的に提案する。しかしギヨームはこれに怒り、「かの寡婦たちには、孤児たちには、一体どんな運命が待ち受けていると思われますか！」とルイに反駁する。ルイはとうとう自らの領地の四分の一をギヨームに与えようと提案するが、ギヨームは主君の権益を第一に考え、気高くこれを辞退した。

和解案は、ベルトランによりもたらされた。それは、異教徒に占領されたスペインのニームやオランジュを征服し、それを統治する権利をギヨームに与えてはどうか、というものであった。ルイはこの案を受け入れ、異教徒に占められたスペインの権利をギヨームに与えた。ギヨームは貧しい騎士たちに褒美を約束し、遠征に向け瞬く間に三万の兵を集めた。

荷車の策略（第七七〇―一一〇〇行）

ギヨームはノートル＝ダム＝デュ＝ピュイを経由しニームを目指した。その途中、一行は、馬に荷車を牽かせ、塩を詰めた樽を運んでいる一人の百姓に出会う。なんでも、こうした荷車での交易はとても儲かるのだという。それを聞いたガルニエという騎士が、一〇〇〇の樽を乗せた荷車隊を編成し、樽の中に騎士を隠してニーム市中に入るという計略を発案する。

ギヨームと臣下たちはこの計略に乗った。荷車と樽がかき集められ、荷車隊の指揮はベルトランに委ねられた。荷車など率いたこともないベルトランは、可哀想にすぐ全身泥まみれになりながらも、なんとか荷車隊をニームまで届けたのであった。

ニームの陥落（第一一〇一―一四八六行）

ニームの街は、異教徒の王オトゥランにより統治されていた。ギヨームは正体を偽り王オトゥランに近づくと、荷車には儲かる商品が沢山詰まっていると騙《かた》り、王の金銭欲を煽って次々と荷車をニーム市中に引き入れることに成功する。

しかし、あまりにも荷車の数が多かったため、ついに宮殿の扉まで荷車で塞がるようになり、街中は大混乱に陥る。この混乱のなか王オトゥランはギヨームに喧嘩を売り始め、とうとう我慢できなくなったギヨームは自らの正体を明かしてしまう。

ギヨームを取り押さえようと異教徒らが殺到した。しかしギヨームが角笛を三度鳴らすと、次から次へと樽の中から武装した騎士が姿を現す。ニームの街は瞬く間に陥落し、捕らえられた王オトゥランは、キリスト教への改宗を拒否すると宮殿の窓から突き落とされ殺された。

こうしてフランス人たちは、ニームを異教徒の支配から解放した。ギヨームがニームを解放したという話はルイにも届き、ルイはそれを聞くと大いに喜んだのであった。

〈底本：小栗栖等（二〇〇六）、キャサリン・M・ジョーンス（二〇一四）〉

オランジュの陥落　作者不詳　一二世紀末

解説

『ニームの荷車隊』に続く物語。以前は定型的で退廃的な作品として低い評価が与えられる傾向にあったが、近年そのオリエンタリズムや性の描写により研究者の間で注目されている。

あらすじ

ニームの街を奪還したギヨームであったが、その後彼は退屈を持て余していた。ニームには、女も、戦いも存在しなかったのである。しかし状況は、オランジュの街の牢獄から脱出してきたジルベールというキリスト教徒がニームに辿り着いたことで一変する。ジルベールは、オランジュの街と異教徒の王妃オラブルがいかに美しいかを皆に延々と語って聞かせたのである。欲望に火を点けられたギヨームは、オランジュの街と王妃オラブルの双方を自らの手中に収めようと直ちに決意した。

　ギヨームはすぐ、ギエランとジルベールを伴って三人でオランジュの偵察に出かけた。異教徒に扮装した三人は、自らを通訳と偽りオランジュに潜入することに成功する。三人はまず街の統治者である王子アラゴンに会うと、自分たちはニームの街から命からがら逃げてきたと芝居を打つ。武人《フィエラブラ》ギヨームに酷い扱いを受けていたのだ、と。これを聞いたアラゴンは激昂し、ギヨームという男を殺すと誓った。三人はさらに、グロリエット城に住む王妃オラブルと面会することにも成功する。オラブルからギヨームの人となりを聞かれたギヨームは、王妃の性的好奇心を掻き立てるよう、喜んで自らのことを語って聞かせたのであった。

　しかしここで、調子に乗りすぎたギヨームにより、三人の正体が異教徒に露見してしまう。王妃オラブルから武具を与えられた三人は勇敢に戦い、一時は異教徒勢を退却させることに成功するが、最後には地下通路を辿ってなだれ込んで来た異教徒らによって捕らえられてしまったのであった。

　今にも処刑される運命かに見えた三名であったが、王妃オラブルの懸命な説得により、一旦牢に勾留されることとなった。捕らえられた三人に、王妃オラブルはこっそりとニームへと繋がる別の地下通路の存在を教える。ギヨームは直ちにこの通路を使ってニームに戻ると援軍を要請し、再び地下通路をオランジュへと取って返したのであった。

　ギヨームが呼び寄せた一万五〇〇〇の兵はオランジュに到達すると、一致団結して異教徒らと戦った。ついに王子アラゴンは討ち取られ、オランジュは陥落した。王妃オラブルには洗礼が授けられ、ギブールというキリスト教名が与えられた。ギヨームはギブールと結ばれ、これを妻としたのであった。

〈底本：原野昇（二〇〇七）、キャサリン・M・ジョーンス（二〇一四）〉

アリスカン　作者不詳　一二世紀末

解説

『オランジュの陥落』の暫く後の物語。より成立の早い武勲詩『ギヨームの歌』の後半部分を中心に再構成された作品であり、アリスカンの地におけるキリスト教軍の悲劇的敗北を描いている。

あらすじ

アリスカンの地において、異教徒とキリスト教徒との熾烈な戦いが繰り広げられていた。一五歳に過ぎないギヨームの甥、ヴィヴィアンが輝かしい武勇を発揮しキリスト教軍を鼓舞するものの、多勢に無勢、戦況は悪化の一途であった。キリスト教軍指揮官は一人、また一人と捕囚の身となっていく。そして遂に、「敵の前に槍一本も引かぬ」と神に固く誓ったヴィヴィアンもまた致命傷を負ってしまう。死期を悟ったヴィヴィアンは、池のほとりの樹の下に身を横たえ、静かに死を待った。

その頃ギヨームも、戦場で勇敢に敵に立ち向かっていた。しかし配下の騎士が全員討死するに至り、満身創痍戦場から撤退する。その道すがら、ギヨームは自らの甥が樹の下に横たわっているのを見つけたのであった。ギヨームが近づくとヴィヴィアンはうっすら意識を取り戻し、愛する叔父に今際の告解をした。ヴィヴィアンはギヨームから初聖体を拝領すると、静かに息を引き取った。ギヨームは悲しみに暮れ、埋葬もしてやれないことに後ろ髪を引かれる思いで一人オランジュへと敗走を続けた。

ギヨームは這々《ほうほう》の体でオランジュに辿り着く。敵の目を欺くためアラブの武具を身につけていた彼の姿は、初めは妻ギブールでさえ分からない程であった。ギブールは鼻の傷を見てようやくこれが変わり果てた夫と気づき、城門を開けた。ギブールは沈む夫を叱咤激励すると、再会の喜びも束の間、直ちに増援を要請するため王ルイのもとへと送り出した。

パリに辿り着いたギヨームであったが、変わり果てた姿の敗軍の将を皆冷遇する。王ルイもまた手を貸そうとせず、ギヨームと王ルイは今一度口論に白熱するのであった。何とか居合わせた父エムリらの仲介により王ルイから援軍の約束を取り付けたギヨームは、宮廷で出会った巨漢の奴隷レヌアールを戦士として雇い入れ、再びオランジュの地へと引き返した。

レヌアールはギヨームと共にオランジュの街に入った。大食漢のレヌアールはキッチンに忍び込み、そこでギブールと邂逅する。やがてギブールは、夫の新しい部下のこの男が、生き別れた自らの弟であることを悟る。しかしギブールは何も告げず、ただ彼に鎖帷子と剣を与え、戦場へと送り出したのであった。

オランジュの街での補給を終えたキリスト教軍は、ついにアリスカンの地で異教徒勢との再決戦に臨む。前回を上回る熾烈な戦いが繰り広げられるが、獅子奮迅の活躍を見せたのは、他ならぬレヌアールであった。長い戦いの末、レヌアールの活躍もあり遂にキリスト教軍は勝利を収める。皆が歓喜する中、ギヨームはヴィヴィアンの遺体を一人運ぶと、静かに埋葬したのであった。

キリスト教軍はオランジュに凱旋した。街を挙げての饗宴の中、ギブールは遂にレヌアールに対し、自らが血の繋がった姉であることを明かす。ギブールは涙ながらにレヌアールを騎士に叙任し、ギヨームはレヌアールを自らのセネシャルに任じたのであった。

〈底本：ジョン・M・フェランテ（一九七四）、原野昇（二〇〇七）〉

ドーン・ド・マイヤンス詩群

主君に叛逆する臣下たちを描いた作品群。殆どの叛逆者がドーン・ド・マイヤンスという一人の叛逆者の子孫として描かれていることからこの名が付けられた。別名「反抗する臣下の詩群」。

収録作品：
『ジラール・ド・ルシヨン』（一二世紀中葉）／『ラウール・ド・カンブレー』（一二世紀末）／『ルノー・ド・モントーバン（エイモンの四人の息子）』（一二世紀末）／『オジエ・ル・ダノワ』（一三世紀前半）／『ジラール・ド・ヴィエンヌ』（一二世紀末）／『ドーン・ド・マイヤンス』（一三世紀中葉）

ジラール・ド・ルシヨン　作者不詳　一二世紀中葉

解説

シャルル・マルテルとその臣下ジラールの長年に亘る紛争を描いた作品。ロマンス文学、武勲詩、聖人伝の三要素が組み合わされている。九世紀にシャルル二世〔八二三―八七七年〕に仕えた史実の人物であるジェラルドゥスの生涯を基とした作品。

あらすじ

エリサンの愛（第三〇―五九七行）

ジラールは主君シャルル・マルテルと共に戦役を戦い、異教徒の手からローマを奪還した。この功績を讃えた東ローマ帝国皇帝は、二人に自分の娘たちを嫁がせると決める。かくして皇女エリサンはジラールと、皇女ベルトはシャルル・マルテルとそれぞれ婚約が結ばれた。

しかしエリサンがベルトより美人と知ったシャル

ル・マルテルは、ジラールの抗議を無視し、強引にエリサンと婚姻しようとする。二人の争いは教皇が介入するまでに発展し、とうとうジラールはエリサンを諦める代わり、臣従の義務から解放されるという条件で折り合いがつけられたのであった。

しかしエリサンは、心では一生ジラールを愛することを誓う。シャルル・マルテルは嫉妬に狂い、臣従義務を放棄したことをすぐに後悔し、ジラールへの軍事行動を開始した。

シャルル・マルテルとの仁義なき戦い（第五九八―八一九三行）

シャルル・マルテルとジラールとの長く仁義なき戦いが始まった。両者はヴォーベトンの地で対峙し、合戦の勝敗をもって全てに決着をつけようとする。しかし神の稲妻が両軍の軍旗に落ち、戦いは引き分けに終わった。

その後暫くは小康状態が保たれたものの、やがて戦いは以前にも烈しさを増し再燃する。とうとうルシヨンの地における激戦でジラールは敗れ、妻ベルトと共にアルデンヌの森に敗走する。そこで二人は、二二年もの間、逃亡生活を強いられたのであった。

逃亡生活の果て、どうしても都市での貴族生活を諦めきれなかったベルトがとうとう音を上げる。妻に押し切られたジラールは、ようやく和解を決意したのであった。

ジラールの回心（第八一九四―九九九七行）

ジラールとベルトは、エリサンの助力を得てシャルル・マルテルと和解し、ルシヨンの自領に戻ることが許された。しかし両者の不和は最後まで決して解消されることはなく、結局二人はヴェズレーにある教会に身を寄せるほかなくなってしまう。そこでベルトは、マグダラのマリアに捧げた聖堂の建築を監督して暮らした。ジラールは回心し、自らの領地を全て放棄し、神に献身して余生を過ごしたのであった。

〈底本：根津由喜夫（二〇〇九）、キャサリン・M・ジョーンス（二〇一四）〉

ラウール・ド・カンブレー

作者不詳　一二世紀末

解説

「ドーン・ド・マイヤンス詩群」において最も著名な武勲詩。無秩序で裏切りの蔓延《はびこ》る世界を舞台として、ラウール、ゴーティエ、ベルニエールという三人の主人公の物語が詠われる。カロリング朝におけるヴェルマンドワとカンブレーの史実の紛争を基にした作品。

あらすじ

ラウール（第一―三五四一行）

ラウールは、ルイ四世の妹アライスを母とし、カンブレー伯ラウール・タイユフェールを父としてこの世に生を享けた。しかし父は、ラウールの誕生を前にして逝去してしまった。

父の持つカンブレーの封土は、そのままラウールに相続されるはずであった。しかし、ラウールが三歳の時、王ルイは一方的にカンブレーの地と未亡人アライスをギブアンという臣下に与えると宣言する。母アライスは激怒し、再婚を拒んだが、カンブレーの封土は、ラウールが成人したら返還するという約束のもと、ギブアンの手に渡された。

ラウールは屈強な青年に成長した。彼は叔父の赤鼻のグエリから騎士教育を受け、王ルイにより騎士に叙され、デュランダルにも匹敵する名剣と、ローランその人により倒された異教徒の兜とを授けられた。ラウールは、親しい友人であったベルニエールを自らの従騎士に任命した。

しかしラウールが成人したにも関わらず、ギブアンは一向にカンブレーの地を手放そうとしない。憤慨したラウールは王ルイに直訴するものの、ルイはギブアンから土地を取り上げようとはせず、代わりに次に領主が逝去した封土をラウールに与えることを約束したのであった。

次に領主が逝去した封土、それは不幸にもヴェルマンドワの地、すなわち友ベルニエールの家門の封土であった。ベルニエールと母アライスの懇願も虚しく、王ルイの公認を後ろ盾に、ラウールは武力でヴェルマンドワの地を自らのものにしようと決意する。母アライスは取り乱しラウールを強く譴責するが、ラウールはただそれを鼻で嗤《わら》い飛ばしただけであった。

ラウールはベルニエールを従えヴェルマンドワに侵攻した。彼は随所で略奪し、火を放ち、虐殺した。そしてオリニーの街に差し掛かった時、その地に立つ女子修道院に押し入ると、無残にも火を放ち、修道院と、教会と、修道女たちを全て焼き尽くしたのであった。その中には、ラウールの最も忠実な臣下であるベルニエールの母親が含まれていたにも関わらず。

変わり果てた母の姿を見たベルニエールは激憤する。しかしその態度を見たラウールは、まるで奴隷かのように彼の頭を殴りつけた。この瞬間、二人の亀裂は決定的となった。対立は次第に激化し、ついに二人は武力で衝突する。熾烈な競り合いが繰り広げられるが、二人の息子をラウールに殺されたドゥエ伯エルノーがベルニエールに加勢し、神の加護によってついにラウールは討たれた。

母アライスは悲しみの底に沈み、まだ幼いラウールの弟ゴーティエに家督相続を託した。ゴーティエはいつの日か、ベルニエールに復讐を果たすことを誓った。

ゴーティエ（第三五四一―五三六三行）

ゴーティエは成長し騎士に叙されると、叔父グエリと共に、直ちにベルニエールを打ち倒さんがためヴェルマンドワの地に軍を向けた。ゴーティエとグエリはベルニエールを主君に仇なした叛逆者として糾弾し、一方のベルニエールはラウールの打倒こそ正義であったと譲らない。ゴーティエとベルニエールは決闘による神明裁判を二度に亘って繰り広げたものの、とうとう決着は付かなかった。

膠着状態に陥ったカンブレー陣営とヴェルマンドワ陣営であったが、ある時、ようやくこの争い全ての元凶が王ルイの優柔不断にあると思い至る。彼らは休戦協定を結ぶと王ルイに叛旗を翻し、互いに手を取って進軍を開始したのであった。パリに到達した彼らは随所に火を放ち、ベルニエールは王ルイに一矢《いっし》報いることに成功した。

ベルニエール（第五三六四―八五四二行）

赤鼻のグエリの娘ベアトリスは、ベルニエールのこうした武勲を耳にすると、会ったこともないこの騎士に恋い焦がれるようになる。ベアトリスは自らの婚姻をもって両家の争いに終止符を打たんがためベルニエールに求婚する。ベルニエールはこれを承諾し、結婚式が盛大に開かれることとなった。

しかし式の最中、王ルイが闖入し、ベルニエールを拘束する。王ルイはベアトリスにポンテュー伯オーチャンバルトとの結婚を強制するものの、捕縛を脱出したベルニエールにより彼女は救出され、二人は無事結ばれたのであった。

二年数ヶ月後、二人の間に長男が誕生した。ベルニエールは過去の暴力を悔い改め、息子を連れてサン＝ジルへの巡礼に出立する。しかしその道中異教徒に襲われ、息子ジュリアンと生き別れてしまう。ベルニエールは悲しみの中ベアトリスのもとへ戻り、第二子ヘンリーをなすが、ジュリアンを探すため再び旅に出ると、異教徒の下で代闘士として戦いつつ息子を探す日々を送った。そしてついに、戦場で、敵として息子ジュリアンと相まみえたのである。二人は一度は剣を交わすが、面影から自分たちが親子であることを悟った。こうしてベルニエールはついに息子と再会を果たしたのであった。

ベルニエールはようやく、一家団欒暮らしていた。しかしある時、赤鼻のグエリがサンティアゴ巡礼に出立することになり、これに同行することを決める。そして道中、宿命のオリニーの地を通りかかった時、ラウールの没した地を前に再び怒りに火がついたグエリは、ベルニエールの頭蓋骨をかち割って殺してしまう。ベルニエールは神の教えに従って息を引き取る前にグエリを赦すが、この殺害により両家の紛争は再燃してしまうのであった。ラウールの弟ゴーティエはジュリアンにより殺され、グエリは姿をくらますと二度とその行方が知れることはなかった。

〈底本：ウィリアム・C・カリン（一九六二）、キャサリン・M・ジョーンス（二〇一四）〉

ルノー・ド・モントーバン（エイモンの四人の息子）　作者不詳　一二世紀末

解説

ルノーとシャルルマーニュの紛争を描いた作品。中世を通して人気の絶えなかった作品であり、多くの再構成作品を生み出した。『オジエ・ル・ダノワ』とその筋書きに類似性が見られる。

あらすじ

シャルルマーニュがパリで御前会議を招集した。

だがいつまで経ってもエグルモンのボーヴェが現れない。シャルルマーニュは息子ロアーを使節として送り急き立てたが、ボーヴェはあろうことかロアーを殺してしまう。シャルルマーニュはこの逆臣に対し軍を派兵し、臣下であるグリフォンらによって、ボーヴェは討ち取られたのであった。

　時は過ぎ、シャルルマーニュの宮廷にはボーヴェの兄弟であるドルドーニュ公エイモンと、その四人の息子ルノー、アラール、ギシャール、リシャールが出仕していた。ある日、シャルルマーニュの甥ベルトレートとチェスで遊んでいたルノーが、口論の末にチェス盤でベルトレートを殴り殺してしまう。エイモンの四人の息子は宮廷から追われ、アルデンヌの森の奥深くに逃れると、そこで七年間逃亡生活を送ったのであった。

　逃亡生活中、ルノーはガスコーニュの王ヨンが危ないとの知らせを聞き、これを異教徒の手から救い出す。ルノーはモントーバンの地に城を築くと王ヨンの妹クラリスを娶り、二人の息子を儲けた。

　しかしエイモンの四人の息子たちとシャルルマーニュとの対立は、未だ終わっていなかった。四人の息子たちは、魔法使いモージや名馬バヤールの助けを得て抗争を耐えに耐える。長きに亘る艱難辛苦の後、四人の息子たちはようやくシャルルマーニュから和解を得たのであった。

　和解の条件の一環として、ルノーは贖罪の聖地巡礼に出発する。ケルンに差し掛かった所で建設中の大聖堂を見たルノーは、騎士から引退し、石工に混じって働いた。ルノーはこの地で同僚に裏切られ殺されてしまうが、死後、聖ルノーとして人々に崇められたのであった。

〈底本：ウィリアム・C・カリン（一九六二）、キャサリン・M・ジョーンズ（二〇一四）〉

オジエ・ル・ダノワ　パリ・ド・ラムベール　一三世紀前半

解説

フランス中世で最も人気のあった英雄の一人であり、一二勇士の一人でもあるオジエのシャルルマーニュへの反抗を描いた作品。シャルルマーニュの弟カールマンに仕えた史実の人物オーシャリエスの人生を基にしている。

あらすじ

オジエはデンマーク王ジョフロワの息子として生まれ、立派な騎士となるため幼少期から徹底した教育を授けられた。しかしオジエが一六歳になったころ、父ジョフロワがシャルルマーニュと紛争を起こしてしまう。結局ジョフロワはシャルルマーニュの前に屈し、オジエはその和議の人質としてシャルルマーニュの宮廷に送られたのであった。

オジエは宮廷で立派な青年に成長し、シャルルマーニュを主君とした。ある時、ローマが異教徒に占領され、シャルルマーニュがローマ解放のため兵を挙げる。未だ騎士の身分を得ていなかったオジエは、その戦いを後方で見守るしかなかった。しかし、そこでオジエは、王の軍旗を託された騎士アロリーが、臆病風に吹かれ一人逃げ出すのを目撃する。オジエは「あれを見よ！」と叫ぶやアロリーに駆け寄ると、力ずくで軍旗を奪い、これを翻し一人敵陣に突撃した。このオジエの英雄的行為によりシャルルマーニュは救われ、フランス軍に勝利がもたらされた。シャルルマーニュはこの少年を讃え、自らの名剣ジョワユーズをもってオジエを騎士に叙し、勇士の列に加えたのだった。

オジエはシャルルマーニュから寵愛され、魅力的なベリセーヌと結婚し、息子ボードゥアンを儲け幸せに暮らした。息子が成長すると、オジエはボードゥアンをシャルルマーニュに謁見させ、彼の家臣としたのであった。

家臣となったボードゥアンは宮廷でシャルルマーニュの息子シャルロに気を遣い、時々彼のチェスの相手をした。しかしある日、勝負に負けたことで頭に血が上ったシャルロが、チェス盤でボードゥアンを殴り殺してしまう。オジエは激昂し、その頭は復讐心に占められ、あろうことかシャルルマーニュの御前でシャルロを殺そうとする。それを見たシャルルマーニュはオジエを逆臣として弾劾し、武力衝突の末、オジエはとうとうテュルパン大司教に捕らえられたのであった。

オジエの捕囚中、フランス全土で異教徒勢が一斉攻勢に出る。シャルルマーニュは牢のオジエに助けを求めるが、彼はシャルロが自らの手に引き渡されるまで、異教徒勢からキリスト教世界を守ることを拒否すると宣言した。かくして、止むなくシャルロは引き渡された。オジエは無慈悲にも片腕をこの若者の頭に置くと、もう片腕でかの悪名高き名剣コルタンを抜き放った。しかしこの瞬間、天から天使が降臨しオジエの腕を止め、シャルロの命を助けたのだった。この天啓を得たオジエはシャルロを赦し、戦場へと馬を駆ると、見事異教徒の王を討ち取ってフランスを救ったのであった。
〈底本：トマス・ブルフィンチ（二〇一二）、キャサリン・M・ジョーンズ（二〇一四）〉

ジラール・ド・ヴィエンヌ　ベルトラン・ド・バール＝シュル＝オーブ作　一二世紀末

解説

『ローランの歌』の前日譚にあたる物語。現存する七〇〇〇行の詩は再編集版と考えられているが、原版は失われている。作者は『エメリ・ド・ナルボンヌ』と同じベルトラン・ド・バール＝シュル＝オーブ。

あらすじ

若きジラールはシャルルマーニュの宮廷に仕えていた。ジラールの働きを認めたシャルルマーニュは、ブルゴーニュ公が死去したという知らせを受けるとその領地と夫人をジラールに与えると約束し、ジラールを騎士に叙したのであった。

しかし公爵夫人を見たシャルルマーニュは彼女に一目惚れし、自らが娶ると決めてしまう。公爵夫人本人はシャルルマーニュでなくジラールとの結婚を強く望み、本人のもとに赴いて求婚までするものの、ジラールは無下にこれを断わってしまう。公爵夫人は酷く傷つき、シャルルマーニュとの結婚を受け入れたのであった。

ジラールはこうしてブルゴーニュの地の権利を失ったが、彼には代わりにヴィエンヌが与えられた。ジラールは主君への感謝を示すため、寝床に横たわるシャルルマーニュの足に口づけをする。しかしジラールは知らなかった。その足が実は、復讐心に満ちた王妃によって差し出された彼女の足だったということを。自分を振った男から臣従の口づけを受け、王妃は密かに満足するのであった。

ジラールはヴィエンヌに入城すると、ギブールと結婚し幸せな生活を送っていた。しかしある時、甥のエムリを通じ、ついにジラールは王妃が仕返しとして自らに為したことを知る。誇りと名誉を貶められたジラールは激昂し、兵を率いて宮廷に向かうと、王妃の首を要求してシャルルマーニュと対峙した。

シャルルマーニュも一歩も引かず、ジラールからヴィエンヌの権利の没収を宣言する。こうして、ジラールとシャルルマーニュの武力闘争が始まった。

何年もの戦役の果て、ついにシャルルマーニュ軍がヴィエンヌを包囲する。そして決着は、シャルルマーニュ側とジラール側との一騎打ちにより決せられることとなった。シャルルマーニュ側の代表に選ばれた若者こそ、ローランであった。そしてジラール側の代表に選ばれた若者こそ、オリヴィエであったのである。しかし二人の一騎打ちは、神の介入により未決に終わる。天使は二人に、相争うのでなく、手を取り合ってスペインへと侵攻することを命じたのである。ローランとオリヴィエは友情を誓い、生涯の戦友となった。オリヴィエの妹オードの美しさに惚れ込んだローランは、オードと婚約した。シャルルマーニュとジラールは遂に和議を結び、その軍勢はスペインへと出立したのであった。

〈底本：ヴィレム・P・ジェリッツェン、アントニー・G・ヴァン・メッレ（一九九八）、マイケル・ニュート（二〇〇五）〉

ドーン・ド・マイヤンス　作者不詳　一三世紀中葉

解説

家臣のドーン・ド・マイヤンスがシャルルマーニュに反抗する物語。一二世紀中に成立したと推測されるが、現在では一三世紀の編集版でしか残っていない。武勲詩に登場する叛逆家臣の多く（ガヌロン、エグルモンのボーヴェ、オジエ、ジラール・ド・ルシヨンなど）がドーンの子孫であることから、反抗する家臣を描いた詩群に彼の名を冠して「ドーン・ド・マイヤンス詩群」の名が付けられた。

あらすじ

ドーンはシャルルマーニュの臣下でありながら、傲慢で、主君への尊敬を欠いていた。彼の宮廷での傍若無人ぶりを聞いたシャルルマーニュは激怒し、ドーンを悪党として糾弾すると、所領マイヤンスの没収を宣した。ドーンの親族が抗議のため直訴に赴くものの、シャルルマーニュはこれを殴り倒して追い払ったのであった。

　ドーンは激昂した。彼は七〇〇人の手下を引き連れ、丸腰のシャルルマーニュを取り囲んで脅迫する。シャルルマーニュは仕方なく、異教徒の王オビガンの支配するザクセン地方ヴォクリュールと、その王女フランドラとを征服し獲得する権利をこの臣下に与えたのであった。

　臣下の反抗に憤慨するシャルルマーニュであったが、天使が降臨し、ドーンがデンマーク人を相手に戦うのに手を貸すように命じる。この啓示を聞いたシャルルマーニュはドーンと和解し、二人は力を合わせて異教徒と戦ったのであった。

〈底本：キャサリン・M・ジョーンズ（二〇一四）〉

ロレーヌ詩群

二つの名家、ロレーヌ家とボルドー家との争いを描いた武勲詩群。他の詩群と異なり、異教徒との戦いを主軸としていない点で特徴的。五〇を超える原稿が残されていることから、中世フランスにおける絶大な人気が窺える。

収録作品：
『ガラン・ル・ロレーヌ』（一二世紀後半）

ガラン・ル・ロレーヌ　作者不詳（ジェハン・ド・フラジー編とも）　一二世紀後半

解説

ロレーヌ詩群の核となる作品であり、ロレーヌ家とボルドー家の争いの始まりを描いたもの。ジェハン・ド・フラジーという人物が作品の成立に貢献したことが分かっているが、その役割は未解明。

あらすじ

ロレーヌ公エルヴィスはシャルル・マルテルの忠実なる臣下であった。エルヴィスはヴァンダル族を始めとした異教徒の数々を相手に勇敢に戦い、多くの武勲を挙げた。そしてシャルル・マルテルが没した時には、ピピン短軀王の戴冠を後見したのであった。

時は下り、ロレーヌ家はエルヴィスの息子ガラン・ル・ロレーヌに継がれていた。当時、誇り高きロレーヌ家と並んで不実なボルドー家が栄えていた。ガラン・ル・ロレーヌとその兄弟ベゴンは、ボルドー家の陰湿な当主であるランスのフロモントと日々争っていた。さらに悪いことに、ピピン短軀王が優柔不断にもその都度、支援する側を変えたため、ガラン・ル・ロレーヌはピピン短軀王への対処にも悩まされたのであった。合戦、一騎打ち、略奪、そしてたまの休戦が幾度となく繰り返された。

　休戦中のある時、狩りのためフロモントの森に迷い込んだベゴンが、フロモントの手勢によって殺されてしまう。ロレーヌ家は嘆き激怒し、ボルドー家に対し残虐な復讐戦を繰り広げた。

　戦いの果て、復讐心に支配され自らがなした暴力行為の数々を悔いたガラン・ル・ロレーヌは、回心を決意する。こうして教会を訪れたガラン・ル・ロレーヌであったが、そこに待ち伏せていた敵により最後は暗殺されてしまうのであった。

〈底本：キャサリン・M・ジョーンズ（二〇一四）〉

十字軍詩群

一二〜一四世紀の十字軍を題材に歌われた詩群。中核となる武勲詩『アンティオキアの歌』（一二世紀後半）は第一回十字軍の出発からアンティオキア攻囲戦までを、続編である『エルサレムの歌』（一二世紀後半）はそこから聖都エルサレムの解放までを描いている。

巡礼者リシャールが従軍し目撃した事実に基づき作詞したと記述されており、武勲詩より歴史資料として見られた時代もあったが、近年の研究は詩と史実との間に多くの齟齬《そご》を指摘している。

その他の武勲詩

収録作品：『アミとアミル』（一二世紀）／『エヨール』（一二世紀末）／『騎士団』（一三世紀前半）／『オーベリ・ル・ブルゴワン』（一三世紀後半）

アミとアミル　作者不詳　一二世紀

解説

異教徒との戦いでなく、友情や神明裁判など人間的物語に焦点が合わせられた珍しい作品。ラテン語書簡詩として一一世紀には既に成立していたと考えられるが、現存する原稿はフランス国立図書館収蔵の一篇のみである。

あらすじ

全く同じ時に受胎し、全く同日にローマ教皇から洗礼を受けた二人の赤子が居た。兄弟と見紛うほど容姿が似ていたこの二人には、教皇により一揃いの酒杯〔ゴブレット〕が下賜され、アミとアミルという名前がつけられた。幼少期を別れて過ごした二人であったが、一五歳で同時期に騎士に叙されると、互いを探して故郷を出る。旅の果てについに再会を果たした二人は、生涯の友情を誓ったのだった。

アミとアミルは、揃ってシャルルマーニュの宮廷に出仕した。礼節正しく才覚に富んだこの二人は、すぐに宮廷全員から愛される騎士となった。しかしそんな中、アミルが王女ベリザンと禁断の恋仲になってしまう。普段からアミルを妬んでいた裏切り者アルドレはそれを知ると喜んでシャルルマーニュに告げ口をする。アミルは必死に自らを弁護したが、ついにその罪はアルドレとアミルの決闘による神明裁判によって裁かれることと決定した。

自身が有罪であると知るアミルは、決闘を行えば敗れる運命にあると理解していた。アミルはアミに窮状を打ち明け助けを乞い、アミは、生涯の友のため、身代わりとなって決闘に臨むことを決意したのであった。アミルの武具で全身を固めたアミは、シャルルマーニュの見守る中アルドレと熾烈な一騎打ちを繰り広げ、とうとうアルドレを打ち負かした。シャルルマーニュは王女ベリザンの潔白が証明されたと喜び、王女をアミルに嫁がせた。アミルとベリザンは、封土を与えられ、そこに移り住んで幸せに暮らした。

一方、身分を偽り神明裁判に臨んだアミは、天罰により、ハンセン病に罹患していた。城を追われ、とうとう行く場所をなくしたアミは、藁《わら》にもすがる思いでアミルの領地を訪れる。既に容貌が変わり果てたアミであったが、その手に持つ酒杯を見たアミルは、それが自分の生涯の友であることを悟る。アミルは友のために美しい寝床と食事を用意し、アミを喜んで受け入れたのであった。

ある夜、アミのもとに天使が舞い降り、「アミルの二人の息子の血潮をもって汝を洗わば」ハンセン病が治るであろうとお告げをする。この啓示を知り心の内で涙を流すアミルであったが、自分のため王の御前で命を賭けた友を見捨てることなど出来なかった。アミルは息子たちの首を刎《は》ね、その血でアミを洗い、アミを快癒させた。そして、神の御業によって、アミルの息子たちもまた死から蘇ったのであった。領民たちは、この奇跡を大いに祝った。

　アミとアミルはその後もシャルルマーニュに仕えた。そして、ローマを護る戦いに従軍したある日、二人は同じ戦場において討死を遂げた。生まれた時から友情で結ばれた二人は、今際においてもなお、引き離されることがなかったのである。

〈底本：神沢栄三郎（一九九一）、キャサリン・M・ジョーンズ（二〇一四）〉

エヨール　作者不詳　一二世紀末

解説

若き騎士エヨールが家門の名誉回復のため遍歴する物語。一三世紀の原稿一篇のみで今日に残される。その内容から「聖サン＝ジル詩群」に分類されることもある。

あらすじ

　王ルイの忠実な臣下であり義弟であったエリ―は、無実の罪でフランスを追われ、ランドの地で妻アヴィスと隠遁生活を送っていた。二人は隠者のもとに身を寄せると、やがて息子を授かり、これにエヨールと名付けた。

　エヨールは屈強な青年に育った。彼は父から騎士叙任を受けると、王ルイの宮廷に出仕せんがため旅立った。彼の鎧はすっかり錆びついた父のお下がりであった。しかし武勲を立てて家の名誉を回復せんと使命感に燃えていたエヨールは、周りの嘲りを歯牙にもかけないのだった。

　王ルイはエヨールの従兄弟であるブールジュ伯を相手取った戦役を指揮するため、オルレアンに滞在していた。これを一旗上げる好機と見たエヨールは、身分を隠して戦闘に参加すると、ブールジュ伯を捕らえ王ルイのもとに引っ立てる。エヨールは捕らえた敵将が自分の従兄弟であることを知り驚くが、未だ正体を明かす訳にもいかず、ただルイに根気強く助命を懇願した。王ルイはこの願いを聞き入れ、敵将を捕らえた若き騎士を褒め称え褒美を取らせたのであった。

　オルレアンを出たエヨールは次にパンプローナの地に赴き、異教徒の王女ミラベルを救出する。以降エヨールは、ミラベルと二人で遍歴を続け、その武名を上げたのであった。遍歴の果て、エヨールとミラベルはオルレアンに帰還する。エヨールはとうとう自らの身分を明かし、洗礼を受けたミラベルと婚約した。父エリーは王ルイと和解を果たし、こうして家門の名誉回復という悲願は成った。

エヨールとミラベルの結婚式がランス大司教により執り行われようとしていた。しかしエリーに恨みを持つマカリーが乗り込み、二人を自領へと誘拐してしまう。ミラベルは牢で双子を出産するが、すぐにマカリーにより橋から捨てられる。ところが、たまたま川の下流で釣りをしていた高貴な男チエリーが、この双子を釣り上げたのである。この双子はヴェネチアに送られ、王グラシアンの宮廷に出仕した。

その頃エヨールとミラベルは、ミラベルの父である異教徒王ミブリンに引き渡されていた。イスラムへの改宗を拒んだ二人はそこでも牢に繋がれるが、ある日盗賊の襲撃によってエヨールだけ脱出に成功し、王グラシアンの宮廷に合流する。エヨールは生き別れていた二人の息子と再会を果たすと力を合わせ、王ルイの助けも借りミラベルを救出した。マカリーは八つ裂き刑に処され、異教徒王ミブリンはキリスト教に改宗させられた。そしてエヨールとミラベルは、ブルゴーニュで幸せに暮らしたのであった。

〈底本：ヴィレム・P・ジェリッツェン、アントニー・G・ヴァン・メッレ（一九九八）、サンドラ・C・メリコット、A・リチャード・ハートマン（二〇一四）〉

騎士団　作者不詳　一三世紀前半

解説

第三回十字軍で捕虜の身となった騎士ユー・ド・タバリーが、異教徒の王子サラディンに騎士叙任を授ける場面を描いた作品。人気を博し、中世を通して騎士叙任式に影響を与え続けた。

あらすじ

本文二二三〜二二五ページに掲載

オーベリ・ル・ブルゴワン　作者不詳　一三世紀後半

解説

『ガラン・ル・ロレーヌ』の登場人物であるオーベリ・ル・ブルゴワンを主人公として詠った作品。五つの原稿で今日に残るが、全て内容が異なる。ピカルディ地方で成立。

あらすじ

オーベリは幼くして母を亡くし、継母に日々苛められながら幼少期を過ごした。さらに彼は意地悪な叔父たちのもとに送られると、そこで叔父たちにまで裏切られてしまう。堪忍袋の緒が切れたオーベリは、激昂して叔父の四人の息子たちを殺すと、信頼する甥のガスランのみを伴って故郷のブルゴーニュを飛び出した。こうして、オーベリの冒険とロマンスの遍歴が始まった。

オーベリはまずバイエルンに赴くと、その地で王を助け、フン族を撃退する。そしてこれを見た王妃ギブールと王女ソネアートが、オーベリと恋に落ちてしまう。この許されざる恋が明るみとなり、オーベリは命からがらバイエルンを脱出する。

オーベリは次にフランドルへと向かう。その地でもデーン族を相手に勝利を収めたオーベリであったが、その時、使者が到来し、バイエルンの地が異教徒により奪還されたとの凶報をもたらした。オーベリは疾《と》くバイエルンの地に取って返すと、見事に王妃と王女を救出した。王が戦死し未亡人となっていた王妃ギブールは、オーベリと再婚した。かくしてオーベリは、バイエルン王となった。

しかしある時、悲劇的な間違いが起こり、オーベリは甥のガスランの手に掛かって死んでしまう。ガスランはオーベリの遺志に従ってバイエルン王の座を継承すると、決闘による神明裁判で裏切り者ランベールを下し、王女ソネアートと結婚した。この夫婦から生まれた子供はネームと名付けられ、彼は後にシャルルマーニュの右腕となるのであった。

〈底本：キャサリン・M・ジョーンズ（二〇一四）〉

編訳者解説

騎士道、それは多くの日本人にとって馴染み易くも遠い概念ではないだろうか。世界を見渡せど、我が国の武士ほど騎士に相似した社会階級は他に類を見ない。されども同時に、華やかに着飾り貴婦人に愛を捧げる白銀の騎士ほど、自己練磨の道を貫くいぶし銀の武士から遠い生き方は無いように思われるのだから。同じく社会的地位と名誉とを具備した戦士でありながら、なぜかようにまで騎士と武士の有り様には隔たりが存在するのか？　この疑問の答えへの導きの糸を、本書は与えてくれる。

西洋史において中世は前期（五〜一〇世紀頃）、盛期（一一〜一三世紀頃）、後期（一四〜一五世紀頃）に分類される。このうち中世盛期は、封建制度が揺るぎない社会構造として定着し、現在の国家群（英仏独伊）の輪郭が形作られ、人口が大いに増大した、中世の「全盛期」である。この時代はまた、キリスト教が異教徒勢との積年の闘争において反転攻勢に打って出た時代でもあった。その最たる例こそ十字軍であり、全キリスト教世界の総力を結集したこの一大社会運動の中核たる戦力こそ、騎士だったのである。第一回十字軍〔一〇九六―一〇九九年〕における聖都奪還の成就は騎士の社会的地位を大いに向上させ、彼等は下級貴族への仲間入りを果たしたのみならず、王侯さえもが騎士という称号を希求する時代が到来した。

本書が読み解くのは、そんな中世盛期という黄金時代における騎士道である。

ゴーティエとリュイの騎士道

ここで今一度、『騎士道』でゴーティエが示した「騎士の十戒」を再掲して一一～一二世紀の騎士道を振り返るとともに、『騎士道の書』でリュイの説いた一三世紀の騎士道との比較対照を試みたい。

ゴーティエの騎士道（一一～一二世紀）

第一の戒律　汝、須らく教会の教えを信じ、その命令に服従すべし

第二の戒律　汝、教会を護るべし

第三の戒律　汝、須らく弱き者を尊び、かの者たちの守護者たるべし

第四の戒律　汝、その生まれし国家を愛すべし

第五の戒律　汝、敵を前にして退くことなかれ

リュイの騎士道（一三世紀）

（神を愛し、畏敬せぬ者は）何人たりとも騎士の栄誉に値しない／宗教的献身を捧げぬ騎士もまた、劣らず自らを毀損している

騎士たる者の責務、それは……聖なる普遍の教会の信仰を護り支えること／人々を救う神の教えの守護者たる騎士

騎士たる者の責務、それは婦女子を、寡婦を、孤児を、病める者を、衰弱せし者を護ること／涙ながらに助けと慈悲を求めてやって来る、弱き者を助け支えねばならぬ

（対応箇所なし）

持ち場を放棄し敵前に逃亡する腰抜け騎士は……騎士本来の役割に背く者

第六の戒律　汝、異教徒に対し手を休めず、容赦をせず戦うべし
第七の戒律　汝、神の律法に反しない限りにおいて、臣従の義務を厳格に果たすべし
第八の戒律　汝、嘘偽りを述べるなかれ、汝の誓言に忠実たるべし
第九の戒律　汝、寛大たれ、そして誰に対しても施しを為すべし
第十の戒律　汝、いついかなる時も正義と善の味方となりて、不正と悪に立ち向かうべし

（対応箇所なし）

（対応箇所なし）

（対応箇所なし）

騎士たる者の責務、それは自らの主君に仕え、これを護ること／騎士は主君を助けねばならない
偽証をする者は、騎士に叙されるに値しない／騎士は…神と人々に対し、より誠実に、より快く接する責務を有する
騎士道と寛大さは不可分である／騎士はその名誉に相応しく人々にその手で与え、金銭を惜しんではならない
正義こそ、全ての騎士がその身を捧げるべき理念である／騎士たる者の今一つの責務、それは盗人を、賊を、悪人を探し出し罰すること
騎士は、愛によって博愛と秩序を世に回復させ／博愛こそ騎士がその責務を果たすにあたり求められる愛の形である
従騎士の試験にあたっては、その者の礼儀と立ち居振る舞いを問わねばならない／礼節は騎士道と不可分である

『騎士道』は、ゴーティエがその心血を注いだ武勲詩研究に基づき著された大作である。彼は古の騎士と騎士道に心酔し、これを愛してやまなかった。本書はその学者らしからぬ情熱的な文体から時に「抒情性のため批評的精神を欠く」（クランシャン）などと研究者から批判を受けながらも、誰一人としてその重要性を否定する者のない、騎士道研究の金字塔である。中でも「騎士の十戒」は八〇篇を超える武勲詩からつぶさに抽出された中世盛期騎士道の骨子であり、ゴーティエの武勲詩研究の集大成と言える成果である。

一方リュイの『騎士道の書』は、キリスト教の教義が主旋律を奏でる騎士道の「手引書」であり、宗教的見地から理想の騎士像を詳らかにするものである。その内容は大きく「騎士の起源」「騎士の責務」「騎士の条件」「騎士の教育」から成り、軍事的（封建的）価値観と宗教的価値観とが絶妙に溶け合った、中世盛期騎士道の真髄とも言うべき教えを後世に残している。本書は一五世紀までに騎士道の標準的な教本としての地位を確たるものとし、今回収録したキャクストン版はリチャード三世〔一四五二―一四八五年、イングランド王。シェイクスピアの史劇で有名〕に献上された記録が残る。

ゴーティエが十戒の礎とした武勲詩は最も早いもの〔『ローランの歌』〕で一一世紀末成立であり、両者の説く騎士道の間には最大で二〇〇年近い歳月が横たわる。にも関わらず、先の比較は、両者にほぼ一対一と言える対照が見出せることを確然と示している。このことは、中世盛期を通して騎士道の理念が驚くほどよく一貫性を保っていたことを物語るものと言えよう。

但しこの二つの教えには、些細ながらも枢要な差異が幾つか存在し、ここからはその後の騎士道の変容へと繋がる重要な含意を汲み取ることができる。

ゴーティエにあってリュイにない教え、それは「愛国心」と「異教徒との戦い」である。このうち愛国心の教えは仏国民を鼓舞するためのゴーティエの創作であるというのがフロリを始めとした後世研究者たちの一致した見解であり、ゆえにこれがリュイの教えに含まれないことは肝要ではない。より本質的な差異は、「異教徒との戦い」の脱落にある。騎士にとって中世盛期とは即ち十字軍の時代と言っても過言ではないが、ムスリムを敵手としたこの聖地奪還運動は、第一回を除いて全面的な成功を収め得なかった。特に一三世紀に入るとキリスト教側の劣勢は歴然となり、一二九一年のアッコンの陥落をもってエルサレム王国は滅亡、十字軍の成果は灰燼に帰した。これ以降、キリスト教君主たちの興味はもっぱら国家間の争いへと移り、一三三七年の百年戦争開戦をもってキリスト教徒の騎士たちが互いに血で血を洗う時代が到来する。「異教徒との戦い」がリュイの騎士道から脱落している事実からは、そんな退潮の先触れを読み取ることが可能なのである。

他方で、リュイの騎士道で新たに観察される顕要なキーワードも存在する。その筆頭こそ、「愛」である。『騎士道の書』は「騎士は、愛によって博愛と秩序を世に回復」させる存在であると説き、騎士の抱くべき愛の姿を繰り返し語っている。これは根源的に戦士の規律たる一一〜一二世紀のゴーティエの騎士道には見られない概念であり、その後のより宮廷的な騎士道へと繋がる重要な端緒と言えよう。今一つのキーワード、それは「礼節」である。リュイは礼節を騎士の必須条件として挙げるが、これは騎士が庶民の模範と見做されるようになりつつあった当時の世相の変化を反映する。「騎士が過ちを犯すことがなければ、庶民もまた過ちを犯さない」という一文が端的に物語る通り、この「礼節」という句は、騎士に求められるものが「騎」としての有り様から「士」としての有り様へと転遷しつつある一三世紀の色調をよく表しているのである。

中世盛期騎士の「正義の叛逆」

ここでさらに中世盛期騎士道の理解を一段深めるにあたって肝要なのが、当時の騎士たちにとっては、畢竟イエス・キリストこそが至上の主君であり唯一の王であった点を諒解することである。聖書は、神こそ「唯一の主権者〔君主〕、王の王、主の主〔領主の領主〕」〔テモテへの手紙一六・一五〕と記す。ゆえに中世盛期の欧州では、例え地上が幾つの王国に分かたれ幾人の王に統治されようと、それは天上の神を君主に戴く単一の「キリスト国」〈Christendom〉の一部に過ぎないとする価値観が人々に共有されていた。

この根源的な価値観を解するならば、騎士の十戒において「神への献身、服従」が「地上の主君への臣従」より上位に位置づけられていることもまた自然の理《ことわり》として理解出来よう。中世盛期において騎士叙任は神との契約と見做されたのも、第七の戒律が「汝、神の律法に反しない限りにおいて、臣従の義務を厳格に果たすべし」と命ずるのも、全てこの理の帰結である。換言するならば、主君に服従を命ずる封建的価値観と、神こそ主君の中の主君と規定するキリスト教的価値観の融解により、神への献身を至上の原理とする中世盛期騎士道が形作られたと言えよう。

結果、神の教えを護持するためであれば主君への叛逆さえも許容されたことが、中世盛期騎士道の最大の特徴の一つであった。一二世紀の聖職者ジョン・オブ・ソールズベリーは『ポリクラティクス』において騎士の社会的機能をこう記している。「(騎士は)その王を鎖で、貴族を鉄鎖で縛り付けるために手に両刃の剣を持っている。…すなわち、騎士たるものは、先ず神に対して、次いで主君と国家に対して、その負う信頼を裏切らないように心得べし。」(氏家哲夫訳)つまりソールズベリーは騎士に対し、王と主君を監視し、神への裏切りがあれば彼らを罰せよと説いているのである。『ラウール・ド・カンブレー』に登場する臣下の騎士ベルニエールが、主君ラウールに叛逆しながらも正義の英雄として描かれることが、この哲学をよく表している。この点でも中世盛期の騎士とはまず、神との契約であったのである。

　とは言うものの、史実における騎士の正義の叛逆は、武勲詩のそれよりずっと稀な出来事であったようだ。例えば史実のラウール〔フランドル伯の息子〕は、武勲詩の詠う筋書きと同様にヴェルマンドワの地に侵略し、その途上で非道にも女子修道院を焼き払っている〔八九六年、サン＝カンタンに於いて〕。しかし最後に彼を討ったのは、臣下の騎士ではなく、敵方のヴェルマンドワ伯ハーバートであった。また、放蕩の限りを尽くしローマ教皇に楯突いたギヨーム二世〔在位一〇八七—一一〇〇年、イングランド王。ウィリアム二世、赤顔王とも〕でさえ、「誠実なる騎士が自らの恭順宣言に背くなど、余にはとても考えられぬことだ。そのようなことをするものは、…永久に軽蔑の的となることであろう」と述べたことをオルデリック・ビターリス〔一〇七五—一一四二年、修道士であり歴史家〕が書き残している。こうした記録を鑑みるなら、実際には主君がいかに神の教えに仇しようと、臣下の騎士が「キリスト国」のオンブズマンとして積極的に正義の反旗を翻したとは考えにくい。故に「キリスト国」における正義の代行人たれとの教えは、中世盛期騎士道の理想に留まり、現実には履行が困難な教えだったのであろう。

中世盛期騎士道から近世騎士道へ

「一つのキリスト国」という理念は、中世後期以降は急速に色褪せた。キリスト教徒同士の戦争が相次ぎ、その過程で「国家・国民」の概念が形成されると、国家主義がその姿を現したのである。加えて、各国の君主が有力者の囲い込みのため競うように名誉団体としての騎士団（世俗騎士団）を設立し、それに入団を許されることが社会的栄誉であるという価値観が騎士の間に跋扈するに至り、騎士たちは君主こそが「名誉の源泉〈fons honorum〉」と認識するようになった――神ではなく。かくして騎士たちは、「キリスト国」への帰属意識を失った。近世騎士道は、天上の神でなく、地上の主君への忠誠を命ずる規律へと変容を遂げたのである。

最後に騎士道の変容を考察するにあたり今一つ論ずることが欠かせないのが、アーサー王伝説を筆頭とした中世騎士物語《ロマンス》の大流行であろう。本文中でゴーティエが考究する通り、中世後期以降におけるこの魅惑的で情緒的な文学の流布は、騎士道に宮廷的価値観と、貴婦人に対する献身的愛情というロマンス要素を吹き込んだ。

かくして「神への献身、異教徒との戦い、弱者の守護」を核心とした中世盛期の戦士の規律は、数百年後の近世には「主君への忠誠、名誉と礼節、貴婦人への愛」を骨子とした宮廷人の価値観へとその姿を変えていたのである。

騎士道と武士道

ここまで中世盛期以降の騎士道の変遷を論じたところで、次に遥か日本の武士道に目を転じ、両者の比較を試みよう。古川哲史に拠れば、武士道の語を使用した最も古い文献は一六世紀の『甲陽軍鑑』であるという。ここで示された武士道とは、勝つことを第一とし、戦うべき時には機会を逸せずに戦うべしという、純粋な戦闘員の心構えであった。これを佐伯真一は「戦国」武士道と銘うったが、この戦国武士道こそ、勝利と武勲を至上とする戦士の規律という点において、騎士道の源流たるゲルマン民族の価値観と相通ずるものといえよう。

	騎士道		武士道	
ゲルマン	戦場での武勲が第一、決して引いてはならない	戦国	勝利が第一、戦うべき時に戦う	＝戦場における行動原理
↓	（キリスト教の影響）	↓	（儒教思想の影響）	
中世盛期	神への献身、異教徒との戦い、弱者の守護	江戸	主君への忠誠、誠実である、世のため行動する	＝道義論的価値観
↓	（国家主義、中世騎士物語の影響）	↓	（国家主義の影響）	
近世	主君への忠誠、名誉と礼節、貴婦人への愛	明治	主君への忠義、名誉と敬意、フェア・プレイ精神	＝民の上に立つ者としての規範

江戸時代が到来し戦乱が収束すると、必然的に武士道も武人としての心構えから、儒教的な「士」としての生き方を説く教えへと変容した。かくして成立した「忠（主君への忠誠）・信（誠実である）・義（世のため行動する）」を中心とする江戸時代の武士道は、まさに近世騎士道と対を為す道義論的価値観であった。戦国時代に「男道」「侍道」の同義語として語られた武士道は、江戸時代においては「士道」として知られるようになっていた。

さらに近代に入り、新渡戸稲造がこの「士道」から道徳観を抽出し、明治の世に相応しい公の精神を吹き込んだことにより、明治武士道が誕生する。明治武士道は『甲陽軍鑑』にはおよそ見られない「フェア・プレイ精神」を強調するが、菅野覚明はこれが私的戦闘者としての武士道を脱却し、国家全体の軍としての纏まりや天皇への忠誠を説かんとするための変革であると論じている。かように民の上に立つ模範としてあるべき者の価値観を説く明治武士道は、国家主義により形作られた近世騎士道とまさにその背景を同じくするものであると言えよう。

こうして変遷を追うことで、騎士道と武士道には驚くほど類似した一面があることが改めて裏書きされる。ゲルマン民族の価値観と戦国武士道は、戦闘者の心得として相通じる規律であった。それが時代とともに教化され、両者ともに道義論的価値観への変容を見る。最後に、この道徳観に国家主義を背景とした公の精神が吹き込まれることで、民の上に立つ者としての規範が完成したのである。即ち、騎士道と武士道は源を同じくしながらも、その道徳観を形成した価値観の違い（キリスト教と儒教）と、ロマンス要素の有無という二点において、徐々にその道を分かったと言える。かくして、「主君への忠誠、名誉と礼節、貴婦人への愛」を追い求める騎士道と、「主君への忠義、名誉と敬意、フェア・プレイ精神」を貫く武士道という、近くも遠い二つの戦士道が世界の東西で興隆したのであった。

騎士のその後

最後に、騎士という身分の中世盛期から現代に至るまでの移ろいを略筆することで、解説を締めよう。騎士が戦場において重要な地位を占めた時代は、歴史上百年戦争〔一三三七—一四五三年〕とともに幕を閉じた。百年戦争は戦いを生業とする傭兵を多く生み、結果として戦争の主体が騎士から傭兵へと移ったのである。さらに、それに続くイタリア戦争〔一四九四—一五五九年〕における小銃や大砲の出現が、近世における騎士の戦力としての没落を決定づけた。

片や、まるで戦場における重要性と反比例するかのように、騎士の社会的地位はこの時代も向上を続けた。下級貴族としての新たな序列を反映し、中世盛期に万人に認められていた騎士階級への道は、ゴーティエの称賛する聖ルイ〔ルイ九世〕その人が宣した「以降騎士血筋の者のみが騎士に叙される事を得る」という布告により閉ざされた〔但し君主のみは血筋の伴わない者を騎士に叙する特権を留保した〕。こうして騎士階級は、武人としての素質を重視する開けた戦士階級から、世襲を前提とする閉じた特権階級へと変容したのである。

　この貴族化した近世の騎士階級においては、君主との近しさ、または自らの毛並みの良さを顕示する手段として、騎士団の一員となることが積極的に希求された。騎士団は教皇に認可された修道会として一二世紀にその産声を上げたが、時代とともに在り方を変え、中世においては異教徒を誅する精鋭戦闘集団として、近世においては貴族的名誉団体としてその繁栄を維持した〔用語解説参照〕。こうして孤立独歩の騎士は徐々にその姿を消し、いつしか騎士団こそが騎士制度の主役となっていたのである。そして近代に入り市民文明が勝利し、貴族制とともに騎士階級が崩壊した時、ただ騎士団のみが生き残り、辛うじて騎士という身分の命脈を今日へと繋いだ。

　中世盛期に聖地で設立された十字軍騎士団は五つを数えるが、そのうち四つが現存している。特に、エルサレムに置かれた病院をルーツに持ち、神の教えに従い病人を治療する任務にあたっていた聖ラザロ騎士団（現在の聖マウリツィオ・ラザロ騎士団）と聖ヨハネ騎士団（現在のマルタ騎士団）の両騎士団は、現代でもなお世界にそれぞれ約四〇〇〇人、一三五〇〇人の騎士を有し、日々医療慈善活動に邁進している。塩野七生の言を借りるならば、「イスラム教徒相手の、戦士たちは消えた。しかし、騎士団のもう一つの任務であった、医療活動は残ったのである。」（『ロードス島攻防記』より）

　彼等は今日でもキリスト教と騎士道の教えに則り弱き者の守護者たらんと世界で献身し、現代に中世盛期騎士道の柔らかな余韻を響かせている。

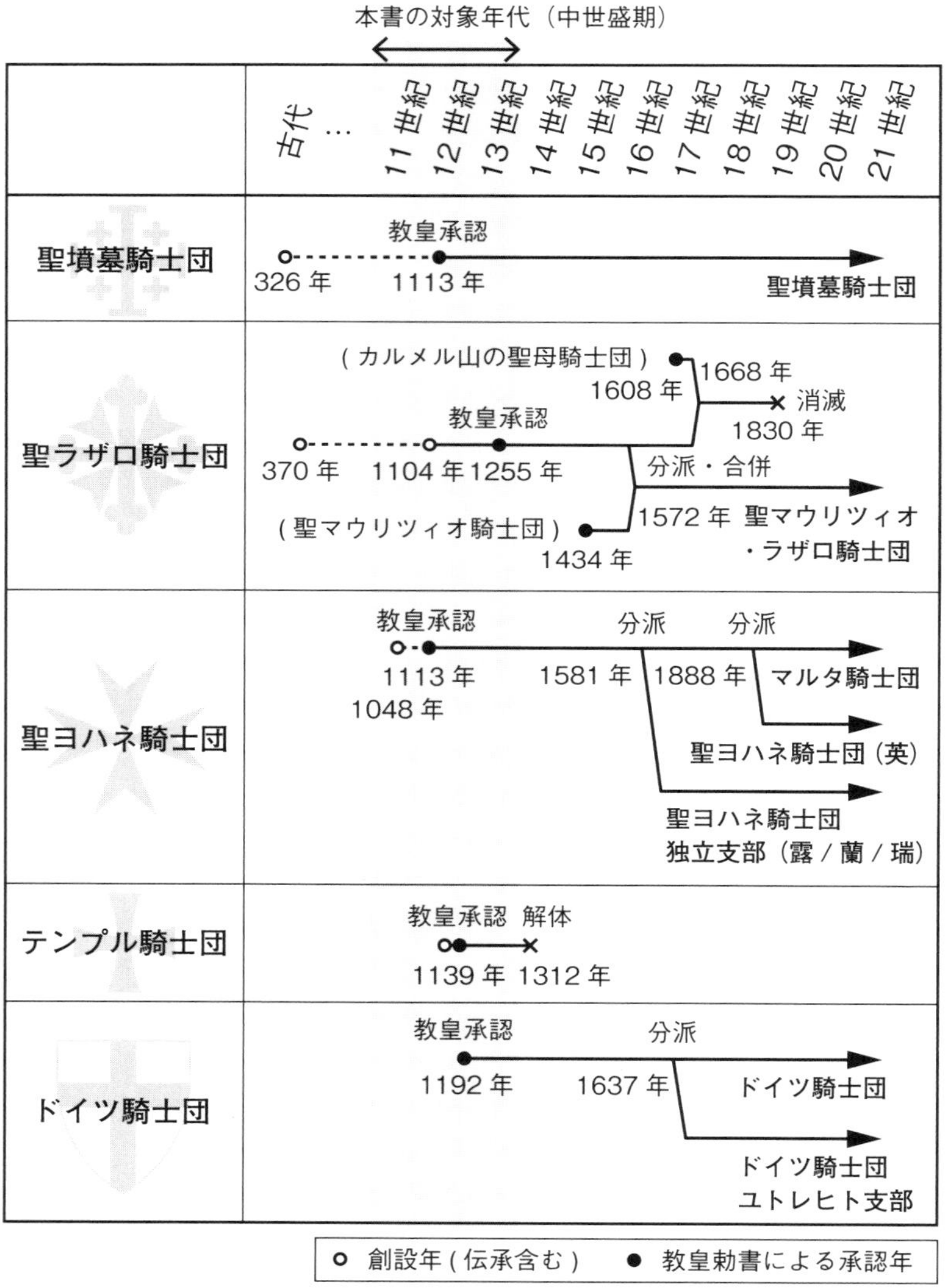
本書の対象年代（中世盛期）
古代
…
11世紀
12世紀
13世紀
14世紀
15世紀
16世紀
17世紀
18世紀
19世紀
20世紀
21世紀
聖墳墓騎士団
教皇承認
326年
1113年
聖墳墓騎士団
聖ラザロ騎士団
（カルメル山の聖母騎士団）
1608年
1668年
消滅
1830年
教皇承認
370年
1104年
1255年
分派・合併
（聖マウリツィオ騎士団）
1434年
1572年
聖マウリツィオ・ラザロ騎士団
聖ヨハネ騎士団
教皇承認
1113年
1048年
分派
1581年
分派
1888年
マルタ騎士団
聖ヨハネ騎士団（英）
聖ヨハネ騎士団独立支部（露／蘭／瑞）
テンプル騎士団
教皇承認
解体
1139年
1312年
ドイツ騎士団
教皇承認
1192年
分派
1637年
ドイツ騎士団
ドイツ騎士団ユトレヒト支部
○ 創設年（伝承含む）
● 教皇勅書による承認年

おわりに

訳出にあたっては背景資料を可能な限り収集したが、編訳者の浅学により、心得違いの訳をした箇所があるのではないかと念慮している。皆様方のご指摘を切にお願いする次第である。また、本書には時代的背景から宗教、人種、障害、性差別表現が一部に見られる。気分を害された方々が居られればここにお詫びを申し上げるとともに、こうした表現が編訳者の見解を反映したものではないことを申し添えたい。

末筆ながら、本書は数え切れない方々に支えられ出版された。サヴォイア王家諸騎士団の皆様からご支援を賜われた事は、編訳者にとって望外の僥倖であった。特に日本代表の苫米地英人博士、日本事務局長の武川萌氏、本部広報の Francesca di Paolo 氏らからは希少資料の写しを戴くなど貴重なご協力を賜り、感謝の念に堪えない。カトリック京都教区のアンノ 菅原友明司祭には、数ヶ月に亘りカトリックの教義を優しく、かつ面白くご講義頂いた。ここに深く御礼申し上げる。(但し本書は菅原司祭またはカトリック京都教区の承認を受けたものでなく、訳出は全て編訳者一人の責による。)また底本を入手するにあたり、お世話になった司書の方々にも感謝の意を表したい。編訳者が最初にゴーティエの『騎士道』に邂逅したのはハーバード大学ワイドナー記念図書館であったが、その後も同大学司書の Mary Haegert 氏には大変お世話になった。同様にアイオワ大学の Zoe Webb 氏にも『騎士道の書』の底本の入手にあたってご助力を頂いた。ここに感謝申し上げたい。さらに、本書の出版を暖かく支えて下さった櫻井繁樹教授、末松千尋教授、坂出健准教授、三谷友彦准教授を始めとした京都大学の同僚と、友人諸氏にも深く感謝せねばなるまい。特に、柴田有三氏、奥井剛氏、朱瑩穎氏、平尾和正氏、奥勇紀氏、山本駿氏らにはこの場を借りて特別な感謝を伝えたい。そして誰より、中央公論新社の登張正史氏には、不慣れな編訳者を多方面から支え続けて頂いた。同氏のご尽力なくして本書の出版は成り得ず、ここに衷心から感謝申し上げる。

騎士道とは何か？　その答えを学問書から得るのはなかなかの難事である。だからこそ、騎士の活躍を活き活きと詠う当時の作品を紐解き、その息吹とエッセンスを感じるという本書のアプローチこそが、騎士道の本質へと至る最善の旅路であると信じる。本書をご親切にも手にとって頂いた皆様の心に、ローランが、ギヨームが、オジエが、古の英雄的騎士たちの誰か一人が息づいたならば、赫耀たる中世盛期騎士道の灯がまた一世代受け継がれたことになろう。それこそが、編訳者の無上の喜びである。

京都・吉田の研究室にて　編訳者記す

参考文献

和書

フィリップ・デュ・ピュイ・ド・クランシャ著、川村克己・新倉俊一訳『騎士道（文庫クセジュ）』白水社（一九六三）
橋口倫介『中世騎士物語』社会思想社（一九七〇）
佐藤輝夫『ローランの歌と平家物語』中央公論社（一九七三）
J・M・ファン・ウィンター著、佐藤牧夫・渡部治雄訳『騎士――その理想と現実』東京書籍（一九八二）
共同訳聖書実行委員会『聖書（新共同訳）』日本聖書協会（一九八八）
新倉俊一・神沢栄三・天沢退二郎訳『フランス中世文学集一（信仰と愛と）』白水社（一九九〇）
天沢退二郎・新倉俊一・神沢栄三郎訳『フランス中世文学集三（笑いと愛と）』白水社（一九九一）
タルタリ・チェザレ編『キリストと我等のミサ（改訂版）』サンパウロ（一九九一）
塩野七生『ロードス島攻防記』新潮社（一九九一）
橋口倫介『十字軍騎士団』講談社（一九九四）
ガストン・ザンク著、岡田真知夫訳『古仏語「11―13世紀」（コレクション・クセジュ）』白水社（一九九四）
リチャード・バーバー著、田口孝夫訳『図説騎士道物語――冒険とロマンスの時代』原書房（一九九六）
ゲルハルト・アイク著、鈴木武樹訳『中世騎士物語』白水社（一九九六）
ジャン・フロリ著、新倉俊一訳『中世フランスの騎士（文庫クセジュ）』白水社（一九九八）

三浦権利『図説西洋甲冑武器事典』柏書房（二〇〇〇）
シドニー・ペインター著、氏家哲夫訳『フランス騎士道――中世フランスにおける騎士道理念の慣行』松柏社（二〇〇一）
グラント・オーデン著、ポーリン・ベインズ〔イラスト〕、堀越孝一訳『新版西洋騎士道事典――人物・伝説・戦闘・武具・紋章』原書房（二〇〇二）
土井かおる『よくわかるキリスト教』ＰＨＰ研究所（二〇〇四）
アンドレア・ホプキンズ著、松田英・都留久夫・山口恵里子訳『図説西洋騎士道大全』東洋書林（二〇〇五）
島岡茂『古フランス語文法』大学書林（二〇〇五）
小栗栖等『コレクション・ジェスト・フランコールⅠ―2　ルイの戴冠』小栗栖教授個人ウェブサイト http://www.eonet.ne.jp/~ogurisu/japonais/sect0009.html において公開（二〇〇六）
小栗栖等『コレクション・ジェスト・フランコールⅠ―3　ニームの荷車隊』小栗栖教授個人ウェブサイト http://www.eonet.ne.jp/~ogurisu/japonais/sect0009.html において公開（二〇〇六）
エリザベス・ハラム著、川成洋・太田美智子・太田直也訳『十字軍大全――年代記で読むキリスト教とイスラームの対立』東洋書林（二〇〇六）
原野昇編『フランス中世文学を学ぶ人のために』世界思想社（二〇〇七）
根津由喜夫『夢想のなかのビザンティウム』昭和堂（二〇〇九）
塩野七生『十字軍物語〈1〉』新潮社（二〇一〇）
塩野七生『十字軍物語〈2〉』新潮社（二〇一一）
塩野七生『十字軍物語〈3〉』新潮社（二〇一一）
長谷川洋『英雄詩とは何か』中央大学出版部（二〇一一）
須田武郎『中世騎士物語（新紀元文庫）』新紀元社（二〇一二）
トマス・ブルフィンチ著、市場泰男訳『シャルルマーニュ伝説　中世の騎士ロマンス』インタープレイ（二〇一二）

八木谷涼子『なんでもわかるキリスト教大事典』朝日新聞出版（二〇一二）
オリエンス宗教研究所『聖書入門』オリエンス宗教研究所（二〇一三）
フランシス・ギース著、椎野淳訳『中世ヨーロッパの騎士』講談社（二〇一七）
佐藤彰一『剣と清貧のヨーロッパ——中世の騎士修道会と托鉢修道会』中公新書（二〇一七）
新渡戸稲造著、矢内原忠雄訳『武士道』岩波文庫（一九三八）
古川哲史『日本史倫理思想史研究②——武士道の思想とその周辺——』福村書店（一九五七）
佐伯真一『戦場の精神史』日本放送出版協会（二〇〇四）
菅野覚明『武士道の逆襲』講談社現代新書（二〇〇四）
小島道裕編『武士と騎士—日欧比較中近世史の研究』思文閣出版（二〇一〇）

洋書

サー・バーナード・バーク『世界騎士団勲章・褒章百科事典〈The Book of Orders of Knighthood and Decorations of Honours of All Nations〉』Hurst and Blackett Publishers（一八五八）
ラモン・リュイ著、ウィリアム・キャクストン訳『騎士道の書〈Order of Chivalry: The L'Ordene de Chevalerie〉』Kelmscott Press（一八九三）
フランシス・W・コーニッシュ『騎士道〈Chivalry〉』Swan Sonnenshein & Co., Lim.（一九〇八）
アンソニー・トマス『スペイン侵攻〈L'Entrée D'Espagne〉』Librairie de Firmin-Didot Et Cie（一九一三）
アーバン・T・ホームズ『アドネ・ル・ロワ作・大足の王妃ベルト〈Adenet le Roi's Berte Aus Grans Pies〉』Chapel Hills（一九四六）
ウィリアム・C・カリン『フランスの叛逆の古叙事詩〈The Old French Epic of Revolt〉』Librairie E. Droz社／Librarie Minard社（一九六二）

ジョン・M・フェランテ『一二世紀のギヨーム・ドランジュ武勲詩四篇〈Guillaume d'Orange four Twelfth-Century epics〉』Columbia University Press（一九七四）

ピーター・フランス編『オックスフォード仏文学大辞典〈New Oxford Companion to Literature in French〉』Oxford University Press（一九九五）

ピーター・バンダー・ヴァン・デュレン『騎士団・国家勲章：カトリック騎士団と教皇庁の関係性〈Orders of Knighthood and Merit: The Pontifical, Religious and Secularised Catholic-founded Orders and their relationship to the Apostolic See〉』Colin Smythe（一九九五）

ヴィレム・P・ジェリッツェン、アントニー・G・ヴァン・メッレ『中世英雄辞典〈A Dictionary of Medieval Heros〉』The Boydell Press（一九九八）

マイケル・ニュート『フランス叙事詩のヒーローたち〈Heroes of the French Epic〉』The Boydell Press（二〇〇五）

ロバート・E・ビョーク編『オックスフォード中世辞典〈The Oxford Dictionary of the Middle Ages〉』Oxford University Press（二〇一〇）

ラモン・リュイ著、ノエル・ファローズ訳『騎士道の書〈The Book of the Order of Chivalry〉』The Boydell Press（二〇一三）

キャサリン・M・ジョーンズ『武勲詩入門〈An Introduction to the Chansons de Geste〉』University Press of Florida（二〇一四）

マイケル・ニュート『フランス叙事詩のヒロインたち〈Heroines of the French Epic〉』D.S. Brewer（二〇一四）

サンドラ・C・メリコット、A・リチャード・ハートマン『武勲詩エヨール〈Aiol: A Chanson de Geste〉』Italica Press（二〇一四）

作品名索引

解説とあらすじが記された頁を太字で示す

ア行

カ行

サ行

タ行

ナ行

ハ行

マ行

ラ行

マ行

ヤ行

ラ行

サ行

タ行

ナ行

ハ行

主要人物索引

ア行

カ行

「騎士道」著者

レオン・ゴーティエ　Leon Gautier（1832―97）

1832年フランス生まれ。フランス国立古文書学校教授。専門はフランス文学、特に武勲詩。主著『騎士道』（1884）のほか『フランスの叙事詩』（1865/68）、『ローランの歌』（1872）、『中世の典礼詩の歴史』（1886）、『19世紀の肖像　詩人と小説家』（1894/95）、『19世紀の肖像　歴史家と評論家過去』（1894/95）など。『騎士道』は普仏戦争敗戦（1871）、第三共和制成立（1875）を経て軟弱になったフランス国民を鼓舞するため著された騎士道研究の大著。

「騎士道の書」著者

ラモン・リュイ　Ramon Llull（1232頃―1315頃）

1232年頃マヨルカ島生まれ。騎士としてアラゴン王ハイメ１世に出仕するも、30歳頃神学者に転身、以降執筆と宣教に身を捧げた。85歳頃、北アフリカで宣教中に殉死。著作は『エヴァストとアローマとブランケルナについての書』（1284頃）、『学問の樹』（1296頃）、『人間論』（1300頃）、『究極の一般術』（1308頃）、『神の術』（1308頃）、『新自然学概説』（1310頃）など神学から数学まで250を超える。『騎士道の書』（1275頃）は最初期の著作の１つにして、「騎士道の法典」とも称される名著。

編訳者

武田秀太郎（たけだ・しゅうたろう）

1989年三重県生まれ。九州大学都市研究センター・准教授。京都大学工学部卒業、ハーバード大学修士課程修了、京都大学エネルギー科学研究科博士後期課程短縮修了。MLA（サステナビリティ学）、博士（エネルギー科学）。京都大学在学中、東日本大震災に際し休学し陸上自衛隊予備自衛官として任官、復学後も青年海外協力隊員としてバングラデシュ赴任。京都大学大学院総合生存学館・特任助教、国際原子力機関（IAEA）ウィーン本部における国連職員勤務を経て現職。2022年6月、日本国籍として90年ぶりにマルタ騎士（ナイト・オブ・マジストラル・グレース=主の恩寵の騎士）に叙任。専門は物理工学、サステナビリティ学。英国王立技芸協会フェロー、王立歴史学会正会員。文部科学省科学技術・学術審議会専門委員、京都フュージョニアリング社・共同創業者、一般社団法人計量サステナビリティ学機構・代表理事など。英国物理学会若手キャリア賞ほか受賞多数。著書に『マルタ騎士団-知られざる領土なき独立国』（中央公論新社）。カバー袖のプロフィールは初版時。

装幀　平面惑星

騎士道《きしどう》

2020年1月10日　初版発行
2024年8月30日　再版発行

著　者　レオン・ゴーティエ
編訳者　武田秀太郎《たけだしゅうたろう》
発行者　安部順一
発行所　中央公論新社
〒100-8152　東京都千代田区大手町1-7-1
電話　販売 03-5299-1730　編集 03-5299-1740
URL https://www.chuko.co.jp/

DTP　平面惑星
印　刷　大日本印刷
製　本　大口製本印刷

Published by CHUOKORON-SHINSHA, INC.
Printed in Japan　ISBN978-4-12-005259-0 C0022

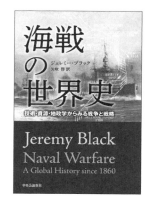

ルトワック、クレフェルトと並ぶ
現代三大戦略思想家の主著、待望の全訳

現代の戦略

MODERN STRATEGY

コリン・グレイ 著
奥山真司 訳

戦争の文法《グラマー》は変わるが、戦争の論理《ロジック》は不変である。

古今東西の戦争と戦略論を検証しつつ、陸・海・空・宇宙・サイバー空間を俯瞰しながら、戦争の本質や戦略の普遍性について論じる

イントロダクション　拡大し続ける戦略の宇宙
第一章　戦略の次元
第二章　戦略、政治、倫理
第三章　戦略家の道具：クラウゼヴィッツの遺産
第四章　現代の戦略思想の貧困さ
第五章　コンテクストとしての戦略文化
第六章　戦争の「窓」
第七章　戦略経験に見られるパターン
第八章　戦略の文法 その一：陸と海
第九章　戦略の文法 その二：空、宇宙、そして電子
第一〇章　小規模戦争とその他の野蛮な暴力
第一一章　核兵器を再び考える
第一二章　戦略史における核兵器
第一三章　永遠なる戦略

A5判・単行本

イタリアの鼻

ルネサンスを拓いた傭兵隊長フェデリーコ・ダ・モンテフェルトロ

DIE NASE ITALIENS

Federico da Montefeltro,Herzog von Urbino

B・レック／A・テンネスマン 著

藤川芳朗 訳

ウルビーノの領主の非嫡子として生まれながら傭兵隊長として財をなし、画家ピエロ・デッラ・フランチェスカや建築家ラウラーナ、マルティーニを育て絢爛豪華な宮殿を建設。権謀術数渦巻く15世紀を生き抜いた一領主の生涯と功績から初期ルネサンスの光と影を解読する

目　次

四六判・単行本